本书得到
重庆工商大学成渝经济区城市群产业发展协同创新中心、西南财经大学成渝经济区发展研究院、成都大学成渝地区双城经济圈与成都都市圈建设研究中心的
联合资助

成渝地区
双城经济圈
发展研究报告
2022

《成渝地区双城经济圈发展研究报告（2022）》
编写组
著

中国财经出版传媒集团
经济科学出版社
Economic Science Press

图书在版编目（CIP）数据

成渝地区双城经济圈发展研究报告．2022／《成渝地区双城经济圈发展研究报告（2022）》编写组著．--北京：经济科学出版社，2023.6
ISBN 978－7－5218－4809－0

Ⅰ.①成…　Ⅱ.①成…　Ⅲ.①区域经济发展－研究报告－成都－2022②区域经济发展－研究报告－重庆－2022　Ⅳ.①F127.711②F127.719

中国国家版本馆CIP数据核字（2023）第096402号

责任编辑：周国强
责任校对：蒋子明
责任印制：张佳裕

成渝地区双城经济圈发展研究报告（2022）
《成渝地区双城经济圈发展研究报告（2022）》编写组　著
经济科学出版社出版、发行　新华书店经销
社址：北京市海淀区阜成路甲28号　邮编：100142
总编部电话：010－88191217　发行部电话：010－88191522
网址：www.esp.com.cn
电子邮箱：esp@esp.com.cn
天猫网店：经济科学出版社旗舰店
网址：http：//jjkxcbs.tmall.com
固安华明印业有限公司印装
710×1000　16开　18.75印张　290000字
2023年6月第1版　2023年6月第1次印刷
ISBN 978－7－5218－4809－0　定价：98.00元

《成渝地区双城经济圈发展研究报告》
编　委　会

《成渝地区双城经济圈发展研究报告（2022）》
编　写　组

编写组组长：

杨继瑞

编写组副组长：

黄　潇　马　胜

编写组成员（以姓氏笔画为序）：

马　胜　付　莎　许明强　杜思远　杨继瑞　何　悦

宋　瑛　张千友　胡歆韵　黄　潇　梁甄桥　熊　兴

前　言

两年多来，川渝两地深入贯彻习近平新时代中国特色社会主义思想，以及习近平总书记来渝来川视察重要指示精神，不断深化区域协同合作，成渝地区双城经济圈发展能级持续提升，经济增长极和新动力源形成新局面。

两年多来，成渝地区双城经济圈科技创新能力不断增强，经济结构调整优化，经济能级稳健提升，各种要素服务保障有力，先进制造业、新兴消费增势良好，改革开放新高地进一步凸显，高水平生活宜居地进一步优化，成渝地区双城经济圈建设乘势而进。

两年多来，川渝两地牢固树立一体化发展理念，经济区与行政区适度分离取得新成效，持续强化战略协作、政策协同和工作协调，推动重点区域、关键领域取得实质性突破，经济实力稳步增强。2022 年，成渝地区双城经济圈实现地区生产总值 77587.99 亿元，占全国的比重为 6.4%，占西部地区的比重为 30.2%；地区生产总值比上年增长 3.0%。在中国西部保持了与全国发展水平的同步，实属可圈可点。

两年多来，川渝两地携手共建中国经济新增长极和新动力源，推动产业转型升级，塑强发展优势。2022 年，成渝地区双城经济圈第一产业增加值 6469.55 亿元，占全国的 7.3%，比上年增长 4.2%，高于全国平均水平 0.1 个百分点；第二产业增加值 29890.58 亿元，占全国的 6.2%，比上年增长

3.8%，与全国持平；第三产业增加值41227.86亿元，占全国的6.5%，比上年增长2.2%。三次产业结构为8.3∶38.5∶53.2，第二产业占比比上年提高0.3个百分点，第三产业占比高于全国平均水平0.4个百分点。

两年多来，川渝两地整合优势产业，立足汽车、电子信息等重点行业，加快打造先进制造业集群，推动制造业高质量发展。2022年，成渝地区双城经济圈规模以上工业企业实现营业收入77044.12亿元，比上年增长3.9%；实现利润总额5916.46亿元，比上年增长6.3%，高于全国水平10.3个百分点。

两年多来，川渝两地、成渝双城厚植巴蜀特色，以推动重庆、成都培育建设国际消费中心城市为重点，打造富有巴蜀特色的国际消费目的地。2022年，成渝地区双城经济圈实现社会消费品零售总额34460.14亿元，占全国的比重为7.8%。以网上消费为代表的新型消费模式稳步发展，限上单位通过互联网实现的商品零售额达2377.22亿元，比上年增长15.6%。

两年多来，川渝两地强化西部陆海新通道建设，在连接西南西北，沟通东亚与东南亚、南亚的独特优势进一步显现。川渝两地发挥多层次合作机制作用，优化成都和重庆主城区极核功能，推动成渝地区双城经济圈打造成为国家区域发展新高地和对外开放新支点。共同推动区域市场一体化进程，实施“市场准入异地同标”行动，推进税收征管一体化，联动做强中欧班列（成渝）品牌，建设川渝自由贸易试验区协同开放示范区等方面取得了新成效。

两年多来，川渝两地协同推进金融组织体系、市场体系、服务体系、创新体系、开放体系、生态体系建设，为推动双城经济圈建设蓄势赋能。2022年，成渝地区双城经济圈金融机构人民币存款余额14.57万亿元，比上年增长11.1%。金融机构人民币贷款余额13.16万亿元，比上年增长12.3%。两地财政在基础设施、产业发展、科技创新、市场开放、生态环保、公共服务、引才育才等方面支持有力。2022年，成渝地区双城经济圈地方一般公共预算收入4828.4亿元，地方一般公共预算支出10295.0亿元。

两年多来，川渝两地、成渝两城的竞合关系正日趋良性，正以“协同发展”取代“各自为政和无序竞争”。成渝地区双城经济圈建设是一项大系统工程。两年多来，川渝两地加强顶层设计和统筹协调，突出中心城市带动作用，强化要素市场化配置，牢固树立一体化发展理念，做到统一谋划、一体部署、相互协作、共同实施，唱好“双城记”，取得了有目共睹的成绩。尤其在加强交通基础设施建设、加快现代产业体系建设、增强协同创新发展能力、优化国土空间布局、加强生态环境保护、推进体制创新、强化公共服务共建共享等方面，成效十分明显。

为充分发挥成渝地区双城经济圈研究机构和智库功能，体现研究机构与智库的使命与担当，为持续推进成渝地区双城经济圈建设赋能，重庆工商大学、西南财经大学、成都大学等相关研究机构的专家学者，在编撰《成渝地区双城经济圈发展研究报告（2021）》基础上，接续编撰《成渝地区双城经济圈发展研究报告（2022）》。

《成渝地区双城经济圈发展研究报告（2022）》，着力与时俱进地记载成渝地区双城经济圈建设的重大进展以及相关研究成果、咨询建议，聚焦成渝地区双城经济圈高质量发展的重大问题，持续进行相关问题的深入探讨和指数测算，以为相关部门推进成渝地区双城经济圈建设提供智力支持、决策支撑，为专家学者提供数据资料、研究素材和研究参考。

《成渝地区双城经济圈发展研究报告（2022）》编撰，由西南财经大学、重庆工商大学、成都大学联合资助。在《成渝地区双城经济圈发展研究报告》编委会的领导下，由重庆工商大学成渝经济区城市群产业发展协同创新中心、西南财经大学成渝经济区发展研究院、成都大学成渝地区双城经济圈与成都都市圈建设研究中心为主，组织相关专家编撰。

《成渝地区双城经济圈发展研究报告（2022）》，也是国家社会科学基金重大项目“长江上游生态大保护政策可持续性与机制构建研究”（20&ZD095）、四川省社科重大项目“四川促进区域协调发展的战略与路径研究”（SC22ZDYC03）、“成渝地区双城经济圈建设”重大项目“成渝地区双城经济圈农业高质量一体化发展研究”（SC22ZDCY01）、成都市重大社科项目“成渝地区双城经济圈战略引领下的成都都市圈建设研究”（2022B04）、重庆市教育科学规划重点项目“成渝地区双城经济圈空间演进与高等教育人力资本布局研究”（K23YD2080092）、重庆市教委科学技术项目“成渝地区双城经济圈区域经济一体化测度及推进路径研究”（KJQN202100810）等项目的阶段性、关联性、支撑性成果。

目　录

产业现代化专题

区域协调发展专题

开放经济专题

科技创新专题

绿色发展专题

共同富裕专题

第一篇
成渝地区双城经济圈建设大事记

2022 年成渝地区双城经济圈纪事

党的二十大报告中指出，“促进区域协调发展”，“推动成渝地区双城经济圈建设”。推动成渝地区双城经济圈建设，是习近平总书记亲自谋划、亲自部署、亲自推动的重大战略。双城经济圈建设作为区域重大战略写入党的二十大报告，充分体现了党中央的重视和支持。下文从规划编制、重大项目、互联互通、公共服务、毗邻协作、联席会议机制等方面梳理 2022 年成渝地区双城经济圈建设情况及重大事件。

一、规划编制

（一）科技创新

深入实施创新驱动发展战略，共建具有全国影响力的科技创新中心。2022 年 1 月 8 日科技部批复支持重庆建设国家科技成果转移转化示范区。[①] 这是“十四五”以来科技部批复的第 3 家国家科技成果转移转化示范区，力争到 2025 年，建成成渝地区双城经济圈高质量发展的重要支撑区，成为西部地区科技成果转移转化的重要承载地和辐射源。建设国家科技成果转移转化

① 重庆获批建设国家科技成果转移转化示范区［EB/OL］. http：//www.gov.cn/xinwen/2022-01/14/content_5668239.htm，2022-01-14.

示范区，是科技部为破解科技、经济的深度融合难题，推动科技成果转化的一项重大举措。重庆国家科技成果转移转化示范区将以重庆国家自主创新示范区、国家高新技术产业开发区等为建设主体，按照“一核多园”的空间布局，加快推动科技成果转化应用。“一核”即西部（重庆）科学城，“多园”即重庆高新区、两江新区、璧山高新区、永川高新区、荣昌高新区等。示范区将着力围绕4个方面进行建设。一是打造科技成果转化体制机制改革“先行区”。深入推进赋予科研人员职务科技成果所有权或长期使用权试点，完善收益分配机制、评价激励机制。二是打造科技成果转化服务体系“样板区”。加速发展环大学创新生态圈，培育专业化技术转移机构，壮大技术转移人才队伍，打造高水平创业孵化平台，做大做强创新创业投融资规模。三是打造科技成果区域协同转化“集聚区”。高水平建设西部（重庆）科学城，高标准打造两江协同创新区。四是打造科技成果赋能产业高质量发展“引领区”。优化科技成果的源头供给，提升科技成果中试熟化水平，加速产业迭代升级，助力重庆由“制造重镇”迈向“智造重镇”“智慧名城”。4月18日，四川、重庆两省市政府办公厅印发《成渝地区建设具有全国影响力的科技创新中心总体方案》。按照《成渝地区双城经济圈建设规划纲要》的要求，成渝地区共建具有全国影响力的科技创新中心，必须坚定实施创新驱动发展战略，瞄准突破共性关键技术尤其是“卡脖子”技术，强化战略科技力量，深化新一轮全面创新改革试验，增强协调创新发展能力，增进与“一带一路”沿线国家等创新合作，合力打造科技创新高地，为构建现代产业体系提供科技支撑。

（二）经济发展

协同共建巴蜀文化旅游走廊，营造高品质消费空间。2022年全国两会上，川渝两省市全国政协委员联名提交《关于支持巴蜀文化旅游走廊建设的提案》，吁请国家层面加强顶层谋划和政策支持。5月11日，文化和旅游部、国家发展改革委和两省市政府联合印发《巴蜀文化旅游走廊建设规划》。[①] 规划强调，要坚持以人为本、民生共享，深入发展大众旅游，充分发挥文化产业和旅游业的综合带动作用，让建设成果更多惠及人民；要坚持改革开放、创新驱动，加快推进区域文化和旅游领域深层次改革，推动机制创新、模式创新、业态创新；要坚持生态优先、绿色发展，正确处理生态保护、文物保护与开发利用的关系，将绿色发展理念贯穿到巴蜀文化旅游走廊建设全过程，促进绿色旅游发展；要坚持以文塑旅、以旅彰文，推动文化和旅游融合发展，以文化引领旅游发展、以旅游促进文化繁荣；要坚持区域协调、合作共建，强化区域协调发展，做到统一谋划、一体部署、相互协作、共同实施。规划的印发实施，有利于深入实施区域协调发展战略，探索区域文化和旅游协同发展的体制机制和路径模式，为全国提供区域文化和旅游协同发展样板；有利于充分发挥区域内各地区的比较优势，提升巴蜀文化旅游走廊整体竞争力，打造国际知名文化和旅游品牌。8 月 3 日，四川、重庆两省市政府办公厅联合印发《建设富有巴蜀特色的国际消费目的地实施方案》。实施方案提出，通过培育建设，到 2025 年，推动形成重庆主城都市区和成都双极核、多个区域与次区域消费中心共同发展的新格局，基本建成“立足西南、面向全国、辐射全球，品质高端、功能完善、特色突出”的国际消费目的地。8 月 10 日，四川、重庆两省市政府办公厅联合印发《成渝地区双城经济圈特色消费品产业高质量发展协同实施方案》。为进一步推动川渝特色消费品产业高质量协同发展，充分发挥消费品产业对成渝地区双城经济圈建设的重要支撑作用，根据《成渝地区双城经济圈建设规划纲要》和《重庆四川两省市贯彻落实〈成渝地区双城经济圈建设规划纲要〉联合实施方案》，制定本实施方案。以习近平新时代中国特色社会主义思想为指导，全面贯彻党的十九大和十九届历次全会精神，深入贯彻落实习近平总书记关于推动成渝地区双城经济圈建设重要讲话精神，抢抓构建新发展格局历史新机遇，以消费升级为导向，围绕健康食品、精品服饰、特色轻工，聚焦研发

① 巴蜀文化旅游走廊建设规划［EB/OL］. https：//www. mct. gov. cn/whzx/whyw/202205/t20220526_933204. htm，2022 -05 -26.

设计、生产制造、公共服务等关键环节，统筹推进资源共享、平台链接、产业协同，提升川渝特色消费品工业供给体系质量，加快建设特色消费品产业集群，为满足人民对美好生活的需要提供有力支撑。

协同共建西部金融中心，打造具有全国影响力的重要经济中心。3月7~8日，四川、重庆两省市全国政协委员联名提交《关于支持成渝共建西部金融中心的提案》[①]。建设西部金融中心是党中央赋予成渝地区的重大使命。如何加快推动西部金融中心建设，也是川渝两地共同关注的问题。今年全国两会上，川渝两省市全国政协委员联名提交《关于支持成渝共建西部金融中心的提案》，吁请国家层面在成渝地区布局重大金融基础设施和重要金融机构，支持成渝共建西部金融中心。8月3日，两省市政府办公厅联合印发《成渝共建西部金融中心工作领导小组工作机制》。《成渝共建西部金融中心规划》提出，到2025年初步建成西部金融中心的目标。规划分为"总体要求""主要任务""保障措施"等三大部分。其中提出，到2025年，西部金融中心初步建成。金融体制机制更加优化，金融机构创新活力不断增强，金融开放程度显著提高，金融生态环境明显优化，金融营商环境居全国前列。到2035年，西部金融中心地位更加巩固。基本确立具有较强金融资源配置能力和辐射影响力的区域金融市场地位，形成支撑区域产业发展、引领全国高质量发展、西部陆海贸易和国内国际双循环的内陆金融开放服务体系，金融服务"一带一路"功能更加完善，西部金融中心的国际影响力显著增强。12月14日，两省市政府办公厅联合印发《成渝共建西部金融中心规划联合实施细则》。实施细则全面对接《成渝地区双城经济圈建设规划纲要》和《成渝共建西部金融中心规划》有关内容，对标建设立足西部，面向东亚和东南亚、南亚，服务共建"一带一路"国家和地区的西部金融中心，锚定2025年西部金融中心初步建成、2035年地位更加稳固的战略目标，围绕金融机构组织体系、金融市场体系、金融服务体系、金融创新体系、内陆金融开放体系、

① 川渝联名提案支持成渝共建西部金融中心［EB/OL］. https：//m. gmw. cn/baijia/2022－03/06/1302832451. html，2022－03－06.

金融生态体系、金融基础设施和加强规划实施保障（以下简称“六体系一基础一保障”）等方面，细化提出33项58条落实措施，是推动成渝共建西部金融中心落实落细的指导性文件。

（三）公共服务

城市群是拓展发展空间、释放发展潜力的重要载体，为我国经济社会高质量发展提供了重要支撑。城市群内城市之间资源禀赋、城市区位、经济发展不平衡等现实问题愈发凸显，造成城市群内基本公共服务不均衡。所以，共建共享公共服务是成渝地区双城经济圈发展的一项重要任务。其目的是更好满足人民群众美好生活需要，扩大民生保障覆盖面，提升公共服务质量和水平，不断增强人民群众获得感、幸福感、安全感。

加快打造市场化、法治化、国际化营商环境，为成渝地区双城经济圈高质量发展持续注入新动能。1月18日，四川、重庆两省市政府办公厅联合印发《成渝地区双城经济圈优化营商环境方案》。《方案》包含市场主体、政务服务、法治保障三个方面内容。[①] 明确指出，到2025年，成渝地区双城经济圈营商环境全面优化，贸易投资便利、政务服务规范、法治保障完善的一流营商环境区域基本建成，服务成渝地区双城经济圈建设战略发展全局的能力全面加强。

推动共建成渝工业互联网一体化发展示范区、区域协同公共服务平台和服务体系。1月30日，两省市政府办公厅联合印发《共建成渝地区工业互联网一体化发展示范区实施方案》。方案立足川渝工业互联网发展实际，明确了共建成渝地区工业互联网一体化发展示范区的主要目标，细化了重点工作任务，是“十四五”时期示范区建设的重要指导性文件，为开展示范区建设工作提供了基本遵循，有利于促进示范区建设的标准化和规范化，将进一步加强川渝两地工作交流，凝聚思想共识，汇聚创建合力，助力成渝地区双城

① 成渝地区双城经济圈优化营商环境方案［EB/OL］. https://www.sc.gov.cn/10462/zfwjts/2022/1/18/022bc0d8b80b4953a358b87b832e9123.shtml，2022-01-18.

经济圈建设。方案提出，到2025年，基本建成特色鲜明、体系完备的成渝地区工业互联网一体化发展示范区，打造成为全国工业互联网创新发展新高地。届时，川渝两地将培育20个具有影响力和竞争力的工业互联网平台，建设40个二级节点，推动建设1000个平台化设计、智能化制造、数字化管理等新模式项目，培育工业互联网相关服务企业达1000家，持续推动“5G + 工业互联网”与实体经济融合创新，推动“上云”企业达到50万户。为实现以上目标，方案围绕网络、平台、安全、产业、应用、生态6大方面，明确了推进网络升级改造、构建标识解析体系、共建公共服务平台等19项重点任务，制定了建立工作推动机制、分解任务逐步推进、加大政策资金支持和加强创新人才培养4项保障措施。2月7日，国家发展改革委、中央网信办、工业和信息化部、国家能源局联合批复同意成渝地区启动建设全国一体化算力网络国家枢纽节点。四川积极响应国家战略，编制印发《全国一体化算力网络成渝国家枢纽节点（四川）实施方案》，明确总体目标、建设布局、重点任务和保障措施。方案综合考虑产业布局、能源结构和地质、气候等条件，四川省将重点建设天府数据中心集群，适度建设若干城市内部数据中心，形成“群—城”互补、“云—边”协同的全省一体化数据中心体系。到2025年，全面建成天府数据中心集群起步区。到2030年，算力算效达到全国先进水平，成为国家“东数西算”工程的核心枢纽。

（四）生态文明

成渝地区双城经济圈战略实施以来，川渝两地持续加强成渝地区生态环境保护，完善区域生态环境保护制度体系和合作机制，推动成渝地区生态环境质量总体向好。

大力推动生态文明建设，打造高品质生活宜居地。2月10日，生态环境部、国家发展改革委和两省市人民政府印发《成渝地区双城经济圈生态环境保护规划》。两省市政府批复设立资大文旅融合发展示范区。规划指出，到2025年，成渝地区双城经济圈生态宜居水平大幅提高，生态安全格局基本形成，突出环境问题得到有效治理，地级及以上城市空气质量优良天数率不低于 89.4%，$PM_{2.5}$浓度下降 13% 以上，跨界河流国控断面水质达标率 100%，美丽中国先行区建设取得显著进展。到 2035 年，成渝地区生态安全格局全面筑牢，生态环境质量根本好转，现代环境治理体系全面完善，美丽中国先行区基本建成。①

2 月 15 日，两省市政府办公厅联合印发《成渝地区双城经济圈碳达峰碳中和联合行动方案》。方案指出，到 2025 年，成渝地区二氧化碳排放增速放缓，非化石能源消费比重进一步提高，单位地区生产总值能耗和二氧化碳排放强度持续降低，推动实现能耗“双控”向碳排放总量和强度“双控”转变，加快形成减污降碳激励约束机制，重点行业能源资源利用效率显著提升，协同推进碳达峰、碳中和工作取得实质性进展。产业结构、能源结构、交通运输结构、用地结构不断优化，政策法规、市场机制、科技创新、财税金融、生态碳汇、标准建设等支撑体系不断完善，绿色低碳循环发展新模式初步形成，为成渝地区双城经济圈实现碳达峰、碳中和目标奠定坚实基础。② 8 月 19 日，中国人民银行等 6 部委印发《重庆市建设绿色金融改革创新试验区总体方案》。为深入贯彻党中央、国务院决策部署，积极落实《生态文明体制改革总体方案》和《长江经济带发展规划纲要》任务要求，深化金融供给侧结构性改革，充分发挥绿色金融在促进生态文明建设、推进长江经济带绿色发展中的积极作用，助力重庆市经济社会高质量发展，制定本方案。以习近平新时代中国特色社会主义思想为指导，全面贯彻党的十九大和十九届历次全会精神和碳达峰碳中和重大战略决策，深入落实习近平总书记关于坚持“两点”定位、“两地”“两高”目标，发挥“三个作用”与推动成渝地区双城经济圈建设等重要指示精神③，统筹推进“五位一体”总体布局，协调推

---

① 成渝地区双城经济圈生态环境保护规划［EB/OL］. https：//www. sc. gov. cn/10462/10464/10797/2022/2/18/06842856f7a84dacba4630225167775b. shtml，2022－02－18.

② 成渝地区双城经济圈碳达峰碳中和联合行动方案［EB/OL］. https：//www. sc. gov. cn/10462/10778/10876/2022/2/23/2cc8a1ffbe6e4cfcaaad6e237d15b494. shtml，2022－02－23.

③ 唐良智．重庆主动服务全国大局 努力发挥“三个作用”［J］. 求是，2020（2）：42－44.

进“四个全面”战略布局，完整、准确、全面贯彻新发展理念，坚持生态优先、绿色发展，共抓大保护、不搞大开发，更加注重从全局谋划一域，以一域服务全局，以金融支持绿色低碳产业发展和生态保护为主线，深化绿色金融体制机制改革，强化绿色投资国际合作，促进绿色转型和生态发展，探索形成可复制可推广的绿色金融可持续发展经验与模式。

5 月 10 日，国家发展改革委出台我国首部生物经济五年规划——《“十四五”生物经济发展规划》，提出在京津冀、长三角、粤港澳大湾区、成渝地区双城经济圈等区域，布局建设生物经济先导区。11 月 1 日，水利部、国家发展改革委印发《成渝地区双城经济圈水安全保障规划》。针对不同区域水安全保障存在的短板和薄弱环节提出构建“双圈、两翼、四屏、多廊”的成渝地区水安全保障总体空间布局。规划系统性明确了完善流域防洪减灾体系、加快区域水网重大工程建设、加强保护与修复、加强数字融合、深化创新协同五大重点任务，是当前和今后一段时间开展成渝地区双城经济圈水安全保障工作的重要依据。

（五）基础设施

构建互联互通、协同高效的基础设施网络。3 月 15 日，中国民航局印发《关于加快成渝世界级机场群建设的指导意见》，明确将把成渝世界级机场群打造成为支撑我国民航发展的第四极。意见给出 5 条建设路径：第一，双核引领，加快成都、重庆国际航空枢纽功能建设；第二，协同联动，系统提升成渝机场群综合服务保障能力；第三，共建共享，着力打造便捷高效的现代航空服务网络；第四，创新驱动，联合共创民航科技创新和产业协同示范；第五，合作共赢，成渝携手构建区域民航协同发展新机制。意见提出加快打造联通全球、覆盖全国的航线网络，推进成渝两地合作，合力提升机场群国际航线服务水平和竞争力，以向西、向南开放为重点，提高国际航权开放和资源配置水平，打造成渝轨道上的机场群，构建成渝都市圈 1 小时和城市群 2 小时的高品质出行交通圈，加快构筑“干支通、全网联、体验好”的成渝机场群航线网络。到 2025 年，成渝世界级机场群初具规模，国际枢纽功能迈上新台阶，运输机场达 12 个，年客货保障能力分别约为 2.1 亿人次和 370 万吨，年起降保障 150 万架次左右。到 2035 年，全面建成成渝世界级机场群，成为具有全球影响力的民航科技创新中心、国际一流的教育培训高地和现代产业集群，成为引领带动多领域民航强国建设的先行示范区。[①] 7 月 17 日，两省市政府办公厅联合印发《共建长江上游航运中心实施方案》。方案提出，2025 年基本建成长江上游航运中心，成为"一带一路"、长江经济带、西部陆海新通道联动发展的战略性枢纽。方案明确，加快建设以长江干线为主通道、重要支流为骨架的航道网络，打造分工协作、结构合理、功能完善的港口集群，形成以重庆长江上游航运中心为核心，以泸州港、宜宾港等为骨干，其他港口共同发展的总体格局。

（六）改革开放

联手打造内陆改革开放高地。7 月 26 日，四川、重庆两省市政府办公厅联合印发《成渝地区联手打造内陆开放高地方案》。为全面落实《成渝地区双城经济圈建设规划纲要》，推动成渝地区联手打造内陆开放高地，特制定本方案。以习近平新时代中国特色社会主义思想为指导，全面贯彻党的十九大和十九届历次全会精神，深入贯彻落实习近平总书记关于推动成渝地区双城经济圈建设的重要讲话精神，立足新发展阶段，完整、准确、全面贯彻新发展理念，积极融入和服务新发展格局，围绕推动形成优势互补、高质量发展的区域经济布局，牢固树立一体化发展思维，强化重庆和成都中心城市带动作用，促进成渝地区协同扩大全方位高水平开放，加快培育改革开放新动力，塑造创新发展新优势，拓展参与国际合作新空间，以高水平开放推动高质量发展，合力打造区域协作的高水平样板，为推动成渝地区双城经济圈建设提供有力支撑。推进成渝地区双城经济圈口岸物流体系建设，营造良好口

---

① 民航局关于加快成渝世界级机场群建设的指导意见［EB/OL］. https：//www. sc. gov. cn/10462/10464/10797/2022/3/16/42389a93170b46b3a3a83a3bdd3ffbe7. shtml，2022 - 03 - 16.

岸物流发展环境，提高合作质量和发展水平。2月23日，两省市政府办公厅联合印发《共建成渝地区双城经济圈口岸物流体系实施方案》。根据实施方案，双方将在统筹推进区域口岸物流联网运行、培育提升区域口岸物流经济发展动能、合作开展口岸物流设施建设运营和优化区域口岸物流协同发展环境等4个方面协同建设。力争到2025年，川渝两地社会物流总额达到14万亿元。[①]

（七）合作联动

为更好发挥成都在成渝地区双城经济圈建设中的引领作用，成都建设“践行新发展理念的公园城市示范区”。1月28日，国务院批复同意成都建设践行新发展理念的公园城市示范区。[②] 示范区建设要以习近平新时代中国特色社会主义思想为指导，全面贯彻党的十九大和十九届历次全会精神，完整、准确、全面贯彻新发展理念，加快构建新发展格局，坚持以人民为中心，统筹发展和安全，将绿水青山就是金山银山理念贯穿城市发展全过程，充分彰显生态价值，推动生态文明建设与经济社会发展相得益彰，促进城市风貌与公园形态交织相融，着力厚植绿色生态本底、塑造公园城市优美形态，着力创造宜居美好生活、增进公园城市民生福祉，着力营造宜业优良环境、激发公园城市经济活力，着力健全现代治理体系、增强公园城市治理效能，实现高质量发展、高品质生活、高效能治理相结合，打造山水人城和谐相融的公园城市。2月28日，国家发展改革委、自然资源部、住房和城乡建设部联合印发《成都建设践行新发展理念的公园城市示范区总体方案》。总体方案瞄准城市践行绿水青山就是金山银山理念的示范区、城市人民宜居宜业的示范区、城市治理现代化的示范区发展定位，从“四个着力”出发，分门别类推

---

① 共建成渝地区双城经济圈口岸物流体系实施方案［EB/OL］. https：//www. sc. gov. cn/10462/10464/10797/2022/3/13/d8ec2071523c42e6a3e7b943918edf43. shtml，2022－03－13.

② 国务院关于同意成都建设践行新发展理念的公园城市示范区的批复［EB/OL］. http：//www. gov. cn/zhengce/zhengceku/2022－02/10/content_5672903. htm，2022－01－28.

进24项具体建设任务。一是着力厚植绿色生态本底、塑造公园城市优美形态，包括构建公园形态与城市空间融合格局、建立蓝绿交织公园体系、保护修复自然生态系统等6项任务；二是着力创造宜居美好生活、增进公园城市民生福祉，包括加快推进农业转移人口市民化、推行绿色低碳生活方式、增强养老托育服务能力等7项任务；三是着力营造宜业优良环境、激发公园城市经济活力，包括营造国内一流营商环境、推动生产方式绿色低碳转型、发展彰显竞争力的优势产业等6项任务；四是着力健全现代治理体系、增强公园城市治理效能，包括增强抵御冲击和安全韧性能力、建设社会治理共同体、构筑智慧化治理新图景等5项任务。此外，方案中还设置4个专栏，包含22项重点行动。

探索跨省域同城化经验，加强成渝两地“双核”联动。8月11日，重庆市人民政府和四川省人民政府联合印发了《重庆都市圈发展规划》，将四川省广安市全域纳入规划范围，并明确提出：川渝高竹新区，重点探索城市新区管理权所有权适度分离，推动在一体规划、设施互联、产业共兴、园区共建、环境共治、利益共享等领域先行先试、率先突破，有效承接重庆中心城区功能疏解。坚定实施“同城融圈”战略，按照“产城景乡融合”的思路，全覆盖编制概念性规划、国土空间规划和产业、交通、城市设计等专项规划，积极加强对接汇报，以重大规划入围、重大政策争取、重大平台建设、重大项目实施、重大改革推进为主抓手，充分展示完整准确全面贯彻新发展理念城市新区的形态。

二、重大项目

重大项目是协同推动成渝地区双城经济圈建设的关键。川渝两地通过完善工作机制、协调公共服务、加强要素保障，合力推进重大项目建设。截至2022年12月底，160个重大项目已全部开工、累计完成投资5628亿元，其中2022年完成投资2336亿元、年度投资完成率127%，超额完成全年目标任务。①

协同建设现代基础设施网络项目。全年完成投资 995 亿元、年度投资完成率 113%。成渝中线、渝西高铁、成达万高铁开工建设，渝昆高铁（川渝段）建设提速，整体工程进度已过半。泸州至永川高速公路全线通车，川渝省际高速公路已达 14 条，川渝 1000 千伏特高压交流工程获国家核准并已开工建设，江北国际机场 T3B 航站楼主体结构和第四跑道土石方工程基本完成，阆中机场主体工程完工。

协同建设现代产业体系项目。全年完成投资 986 亿元、年度投资完成率 139%。京东方重庆第 6 代 AMOLED（柔性）生产线项目、成都通威太阳能光伏产业基地一期项目建成达产，重庆腾讯云计算数据中心（二期）完工，成都中创新航项目主体工程完工，华润微电子 12 英寸功率半导体晶圆生产线投产试用，长寿高性能锂离子电池微孔隔膜项目 8 条生产线全面投产。

协同建设科技创新中心项目。全年完成投资 191 亿元、年度投资完成率 120%。重庆生命健康金凤实验室揭牌投用，中国科学院重庆科学中心和科学谷基本完工，转化医学国家重大科技基础设施医学大楼完工，华为·成都智算中心（一期）人工智能算力平台上线运营，西部（重庆）科学城先进数据中心项目（IDC）试运行。

协同建设巴蜀文化旅游走廊、生态屏障项目。有序推进全年完成投资 68 亿元、年度投资完成率 120%。巴蜀非遗文化产业园三峡竹博园、巴人历史文化馆等已建成，明月山国家储备林建设项目完成林地收储 2 万亩。

协同建设共享公共服务项目。全年完成投资 96 亿元、年度投资完成率 264%。宜宾人力资源服务产业园一期、西南大学宜宾产教融合实训基地一期建成运行，遂潼区域职业教育中心等与群众获得感、幸福感紧密相关的项目加快推进。

---

① 李晓婷，赵宇飞．共建成渝地区双城经济圈 2022 年重大项目提前完成全年投资任务［EB/OL］. https://baijiahao.baidu.com/s?id=1749195048074241507&wfr=spider&for=pc，2022-11-11.

三、互联互通

（一）构建互联互通、协同高效的基础设施网络

3 月 5 日两省市人大代表团共同向十三届全国人大五次会议提出加快推进川渝能源保障一体化建设的建议。推动成渝地区双城经济圈建设，亟待解决能源问题。重庆代表团和四川代表团共同向大会提交《关于加快推进川渝能源保障一体化建设的建议》，呼吁国家层面建立跨部门协调机制，开展川渝地区能源综合改革，为成渝地区双城经济圈高质量发展提供能源支撑。[①]

3 月 18 日，两省市政府办公厅印发《川渝电网一体化建设方案》。为贯彻落实成渝地区双城经济圈发展战略，川渝两省市制定出台《推动川渝能源绿色低碳高质量发展协同行动方案》，提出了 22 项具体协同任务，力争到 2025 年，基本建成清洁低碳、安全高效的川渝一体化能源保障体系。

8 月 9 日，两省市政府办公厅联合印发《推动川渝能源绿色低碳高质量发展协同行动方案》。有效保障成渝地区双城经济圈建设清洁用能需求，川渝两省市根据区域能源发展现状、资源禀赋、发展需求，以及成渝地区双城经济圈建设战略定位，制定出台行动方案，旨在通过抓改革、建机制、搭平台、推项目、防风险等路径，进一步提升双方能源产业合作层次，推动形成“协同共进、安全共保、绿色共建、创新共赢、民生共享”的川渝能源绿色低碳高质量发展格局。

9 月 29 日，我国西南地区首个特高压交流工程——国家电网有限公司川渝 1000 千伏特高压交流工程正式开工。[②] 四川富余清洁能源将优先保障重庆

---

① 王成栋，付真卿．加快推进川渝能源保障一体化建设［EB/OL］. https：//www. sc. gov. cn/10462/10464/10797/2022/3/6/32ddd18317a944069a6e52d728e40863. shtml，2022 - 03 - 06.

② 川渝 1000 千伏特高压交流工程开工［EB/OL］. http：//www. nea. gov. cn/2022 - 09/30/c_1310667424. htm，2022 - 09 - 30.

电网消纳，川电入渝的“规划图”变为施工“实景图”。

9 月 30 日，成都至达州至万州高速铁路全面开工建设。成达万高铁是我国“八纵八横”高铁网沿江通道的重要组成部分，正线全长 477 公里，设计时速 350 公里，这是成渝双城经济圈的又一重大项目。

（二）构建规则统一、互联互通的市场基础设施

1 月 14 日，两省市政府办公厅联合印发《川渝地区实行告知承诺制证明事项目录（第一批）》。[①] 1 月 20 日，两省市政府办公厅联合印发《成渝地区双城经济圈便捷生活行动事项（第二批）》。2 月 9 日，两省市政府办公厅联合印发《成渝地区双城经济圈“放管服”改革 2022 年重点任务清单》《川渝通办事项清单（第三批）》《川渝电子证照互认共享清单（第一批）》。[②] 6 月 11 日，两省市政府办公厅联合印发《推进成渝地区双城经济圈“无废城市”共建的指导意见》。以习近平新时代中国特色社会主义思想为指导，全面贯彻党的十九大和十九届历次全会精神，深学笃用习近平生态文明思想，坚决贯彻党中央关于成渝地区双城经济圈建设的战略部署，立足新发展阶段、贯彻新发展理念、构建新发展格局、推动高质量发展，紧密围绕减污降碳协同增效，牢固树立“川渝一盘棋”思维，着力提升固体废物减量化、资源化、无害化水平，推进城市固体废物精细化管理，为深入打好污染防治攻坚战、推动实现碳达峰碳中和、建设美丽中国作出贡献。

四、公共服务

2020 年以来，成渝地区协同推进“放管服”改革，联合发布 311 项“川

① 重庆市人民政府办公厅 四川省人民政府办公厅 关于印发川渝地区实行告知承诺制证明事项目录（第一批）的通知［EB/OL］. https://www.sc.gov.cn/10462/10778/10876/2022/1/27/e308ba8489254f55a9b35aa3bd65551f.shtml，2022-01-17.

② 重庆市人民政府办公厅 四川省人民政府办公厅 关于印发成渝地区双城经济圈“放管服”改革 2022 年重点任务清单等 3 个清单的通知［EB/OL］. https://www.sc.gov.cn/10462/10778/10876/2022/2/17/5025ceda69a14b5ab3e9f9c3fe53b01a.shtml，2022-02-17.

渝通办”事项，统一事项办理标准流程；推出两批次涵盖交通通信、户口迁移、就业社保、教育文化、医疗卫生、住房保障等方面的43项便捷生活行动举措。从“检验互认”到“信息共享”，从环境共护到文旅合作，川渝两省市坚持以人民为中心的发展思想，按照《成渝地区双城经济圈建设规划纲要》要求，增加优质公共产品和服务供给，持续改善民生福祉，构建多元包容的社会治理格局，努力让改革发展成果更多更公平惠及人民。随着越来越多的便民惠企政策举措在川渝两地诞生，川渝人民群众的获得感、幸福感、安全感持续增强。

2月28日，第十三届全国人民代表大会常务委员会第三十三次会议通过《关于设立成渝金融法院的决定》。加大金融司法保护力度，营造良好金融法治环境，维护金融安全。9月28日，全国首个跨省域管辖法院——成渝金融法院正式揭牌。[①] 设立成渝金融法院是贯彻落实党中央决策部署的重大举措，作为探索跨省域集中管辖金融案件而设立的全国首家专门法院，实现了金融法院在跨省域管辖上“零”的突破。按照直辖市中级人民法院设置，成渝金融法院分别在重庆市、四川省成都市设立办公区。2023年1月1日成渝金融法院于起正式受理案例。该院充分采用“线下+智能+互联网”诉讼模式，为群众提供线上“人民法院在线服务”、线下现场、24小时自助服务区二类立案服务，实现诉讼服务24小时“不打烊”。

3月30日、31日，两省市人大常委会分别通过《四川省铁路安全管理条例》《重庆市铁路安全管理条例》，自2022年5月1日起施行。条例明确了川渝铁路安全协作的具体工作机制，将信息通报机制、应急协调机制、双段长制、反恐协调机制、交通事故防控机制、信用评价机制、区域协同机制等纳入其中。同时，明确了铁路沿线地方政府及相关部门、铁路监督管理机构的安全职责，强化了建设环节的铁路安全要求，明晰了相关设施的设置管护责任，规范了铁路沿线的生活生产活动。两个条例将于2022年5月1日起同

---

① 董柳. 全国首家跨省域金融法院来了，意味着什么？［EB/OL］. https：//m. gmw. cn/baijia/2022 - 12/22/1303231421. html，2022 - 12 - 22.

步施行，也是川渝两地人大协同立法的又一成果。①

7 月 25 日，两省市政府办公厅联合印发《支持成渝地区双城经济圈市场主体健康发展若干政策措施》。针对加大财税支持力度、强化金融服务支撑、提升政务服务效能、大力优化市场监管、营造良好法治环境提出了一揽子政策措施，以便充分激发川渝两省市各类市场主体活力，促进市场主体健康发展。

10 月 23 日，两省市政府办公厅联合印发《第一批川渝电子证照亮证互认实施清单》。2022 年年底前，中华人民共和国机动车驾驶证、中华人民共和国律师执业证、中华人民共和国社会保障卡、营业执照等 20 项证书可实现川渝两地互认。川渝两省市各级各部门将强化组织领导，加大推进力度，加快相关证照在本地区应用推广，引导企业和群众积极使用，鼓励根据实际需要，在有条件的地区拓展应用场景及试点范围，尤其在试点地区形成一批可复制推广的经验做法。

12 月 1 日，成渝地区双城经济圈首个数据领域地方标准——《公共信息资源标识规范》正式发布实施。该标准由四川省、重庆市分别立项、共同起草、联合审查、联合批准，明确了川渝两地公共信息资源的标识分类、标识编码和标识管理规则，适用于两地政务组织、非政务组织和居民公共信息资源的标识、分类、编目、发布、管理。通过细分数据来源，确定数据归属，为两地数据资源提供“身份证”“产权证”，用于规范川渝地区公共信息资源标识和应用，有效解决数据来源多、数据治理难等问题，强力助推数据治理、共享、开放、溯源，加快培育两地数据要素市场。

五、毗邻协作

为建立更加有效的区域协调发展新机制、打造高质量发展重要增长极，

① 杨恬．保障铁路运营安全 川渝两地第三次协同立法同步审议［EB/OL］．http：//www.scspc.gov.cn/hyzt/cwhhy/1331/202112/t20211201_40561.html，2021－12－01.

经川渝两省市共同商定，在川渝毗邻地区合作共建10个区域发展功能平台，川渝两省市将协同推进平台建设，在规划编制、项目布局、机制创新、要素保障等方面积极探索创新。目前改革已进入深水区，在跨省经济统计分算、土地、税收政策等关键环节实现了进一步的突破。

1月16日，两省市政府批复设立城宣万革命老区振兴发展示范区、合广长协同发展示范区，原则同意《城宣万革命老区振兴发展示范区总体方案》。[①] 城宣万革命老区振兴发展示范区建设要以习近平新时代中国特色社会主义思想为指导，深入贯彻党的十九大和十九届历次全会精神，全面落实党中央、国务院关于推动成渝地区双城经济圈建设的决策部署和新时代支持革命老区振兴发展的政策举措，坚持以人民为中心，立足新发展阶段，贯彻新发展理念，构建新发展格局，传承弘扬革命精神，补齐基础设施和公共服务短板，共育特色优势产业，共抓生态环境保护，增强自我发展能力，让革命老区人民过上更好生活，逐步实现共同富裕，打造全国革命老区振兴发展的示范样板。

4月14日，推动成渝地区双城经济圈联合办公室召开川南渝西等5个川渝毗邻地区合作共建区域发展功能平台建设工作推进会。会议指出，加快毗邻地区合作功能平台建设是落实成渝地区双城经济圈建设规划纲要重点任务、持续深化川渝合作的创新举措。平台建设工作启动以来，各地立足区位优势、资源禀赋、产业基础等，协同加快编制出台建设方案，共同推动制定发展规划，扎实抓好合作事项落地落实，平台建设工作有重点、有特色、有亮点，竞相发展的良好态势加快形成。会议强调，各地各有关部门要切实增强推动平台建设的责任感和紧迫感，进一步强化“一盘棋”思维和一体化发展理念，提高认识以更高政治站位抓落实，坚持方案规划引领突出特色亮点抓落实，坚持靶向发力突出目标导向抓落实，强化项目支撑突出建设成效抓落实，

---

① 重庆市人民政府 四川省人民政府 关于城宣万革命老区振兴发展示范区总体方案的批复 [EB/OL]. https://www.sc.gov.cn/10462/10778/10876/2022/1/21/2c9e5bdfce2146599d63b503e7d2773e.shtml, 2022-01-21.

完善工作机制突出制度保障抓落实，合力推动毗邻地区合作平台建设取得实效。

5 月 6 日，两省市政府办公厅联合印发《经济区与行政区适度分离改革方案》。“探索经济区与行政区适度分离”是《成渝地区双城经济圈建设规划纲要》部署的引领性、支撑性重大改革任务，是中共中央、国务院赋予成渝地区的一项重大改革任务，亦是建设全国统一大市场尺度下“优先开展区域市场一体化建设工作”的重要探索，为化解我国“区域协作需求与行政条块分割之间的矛盾”提供样板。

六、联席会议机制

打造带动全国高质量发展的重要增长极和新的动力源，是川渝两省市人民的共同使命和共同行动。重庆四川党政联席会议坚持高位推动、以上率下，共同研究解决双城经济圈建设方面的重大问题，围绕重点任务、重大改革、重大项目等领域展开研究、切实推进各项任务，推动国家战略走深走实。

2 月 16 日国家发展改革委召开城镇化工作暨城乡融合发展工作部级联席会第四次会议，审议《2022 年成渝地区双城经济圈建设工作要点》。18 日推动成渝地区双城经济圈建设联合办公室组织召开万达开等 5 个川渝毗邻地区合作共建区域发展功能平台建设推进会。22 日推动成渝地区双城经济圈建设联合办公室 2022 年第一次主任调度会议以视频方式召开。此后，分别于 4 月、7 月、9 月、11 月召开第二、三、四、五次主任调度会。

3 月 23 日，四川省推动成渝地区双城经济圈建设暨推进区域协同发展领导小组第四次会议召开。会议强调，要深入学习贯彻习近平总书记关于区域发展重要论述和党中央部署要求，积极顺应趋势性变化，锚定目标、脚踏实地、埋头苦干，采取有力措施抓实抓细成渝地区双城经济圈建设，推动全省区域协同发展不断开创新局面。

6月17日，推动成渝地区双城经济圈建设重庆四川常务副省市长协调会议第五次会议召开。会议强调，推动成渝地区双城经济圈建设部署落地实施，是川渝两省市的共同政治责任。要进一步强化双核联动、双城带动，加快构建双核引领、区域联动新格局。要进一步强化毗邻地区合作共建，围绕成渝中部地区协同发展、渝东北川东北地区一体化发展、川南渝西地区融合发展，加强重点功能平台建设，促进双圈互动、两翼协同。要进一步强化改革开放，共同推动区域市场一体化进程，建设川渝自由贸易试验区协同开放示范区，共建西部金融中心，合力打造西部陆海新通道、中欧班列（成渝）等出海出境大通道。要进一步强化重大投资项目牵引，共同构建互联互通立体交通网，扎实抓好铁路、公路、航空、航运等重大项目建设，强化重大项目储备。要进一步深化生态环保联建联治，共同落实“共抓大保护、不搞大开发”方针，共抓生态管控、共治跨界污染、共促绿色转型、共建秀美家园，携手筑牢长江上游生态屏障。要进一步推动公共服务共建共享，持续推进公共服务均等化便利化，统筹谋划推进圈内和圈外协调发展，进一步缩小城乡区域发展差距、补齐民生短板，不断提升群众获得感、幸福感和安全感。

6月24日，重庆市召开推动成渝地区双城经济圈建设领导小组会议。会议强调，要深入贯彻习近平总书记对成渝地区双城经济圈建设的重要讲话精神，认真落实市第六次党代会部署，尊重客观规律，发挥比较优势，深入推动川渝全方位合作，奋力书写成渝地区双城经济圈建设新篇章，加快打造带动全国高质量发展的重要增长极和新的动力源。

6月29日，推动成渝地区双城经济圈建设重庆四川党政联席会议第五次会议在重庆召开。会议强调，推动成渝地区双城经济圈建设部署落地实施，是川渝两省市的共同政治责任。要进一步强化双核联动、双城带动，加快构建双核引领、区域联动新格局。要进一步强化毗邻地区合作共建，围绕成渝中部地区协同发展、渝东北川东北地区一体化发展、川南渝西地区融合发展，加强重点功能平台建设，促进双圈互动、两翼协同。要进一步强化改革开放，共同推动区域市场一体化进程，建设川渝自由贸易试验区协同开放示范区，共建西部金融中心，合力打造西部陆海新通道、中欧班列（成渝）等出海出境大通道。要进一步强化重大投资项目牵引，共同构建互联互通立体交通网，扎实抓好铁路、公路、航空、航运等重大项目建设，强化重大项目储备。要进一步深化生态环保联建联治，共同落实“共抓大保护、不搞大开发”方针，共抓生态管控、共治跨界污染、共促绿色转型、共建秀美家园，携手筑牢长江上游生态屏障。要进一步推动公共服务共建共享，持续推进公共服务均等化便利化，统筹谋划推进圈内和圈外协调发展，进一步缩小城乡区域发展差距、补齐民生短板，不断提升群众获得感、幸福感和安全感。

9 月 29 日，重庆成都双核联动联建会议第一次会议以视频方式召开。会议学习贯彻重庆四川党政联席会议第五次会议精神，通报了双核联动联建工作进展情况，审议了《加强重庆成都双核联动联建引领带动成渝地区双城经济圈建设工作机制》《强化重庆成都双核联动联建合作项目事项清单》。

10 月 9 日，两省市人大常委会首次开展联合执法检查。川渝两省市人大常委会以视频会议的形式联合召开嘉陵江流域生态环境保护“四川条例”和“重庆决定”执法检查动员会，会议分别在四川省、重庆市人大常委会机关设主会场，在南充市设分会场。将采取实地检查与委托检查相结合的方式，实现嘉陵江流域生态环境保护执法检查的全覆盖。

12 月 7 日，推动成渝地区双城经济圈建设重庆四川常务副省市长协调会议第六次会议以视频方式召开。会上，两省市介绍《推动成渝地区双城经济圈市场一体化建设行动方案》《推动川渝共建重点实验室的实施意见》情况。会议听取深化重庆四川合作推动成渝地区双城经济圈建设 2022 年重点任务完成情况及 2023 年重点任务考虑、共建成渝地区双城经济圈 2022 年重大项目推进情况及 2023 年重大项目考虑、重庆成都双核联动联建工作进展情况汇报。

12 月 30 日，推动成渝地区双城经济圈建设重庆四川党政联席会议第六次会议在成都召开。重庆市委书记袁家军出席会议并讲话，四川省委书记王晓晖主持会议并讲话。重庆市委副书记、市长胡衡华，四川省委副书记、省长黄强分别通报有关情况。重庆市政协主席王炯、四川省政协主席田向利出席。会议审议《推动成渝地区双城经济圈市场一体化建设行动方案》《推动川渝共建重点实验室的实施意见》。[①]

① 推动成渝地区双城经济圈建设重庆四川党政联席会议第六次会议召开［EB/OL］. http：//fgw. sc. gov. cn/sfgw/fgyw/2023/1/4/dde2174b2d93452d8bc5cb2664a1ac98. shtml，2023－01－04.

第二篇

成渝地区双城经济圈发展评价

成渝地区双城经济圈协同发展的评价

成渝地区双城经济圈建设自提出以来，川渝两地齐心协力，共抓发展机遇，共同推动重大项目落地转化，将合作走深走实，实现经济社会协同发展。但当今世界正经历百年未有之大变局，新冠疫情全球大流行使这个大变局加速演进，在此背景下，成渝地区双城经济圈的稳定发展就具有更加重要的作用，这就更需要成渝地区进一步坚持贯彻创新、协调、绿色、开放、共享的新发展理念，以创新应对变化，以绿色巩固可持续发展，以开放获取发展动力，以共享实现协同发展，在实现地区经济发展的同时，加强地区的韧性建设。继去年构建成渝地区双城经济圈协同发展指标体系，并对川渝两地2010～2019年协同发展情况进行动态量化分析后，本章将进一步搜集四川与重庆地区2020～2021年的协同发展基础数据，对当前成渝地区双城经济圈的协同发展水平进行追踪分析，并结合疫情背景下经济社会变化实际，分析区域发展中的新特点与新变化，为促进地区稳定健康发展提供现实依据。

一、指标体系构建说明

（一）指标体系构建的目的

成渝地区双城经济圈的协同发展水平的研究，其目的就是实现“1+1>2”的经济发展效果，将川渝作为一个经济整体，在新发展理念指导下对地区的发展水平、发展特点以及发展趋势进行动态化的评估，因此在构建指标体系中更需要达到一下目标。

1. 明确成渝地区双城经济圈的战略定位

2020 年 1 月，中央财经委员会第六次会议明确提出“成渝地区双城经济圈”建设，这对成渝地区发展提出了更高要求。2021 年 10 月，中共中央、国务院印发《成渝地区双城经济圈建设规划纲要》对成渝地区战略定位发展目标进行了明确。该规划纲要提出成渝地区双城经济圈“以深化供给侧结构性改革为主线，立足构建以国内大循环为主体、国内国际双循环相互促进的新发展格局，围绕推动形成优势互补、高质量发展的区域经济布局，强化重庆和成都中心城市带动作用，引领带动成渝地区统筹协同发展，促进产业、人口及各类生产要素合理流动和高效集聚，加快形成改革开放新动力，加快塑造创新发展新优势，加快构建与沿海地区协作互动新局面，加快拓展参与国际合作新空间，推动成渝地区形成有实力、有特色的双城经济圈，打造带动全国高质量发展的重要增长极和新的动力源”。该表述用五个“新”来突出成渝地区的重要定位：

一是国家战略安全的重要维护者。当前，国际形势复杂多变，国际循环受到严重影响，国家及时提出了双循环发展战略即是对国际环境变化的应对，也是对我国在世界经济发展中的角色进行主动调整，成渝地区地处西部，人口规模大，资源丰富，产业体系相对完善，以期对国家的经济安全、生产安全等提供更有力的支持。

二是国际合作新空间的核心枢纽。当前，我国外交、外贸已经从传统的西方发达国家向“一带一路”沿线国家扩展，特别是向中亚、东南亚和南亚等地区的外贸发展不断增强，东盟已经成为我国第一大贸易伙伴，而这就将传统的通过海上运输的市场范围向陆地扩展，成渝地区成为内陆开放的前沿地区，在此情况下，成渝地区将为我国拓展国际合作新空间提供枢纽作用。

三是创新发展新优势的探索者。成渝地区具有较强的产业基础，产业体系较为完善，科学技术资源较其他中西部地区也更为丰富，但这是“三线建设”等影响下留存的传统优势。创新发展新优势的形成需要利用现在的新经济发展浪潮，以数字化、信息化打破传知识和信息传播壁垒，对标世界前沿，大胆探索，从传统的梯度转移中的跟随者向新经济、新技术和新产业中的缔造者和引领者转化。

2. 突出成渝地区双城经济圈经济定位

成渝地区双城经济圈将建设成为具有全国影响力的重要经济中心、科技创新中心、改革开放新高地、高品质生活宜居地，规划纲要提出成渝地区加快构建现代经济体系，形成区域协同创新体系，形成相对完整的区域产业链供应链体系，打造世界级先进制造业集群，加强数字经济、西部金融中心建设，现代服务业优势明显突出，其中就对成渝地区经济定位提出三个要求。

一是经济韧性建设迫切性增强。成渝地区已经从单纯的经济增长转向经济高质量阶段，面对国际国内复杂形式以及新冠疫情冲击，成渝地区的经济应该更加注重韧性建设，其中就包括经济抗冲击能力、经济恢复能力、经济调整能力和经济创新能力四项。其中经济抗冲击能力和恢复能力要求经济体系多样性较为丰富，而经济的调整和创新能力则需要更加灵活的“政府－企业－个体”的协同创新。

二是参与全球经济竞争。成渝地区在传统经济发展中主要是向东部输出劳动力，承接东部转移产业，而东部则利用沿海优势参与全球竞争。当前东南亚地区以其更为廉价的劳动力和特色的区位优势在全球竞争中也更加活跃，成渝地区要放眼全球，以西向开放为依托，以高水平的现代产业体系建设，注重市场培育，增强区域国际优势。

三是科技创新地位突出。科技创新贯穿“经济—社会—自然”全系统建设，成渝地区就要以科技创新为抓手，从经济发展的跟随者向引领者转变。地区要提升科技创新投入，增强科技创新协同，促进多元主体加强创新体系建设，增强科技创新全域应用，加强其在产业升级、社会管理和高品质宜居地建设中的运用与发展。

（二）指标体系构建基本原则

成渝地区双城经济圈协同发展指标体系构建的基本原则依然坚持针对性与普适性相结合、综合性和独立性相协调、科学性与简明性相适应以及可比性与可操作性相统一四项原则。

1. 针对性与普适性相结合

成渝地区双城经济圈协同发展涉及经济、社会、生态等各个方面。指标选择中应该分清主次，有针对性地围绕体现城市新发展理念的经济社会现象，通过对其本质特点的分析，筛选出能够代表其核心内涵及角色的指标，避免出现指标冗杂、关系不清的问题。当前，成渝地区双城经济圈的协同发展虽然取得一定成效，但仍然处于起步阶段，与长三角、京津冀等地区还存在一定差距，选取针对地区发展阶段与特点的指标能够有效地反映成渝地区的协同发展实际。此外，还需注重指标的普适性认知，结合国家发展目标和人民对地区发展的期望，选择社会认可和可以理解的量化指标，构建社会普遍接受和认可的成渝地区双城经济圈协同发展评价体系。

2. 综合性和独立性相协调

成渝地区双城经济圈协同发展涉及经济发展协同、社会发展协同、政府管理协同、环境治理协同等，从微观到中观再到宏观层面各个维度的协同，构成了地区发展的过程，最后也形成地区协同发展的成果。在此需要从新发展理念出发，对成渝地区经济发展、社会治理、生态保护等方面的状况进行归纳和总结，构成协同发展的综合系统，在指标的选择上也要反映经济、社会和生态环境等的综合发展图景。但需要注意的是，经济、社会和生态环境等方面因素相互关联、互相影响，导致部分指标之间相互加强或削弱，使指标体系反映的结果存在偏差。因此在指标选择过程中，应该注意指标间的独立性，对相互关联的指标运用替代法等手段进行处理，保证指标间的相互独立，正确反映指标贡献。

3. 科学性与简明性相适应

成渝地区双城经济圈协同发展评价，旨在通过科学的指标构建，来对地区协同发展水平进行量化研究，这就要求指标的选择能够科学地反映成渝地区双城经济圈短期下的协同发展特点和长期下的变化趋势，在宏观上的作用路径以及在微观上的构成基础。科学性的原则要求细致、精确地选择指标并分析指标间的关系，但在探寻系统间复杂关系的同时，也应注意指标的简明性，选取最具代表性和最核心的指标，权衡指标重复与指标遗漏的利弊并进行取舍，既不能使指标过于烦琐、细化，造成指标间的信息重复，也不能过于简化和粗糙，造成信息遗漏。因此，在指标构建中，力求指标体系能够科学、简明地反映城市资源承载力的内涵以及变化规律。

4. 可比性与可操作性相统一

成渝地区双城经济圈协同发展和高质量发展涉及面广，既有实质性的经济发展成果的量化，也有社会发展、环境保护等提高人民获得感、幸福感的非直接评价；既有反映绝对量水平的变量选择，也有反映相对量的价值尺度；既有反映不断向前的正向指标，也有衡量地区差异的负向标准。但指标的选择都应纳入数据可得的框架下，坚持可操作性原则，选择可以量化、可以比较的指标进行分析。同时，针对不同特性、不同内涵以及不同计量方法的指标，本章也将拟定一定的标准，通过无量纲化等方式统一计量，便于指标的组合。另外，针对因为区域差异产生的指标差异，本研究也将通过权重调整、指标取舍进行统一，而计算方法也应在保持科学和切实的基础上，尽量做到简单明了，便于未来研究中查漏补缺以及推广运用。

二、指标体系设计思路

2015 年，习近平总书记在《关于〈中共中央关于制定国民经济和社会发展第十三个五年规划的建议〉的说明》中指出：“发展理念是发展行动的先导，是管全局、管根本、管方向、管长远的东西，是发展思路、发展方向、发展着力点的集中体现。”新发展理念应运而生，2015 年 10 月 29 日，习近平总书记在党的十八届五中全会第二次全体会议上的讲话鲜明提出了创新、协调、绿色、开放、共享的发展理念。新理念的提出顺应时代要求，对破解发展难题、提升和丰富全面建成小康社会的目标内涵，具有重大指导意义。① 党的十九大指出我国经济已由高速增长阶段转向高质量发展阶段，十九届五中全会鲜明提出以推动高质量发展为主题，加快构建以国内大循环为主体、国内国际双循环相互促进的新发展格局。② 2022 年 10 月，党的二十大报告强调，“贯彻新发展理念是新时代我国发展壮大的必由之路”，“必须完整、准确、全面贯彻新发展理念，坚持社会主义市场经济改革方向，坚持高水平对外开放，加快构建以国内大循环为主体、国内国际双循环相互促进的新发展格局”。③ 因此，本研究也将以新发展理念为指导，从五个角度构建成渝地区双城经济圈协同发展指数④，并评价成渝地区在新发展理念下的发展成就，找出其发展特点，分析其发展中存在的问题。成渝地区双城经济圈协同发展将以新发展理念为一级指标，分析其中蕴含的发展内涵，并在此基础上拓展其发展要求，并构建相应的二级指标，再与成渝地区发展实际相结合，以数据为支撑，找出能够代表地区协同发展水平和特点的三级指标，最终形成贯彻新发展理念的成渝地区双城经济圈协同发展指标体系。

（一）创新发展维度

在新发展理念中，创新作为引领发展的第一动力，是我国经济发展转型最重要的力量，在我国经济发展面临“新常态”的形势下，创新具有更加重

① 在党的十八届五中全会第二次全体会议上的讲话（节选）［EB/OL］. http：//www. qstheory. cn/dukan/2020 - 06/04/c_1126073270. htm.

② 介绍解读党的二十大报告［EB/OL］. https：//baijiahao. baidu. com/s? id = 1747647053327494854&wfr = spider&for = pc，2022 - 10 - 25.

③ 习近平：高举中国特色社会主义伟大旗帜 为全面建设社会主义现代化国家而团结奋斗——在中国共产党第二十次全国代表大会上的报告［EB/OL］. http：//www. gov. cn/xinwen/2022 - 10/25/content_5721685. htm，2022 - 10 - 25.

④ 中国社会科学院京津冀协同发展智库京津冀协同发展指数课题组发布的《京津冀协同发展指数报告（2020）》也是基于新发展理念，构建了京津冀地区的协同发展评价指标体系，本书将在借鉴该指标构建体系的基础上，结合成渝地区的特点，构建成渝地区双城经济圈的协同发展评价指标体系。

要的意义，肩负更高的时代要求。党的十八届五中全会提出："坚持创新发展，必须把创新摆在国家发展全局的核心位置，不断推进理论创新、制度创新、科技创新、文化创新等各方面创新，让创新贯穿党和国家一切工作，让创新在全社会蔚然成风"①。党的二十大报告提出"必须坚持科技是第一生产力、人才是第一资源、创新是第一动力，深入实施科教兴国战略、人才强国战略、创新驱动发展战略，开辟发展新领域新赛道，不断塑造发展新动能新优势"。

因此，在创新发展维度下设立创新投入、创新产出和创新活力三项二级指标，并在每个二级指标下选择两个三级指标来衡量。在创新投入中既有创新生产投入，又有创新交易投入，都可以作为地区对创新的投入水平的衡量，本研究将选择地区整体研发支出占地区生产总值的比重和省级技术交易额占地区生产总值的比重来表征区域创新投入的协同发展水平；在创新产出指标中一种是创新成果的产出，一种是创新价值的产出，本研究将选择专利授权的产出效率和高新技术产业产出效率来衡量；创新的基础在于企业和个人，本研究将采用新设立企业情况和地区的人才培养作为创新活力的基础指标。

（二）协调发展维度

协调是持续健康发展的内在要求，党的二十大报告指出"十年前，我国经济结构性体制性矛盾突出，发展不平衡、不协调、不可持续，传统发展模式难以为继"，而协调发展的提出，其本质是对前期我国经济发展的不平衡、不充分的问题的再思考和调整。协调发展是通过社会服务和产业的协同，缩小城市与乡村、地区与地区之间的差距，同时取长补短，提高地区内部和区域之间的城市协调度，涉及城乡、区域等发展协调，体制机制与经济行为的协调配合等。2020 年 9 月 24 日，国务院办公厅印发《关于加快推进政务服务"跨省通办"的指导意见》，要求进一步深化"放管服"改革，优化政务

① 参见《中国共产党第十八届中央委员会第五次全体会议公报》，2015 年 10 月 29 日中国共产党第十八届中央委员会第五次全体会议通过。

服务，加快推进政务服务“跨省通办”。川渝两地在此基础上进一步拓展“跨省通办”范围和深度，梳理形成了川渝通办事项清单，截至目前已经形成三批，涉及30个行业领域，共计311项“川渝通办”事项，是两地协调发展的具体体现，但该项数据执行时间较短，难以形成纵向比较数据，可以认为这一改革将直接作用于两地经济与社会的协调发展成果。因此，本研究首先选择经济协调、社会协调来表征成渝地区的经济与社会协调成果。在经济协调中，选择产业同构指数、人均GDP的地区差异和非农产业生产效率作为三级指标来评价；而在社会协调中，由于经济和社会发展相辅相成，本章将选择表征人民生活水平的城乡居民收入协调、地区发展空间均衡的城市规模协调以及关系人口安居乐业的商品房销售价格与GDP变动差异作为三级指标进行测算。

另外，协调发展还表现在发展的安全性上，在新发展理念下，发展是可持续的发展和安全的发展，要协调经济发展与环境以及人民生命财产安全的关系，决不能牺牲环境和人民的健康来追求发展。因此，协调的发展还体现在发展的安全性上，地区的发展除了追求GDP的增长，更应该关注环境的改善和人的生产安全，达到“经济－环境－社会”的协调发展。近年来，一些突发的环境事件和生产安全事件严重影响地区经济发展环境和人民生活环境，进而影响地区发展形象和发展潜力。结合数据可得性和代表性，本研究将选择地区突发环境事件[①]次数以及亿元地区生产总值生产安全事故死亡人数两个三级指标作为发展安全指标的代表。

（三）绿色发展维度

绿色是永续发展的必要条件和人民对美好生活追求的重要体现。2017年10月，党的十九大报告提出推进绿色发展，着力解决突出环境问题，加大生

① 根据官方统计公报解释：突发环境事件指突然发生，造成或可能造成重大人员伤亡、重大财产损失和对全国或者某一地区的经济社会稳定、政治安定构成重大威胁和损害，有重大社会影响的涉及公共安全的环境事件。

态系统保护力度，改革生态环境监管体制，明确了绿色发展的目标。党的二十大报告提到“我们坚持绿水青山就是金山银山的理念，坚持山水林田湖草沙一体化保护和系统治理，全方位、全地域、全过程加强生态环境保护，生态文明制度体系更加健全，污染防治攻坚向纵深推进，绿色、循环、低碳发展迈出坚实步伐”，成渝地区是长江上游的生态屏障区，其发展更应该注重生态文明建设，以城市建设为中心，经济发展为主要内容，贯穿绿色发展理念。

基于此，绿色发展可以体现为对环境问题的重视和治理、生产方式的转变和资源利用效率的提高三个方面。在这一维度，可以相应选择环境治理、生态建设和资源利用三个二级指标来表征，其中在环境治理中，主要选择对环境存在较大影响的废水污染和空气污染的改善水平作为三级指标；生态建设主要选择城市绿化建设和生态投资的增长情况作为三级指标；资源利用选择资源中最重要的能源和水资源的利用作为三级指标来测算。

（四）开放发展维度

开放是国家繁荣发展的必由之路。改革开放给国家带来了长足的发展，但新时期下，面对国内外环境不确定性的增强，更要进一步提高对外开放的水平和范围。党的二十大报告提出“坚持高水平对外开放，加快构建以国内大循环为主体、国内国际双循环相互促进的新发展格局”。成渝地区在双循环中应该把握发展机遇，进一步提高开放水平，构建特色的内陆开放新高地，实现资源和市场、供给与需求的联通，构建以经济圈为单位的发展新体系。

因此，在开放发展维度中，本研究选择经济开放、区域合作和开放基础三个维度为二级指标，其中经济开放涉及贸易开放和金融开放两个三级指标，贸易开放选择进出口发展状况来表征，金融开放则依照“走出去、引进来”战略，将实际利用外资与对外直接投资合并考虑。在区域合作中，主要考察成渝地区内外部的经贸合作，选用工业品出厂价格指数差异以及铁路和公路货物周转量来表征。开放基础选择高速公路和铁路的路网密度以及航空业发展作为三级指标来表征。

（五）共享发展维度

共享是中国特色社会主义的本质要求。共享发展理念，主要有四个方面内涵。一是全民共享，即共享发展是人人享有、各得其所；二是全面共享，即共享发展就要共享国家经济、政治、文化、社会、生态文明各方面建设成果；三是共建共享，即只有共建才能共享；四是渐进共享，即共享发展必将有一个从低级到高级、从不均衡到均衡的过程。党的二十大报告指出“坚持以人民为中心的发展思想。维护人民根本利益，增进民生福祉，不断实现发展为了人民、发展依靠人民、发展成果由人民共享，让现代化建设成果更多更公平惠及全体人民”。成渝地区双城经济圈建设应该为我国构建共建共治共享的社会治理制度起到引领作用。

共享发展的提出也是在经济发展方式转变和社会治理水平提高的过程中不断总结的经验，因此，在共享发展方面应该着力关注当前成渝地区经济发展中的突出问题的解决和短板的补足。本章将选择成果共享、机会共享和全民共享三个二级指标来表征，其中成果共享选择成渝地区人均居民收入差距和一般公共服务预算财政支出的地区差距来表征；机会共享选择每万人教师配备数量来表征教育机会共享，选择医师数来表征健康机会共享；全民共享利用就业共享和共同富裕两个三级指标来衡量。

三、指标说明与数据选择

以新理念为指导，根据指标可得性和表征性，获得以下三级指标体系（如表1所示），一级指标为理念层，包含新发展理念的五个维度，二级指标15项，三级指标32项，2020～2021年我国经济社会发生一些新变化，本研究将结合成渝地区发展实际，对上一年指标体系进行微调，并在下文根据指标体系构建原则，对基础指标选择进行说明。

表 1　　成渝地区双城经济圈协同发展指标体系

理念层	二级指标	三级指标	指标说明	方向
创新发展	创新投入	研发支出增长	研发支出占地区生产总值的比重	+
		技术交易额增长	省级技术交易额占地区生产总值的比重	+
	创新产出	高新技术产业产出效率增长	高新技术产业总产值占规模以上工业总产值比重	+
		专利授权产出效率增长	专利授权量占研发投入的比重	+
	创新活力	经济主体增长	新增企业数/总企业数	+
		人才储备	每万人高等教育学生人数	+
协调发展	经济协调	产业分工	产业同构指数	-
		经济增长能力协调	人均地区生产总值地区差异	-
		非农产业生产效率协调	单位建成区面积创造的非农产业增加值差异	+
	社会协调	城乡居民收入协调	城乡居民收入差距占人均地区生产总值的比重	-
		城市规模协调	成都和重庆常住人口规模占成渝地区人口规模的比重	-
		生产与生活协调	商品房销售价格与地区生产总值变动差异	-
	发展安全	环境安全	地区突发环境事件次数	-
		生产安全	亿元地区生产总值生产安全事故死亡人数	-
绿色发展	环境治理	废水污染	每万元化学需氧量排放量	-
		空气污染	单位产值氮氧化物排放量	-
	生态建设	城市绿化	人均城市绿化面积	+
		生态投资	水利、环境和公共设施管理业全社会固定资产投资/社会固定资产投资	+
	资源利用	工业耗水量	单位工业增加值耗水量	-
		单位地区生产总值能耗	单位地区生产总值能耗	-

续表

理念层	二级指标	三级指标	指标说明	方向
开放发展	经济开放	贸易开放	进出口总额占地区生产总值的比重	+
		金融开放	实际利用外资和对外投资额与固定资产投资额比重	+
	区域合作	工业生产价格一致性	两地工业品出厂价格指数波动的一致性	+
		铁路和公路货物交流量	铁路和公路货物周转量	+
	开放基础	高速公路和铁路的路网密度	每百平方公里高速公路和铁路长度	+
		航空业发展	航空业从业人员规模	+
共享发展	成果共享	经济发展共享	人均居民收入增长情况	−
		公共服务共享	人均一般民生性财政支出占地区财政支出比例	−
	机会共享	教育机会共享	每万人普通小学专任教师数量	+
		健康机会共享	每万人执业（助理）医师数量	+
	全民共享	就业共享	就业人口占劳动年龄人口（15～65岁）的比重	+
		共同富裕	社会兜底人口占地区总人口的比重	−

（一）创新发展指标

在创新发展维度下，分为创新投入、创新产出和创新活力三大二级指标，其中，创新投入选择研发支出和技术交易额两项基础指标。研发支出以研发支出占地区生产总值的比重的变动来衡量；而用技术交易额则利用省级技术交易额占地区生产总值的比重来量化。在创新产出二级指标中，选用高新技术产业产出效率和专利产出效率来衡量，其中，高新技术产业产出效率用四川、重庆两省市高新技术产业总产值占规模以上工业总产值比重来衡量；专利产出效率则采用两地年度专利授权量占年度研发投入的比重来表征。在创新活力二级指标中，以新增企业数占当年总企业数的比重来代表经济主体增长活力；而人才是创新的基础，因此选用每万人普通高等学校在校生人数来表征创新人才储备情况。

（二）协调发展指标

在协调发展理念下，选用经济协调、社会协调和生产安全三个二级维度来表征。其中经济协调选择三个指标来表征，一是产业分工，主要利用产业同构指数来表示，选取农林牧渔业、工业、建筑业、批发和零售业、交通运输、仓储和邮政业、住宿和餐饮业、金融业、房地产业和其他行业年度数据，按照其年度增加值和其在地区生产总值中占的比重，来分析两省市的产业同构系数，系数越高表示差异越大，系数越小表示同构程度越高。二是经济增长能力的协调性，以人均地区生产总值的地区差异来表征经济增长能力的协调性，其中地区差异运用泰尔指数来表示，泰尔指数是通过利用信息理论中的熵概念来计算收入不平等的一种方法，并逐渐发展成为衡量个人、企业和地区间差异的重要方法，泰尔指数越小说明差异越小，值越大说明地区间的差异越大。三是非农产业生产效率，通过考察非农产业产值（全年总产值扣除农林牧副渔产值）在两地单位建成区面积下的产出情况来衡量。在社会协调中，选择城乡居民收入的差距来衡量，具体是将川渝两地城乡居民可支配收入之差占人均地区生产总值的比重来量化城乡居民收入协调程度。在成渝地区双城经济圈中，成都市和重庆市作为双核，其规模的合理性关系经济圈的总体发展，因此在此处选择以成都市和重庆市常住人口规模占成渝地区人口规模的比重来衡量城市规模的协调性。另外，房价变动将严重影响区域的人口流动抉择和生产生活环境的改善，本章将商品房销售价格的变动与经济发展趋势相结合，分析住房价格增速与地区生产总值增速之间的一致性，来表征生产与生活协调性，一致性越高表示协调性较好，若房价增长速度超过地区生产总值增长速度越快说明协调性越差。发展安全主要选择环境安全和生产安全两个指标，受到数据可得性的限制，本研究拟利用官方公布的地区突发环境事件次数和亿元地区生产总值生产安全事故死亡人数来表示。

（三）绿色发展指标

绿色发展主要选择环境治理、生态建设和资源利用三个二级指标来表示。在环境治理中，减少废水中的污染物排放和空气污染物排放至关重要，在水污染治理中，选择单位产值中化学需氧量排放量的变动为废水治理指标，其中化学需氧量排放量（COD 排放量）是工业废水中 COD 排放量与生活污水中 COD 排放量之和，可用其表示用化学氧化剂氧化水中有机污染物时所需的氧量，可用来表示废水中有机物的含量，反映水体有机物污染程度。COD 值越高，表示水中有机污染物污染越重，得分越低。空气污染治理中，过去采用的单位产值颗粒物排放为标准，但该项指标近几年排放量大幅度较少，对空气污染的影响减弱，此次选用单位氮氧化物排放量作为衡量标准。氮氧化物排放大部分来自化石燃料的燃烧过程，如汽车、飞机、内燃机及工业窑炉的燃烧过程；也来自生产的过程，如氮肥厂、有机中间体厂、有色及黑色金属冶炼厂等，更能代表空气污染治理水平。在生态建设中，以水利、环境和公共设施管理业全社会固定资产投资占社会固定资产投资比重来衡量生态投资的水平；以人均城市绿化面积来表征城市绿化程度。在资源利用二级指标中，本章选择单位工业增加值耗水量和单位地区生产总值能耗来表示对水资源和能源的利用效率。

（四）开放发展指标

在“双循环”发展背景下，开放发展既涉及对外开放也涉及国内的区域合作，本研究设计包含经济开放、区域合作和开放基础三个二级指标。根据数据可得性，本研究将选择贸易开发和金融开放两个基础指标来衡量经济开放程度，其中用进出口总额占 GDP 的比重来衡量贸易开放水平；在金融开放领域，用实际利用外资占固定资产投资额比重作为衡量金融开放指标。在区域合作中，选择铁路和公路货运量之和作为国家内部经济交流指标；以两地工业品出厂价格指数波动的一致性来衡量两地工业生产的合作，一致性越高说明两地的市场相互开放程度越高，合作越密切，当两地工业品出差价格指数波动完全一致时可以认为两地形成完全统一的工业产品市场。作为内陆地区，成渝地区的铁路和公路是重要的交流基础，本章选择每百平方公里高速公路和铁路的长度作为开放基础建设之一；而随着成渝航空业的崛起，航空在开放发展中的作用愈加重要，本章选择航空业从业人员规模来表征成渝地区航空业的发展程度。

（五）共享发展指标

在成果共享维度中，选择成果共享、机会共享和全民共享三个二级指标来表征。在成果共享中，主要涉及经济增长成果共享和公共服务共享两个方面。在经济增长成果共享中，结合川渝两地居民可支配收入增速与地区生产总值增速的相对值来表征，当居民可支配收入增速高于地区生产总值增速，则认为地区经济增长成果共享水平高，反之则较低。在公共服务共享中，选取财政支出中的医疗卫生支出、教育支出、社会保障和就业支出以及文化体育与传媒支出四项作为财政民生性支出，通过计算民生性支出占地方财政支出的比重来衡量成渝地区公共服务供给水平，占比越高则说明公共服务支出越高、共享公共服务水平越高。在机会共享中，选择教育机会共享和健康机会共享两类，基础教育是地区教育的主要抓手，以每万人普通小学专任教师数来代表地区的教育机会共享，利用每万人执业（助理）医师数来衡量社会发展中的健康机会共享。在全民共享中，以川渝两地就业人口占劳动年龄人口（15~65岁）的比重来衡量就业共享水平，比重越高表明就业机会越多，就业共享水平越高；在共同富裕指标中，由于2020年我国已经完成脱贫攻坚任务，实现全面脱贫，贫困人口从此成为历史，但还有部分居民需要继续兜底保障，选取城乡居民最低生活保障人员和其他社会兜底保障人员作为保障人口，分析其占总人数的比重，比重越高，说明兜底任务越重，实现共同富裕的任务越艰巨。

四、指标体系测算方法及数据来源

成渝地区双城经济圈协同发展指标体系选择2010～2021年数据为测算依据，以动态化的视角，分析成渝地区在新发展理念下的协同发展水平及其变化趋势，其中以2010年指标为基础，通过相对量的变化，追踪成渝地区协同发展水平的动态变动过程，衡量2010年以来区域的协同发展程度。

（一）权重的确定

新发展理念是一个系统的理论体系，对我国经济发展的目的、动力、方式、路径提出了明确的目标和要求，五位一体，缺一不可，必须完整、准确、全面贯彻新发展理念，因此，本研究对创新、协调、绿色、开放、共享五大一级指标赋予均等的权重，而五大指标的综合则构成了成渝地区双城经济圈经济发展的整体。在二、三级指标中，同样根据指标所属层包含的指标个数设立相同的权重，如创新发展指标层下有创新投入、创新产出和创新活力三项二级指标，因此，每项二级指标都赋予1/3的权重。在三级指标中，如创新投入下有研发支出增长和技术交易额增长两项指标，因此该两项指标各自的权重为1/2，而在经济协调二级指标下有三项三级指标，产业分工、经济增长能力协调和非农产业生产效率协调，则该三项指标也赋予相同的权重，即1/3。每一层指标由下到上，通过标准化的处理后，由各层三级指标加权得到二级指标值，进而汇总得到一级理念指标值，并获得成渝地区的协同发展综合指标值。

在三级指标处理中，也包含了对权重的考虑，如在人均地区生产总值地区差异和城乡居民收入差异中，运用两地的经济总量和人口总量进行权重的调整；在人均指标中，如人均城市绿化面积、每万人高等教育学生人数，也考虑将地区不同的人口规模作为权重标准。而在经济产出效率和投资效率等指标中则考虑将经济规模、投资规模等的地区差异作为权重进行调整，从而获得科学合理的成渝地区双城经济圈协同发展指标值。

（二）标准化处理

为了保证指标的可加性及指标测算目的的统一性，需要对数据进行去量纲化处理，为了更好地追踪成渝地区协同发展的变动过程，分析其发展特点，找出发展问题，本研究根据指标特点和研究目的发现存在发展性和非趋势性两种指标。发展性指标指的是随着时间变化而变化的指标，存在一定的趋势性；第二种为非趋势性指标，即与时间相互（相对）独立的指标，如每万元产值生产死亡人数和突发环境事件等。针对两种不同指标，选择两种标准化方法。第一种为基期法，对于发展性指标，可以选择一年数据为基期，观察地区指标发展趋势，本研究中的大部分指标都具有随时间不断发展的特点，对于这类指标选择以 2010 年协同发展水平为基础（指标值设置为 100 分），分析 2010 ~ 2021 年的动态变化水平，其标准化过程也简化为相对量的发展过程，即相对于 2010 年成渝地区的发展水平来看，各年的区域协同发展水平的变化情况。第二种为偏离平均值法，将 2010 ~ 2021 年该指标变动计算出平均数，以平均值作为计算基期，按照其偏离情况进行打分。

成渝地区双城经济圈协同发展评价体系以发展型为主，而发展型指标又分为两类性质的指标类型，·种是正向指标，即指数值越大，协同发展水平更高；另一类为逆向指标，即数值越大，表明协同发展水平越低，本研究将分类对其进行标准化处理。

假设 y_{it} 为第 i 个指标第 t 年的测算值，y_{i2010} 为第 i 个指标在 2010 年的测算值，s_{it} 为第 i 个指标在第 t 年标准化后的指标值。

正向指标标准化处理为

$$s_{it} = \frac{y_{it}}{y_{i2010}} \tag{1}$$

逆向指标标准化处理为

$$s_{it} = \frac{1}{y_{it}/y_{i2010}} \tag{2}$$

其中，t＝2010，2011，…，2021。

第二种方法可称为偏离法，主要适用于非趋势性指标如地区突发环境事件次数指标，这类指标不随时间变化而变化，具有偶然性，但是又对数据具有价值判断标准，如突发环境事件发生次数越少越好等。因此这类指标的标准化方法如下：

$$s_{it} = \frac{[\bar{y}_i - (y_{it} - \bar{y}_i)]}{\bar{y}_i} \tag{3}$$

其中，$\bar{y}_i$ 代表该指标 i 地区的平均值，y_{it}代表 i 地区 t 年的该指标表现，这里以负向指标为例，如果发生次数越少，其 s_{it}指标值高。如果是正向指标，则可以写成 $s_{it} = \frac{[\bar{y}_i + (y_{it} - \bar{y}_i)]}{\bar{y}_i}$，表示发生的次数越多，其 s_{it}指标值越高。

虽然该指标数据值不存在时间趋势，其发生具有偶然性，但为了兼顾指标的统一性和数据表征的意义，本研究将基期（2010 年）作为参考期，与其他基期标准化数据相统一，使其起始期指标标准化为 1。

（三）指数得分

对指标进行标准化处理后，再根据各指标的权重 w_i 加总得到各发展理念的相应得分，最后根据一级指标的权重汇总得到地区协同发展指数。

指标加权的基本公式为

$$s_t = \sum s_{it} \times w_i \times 100 \tag{4}$$

其中，s_t 代表第 t 年成渝地区双城经济圈的协同发展指数，通过层层加权，最后会得到第 i 个指标对应的权重 w_i，在分别计算各分项指标值之后乘以 100 代表该指标的（得分）值，最后进行加权加总后得到各级指标的综合值，进而得到成渝地区双城经济圈的协同发展指数。

（四）数据来源

测算所使用的数据均为国家和四川以及重庆统计局或职能部门公开发布的权威数据，主要数据来源为历年《中国统计年鉴》《中国科技统计年鉴》《中国教育统计年鉴》《中国城市统计年鉴》《四川统计年鉴》《重庆统计年鉴》，由于研究期间四川省地方统计年鉴仅公布了至2020年及以前的数据，所以笔者又通过相关部门如统计局、海关、生态环境局以及地方政府等官方发布的统计公报来搜集相关数据。在数据的使用过程中，需要根据研究目标和研究目的进行加权和标准化处理。另外，个别指标缺失部分年度数据，根据年平均增长率或用邻近年份指标值、所处领域的年度平均增长率补齐，具体方法依据数据可得性和数据研究目的而定。

五、测算结果分析

根据上述指标构建原则与方法，本研究对以川渝两地数据为支撑对成渝地区双城经济圈协同发展水平进行测度，其测度主要包括协同发展指数（总水平）的测算，以及细分维度下各二级指标的动态变化水平评估，以期对成渝地区双城经济圈协同发展水平及其影响因素进行系统分析。

（一）成渝地区双城经济圈协同发展指数的整体趋势

成渝地区双城经济圈协同发展指数进一步提升。此次根据地区发展实际对协同发展指标做了一定调整与优化，因此与《成渝地区双城经济圈发展研究报告（2020）》分析结果略有区别，但总体趋势保持一致。本次也将以2010年为基期对成渝地区2010～2021年的协同发展水平进行分析。可以发现成渝地区双城经济圈协同发展指数除了2011年略低于基期水平外，其余年份呈现出稳定上升趋势（见图1），到2021年，协同发展指数得分达到194.9分，协同发展水平提升接近一倍，而年均增长率超过6.4%。从时间维度来看，成渝地区协同发展增速存在一定波动性，在 2012 ~ 2014 年经历快速增长后，2015 ~ 2017 年进入低速增长期，2018 年协同发展水平迅速提升 19 个分值，到 2019 年增速又回落至 2%。但自成渝地区双城经济圈建设提出以来，2020 ~ 2021 年成渝两地协同发展水平显著提升，年均提升超 15 分，两年平均增速接近 10%，说明双圈建设对成渝地区协同发展具有显著促进作用。

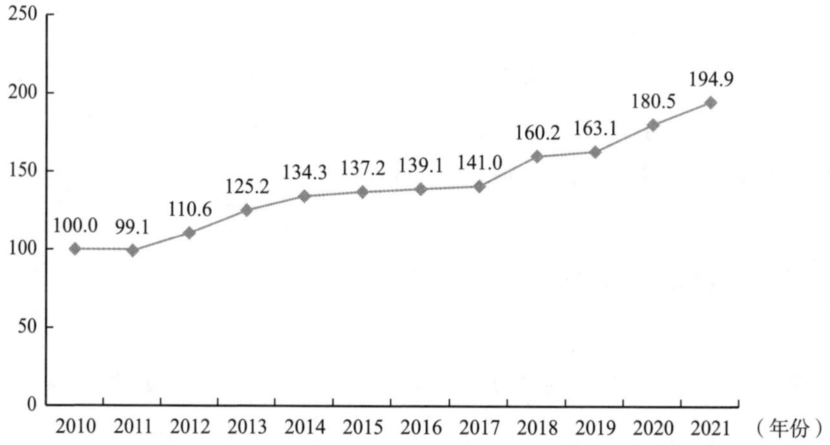

图 1　2010 ~ 2021 年成渝地区双城经济圈协同发展指数

资料来源：根据上述构建的指标体系和数据来源搜集整理并计算获得。

从新发展理念入手，图 2 可以看出，2010 ~ 2019 年时间段内，成渝地区五大指标呈现出“一微升、三劲升、一飙升”的特点，对协同发展水平的贡献率也不同。“一微升”是指协调发展指数上升幅度小，2019 年协调发展指数值仅比 2010 年分别提升了 10. 7 个分值，年均增长率为 1. 4% 左右，2019 年对协同发展的贡献仅有 3. 3%，表明成渝地区协调发展水平弱，“三劲升”是指创新发展指数、开放发展指数和共享发展指数在近几年提升迅速，2019 年比 2010 年分别提高了 65. 9 分、40. 8 分和 35 分。但三者的变化趋势存在差异，创新发展在前期促进作用不明显，后期几年提升迅速，特别是创新发展指标在 2017～2018 年经历了高速增长后一直保持在较高水平波动上升。相比之下，开放发展指标则受到国际环境的影响存在较大的波动，在 2014 年之前开放发展增长势头强劲，但之后进入小幅回落期并保持相对稳定增长。值得注意的是共享发展指标，该指标在 2010～2019 年期间呈现出稳定的、波动向上的发展状态，但近几年却存在下降趋势，需要进一步跟踪分析。“一飙升”是指绿色发展指标飞速发展，2019 年该指标已提升至 263. 2 分，年均分值提升超过 18 分，对协同发展的贡献率达到 50% 以上，成为拉动成渝地区协同发展最主要的力量，作为长江上游重要的生态屏障区，成渝地区的绿色发展协同水平较高。

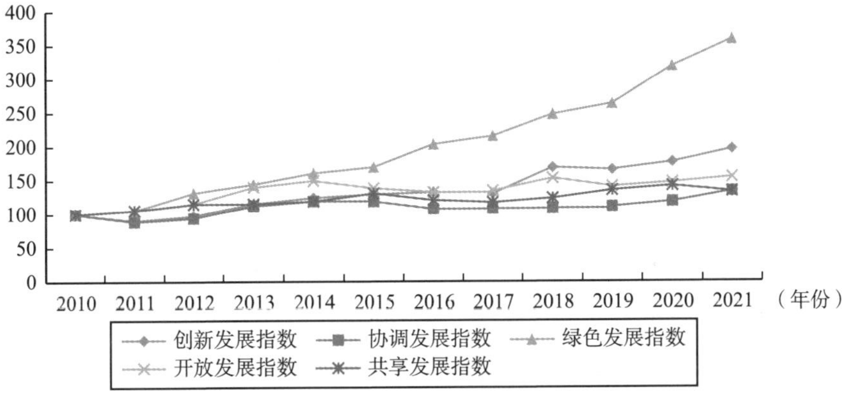

图 2　2010～2021 年成渝地区双城经济圈协同发展理念层变动情况

资料来源：根据上述构建的指标体系和数据来源搜集整理后，分维度计算获得。

自 2020 年初成渝地区双城经济圈（以下简称“双圈”）建设提出以来，协同发展水平持续提升，新发展理念指标也出现一些新变化，一是创新发展活力明显提升，在“双圈”建设提出以前，成渝地区创新发展指数从 2018 年的 168. 7 分下降至 2019 年的 165. 6 分，呈现出轻微下降趋势，但 2020 年以后，川渝两地抢抓发展机遇，在创新投入、产出转化等方面加大合作力度，提升创新能力，创新发展指数在 2021 年增长到 195. 7 分，年均增长超过 15

分，扭转了之前的下降趋势。二是开放发展止落回升，川渝两地区域合作水平提升，开放程度进一步提高。2019 年，成渝地区开放发展指数从 2018 年 152.9 回落至 140.8 分，下降趋势明显，但“双圈”建设提出以后，两地开放基础进一步夯实，对外贸易持续增长，到 2021 年该指标得分已增长至 154.2 分，年均增长率接近 5%。三是协调发展指数明显提升。“双圈”建设以前，川渝两地协调性差，对协同发展的贡献率也最低，但“双圈”建设提出以后，两地在产业分工、社会发展方面通力合作，2021 年协调发展指数得分从 2019 年的 110.7 分提升至 133.5 分，年均增长率超过 10%，“双圈”建设意在提高川渝两地的经济发展协调性，而协调发展指数的提高表明“双圈”建设已初见成效。四是共享发展指数存在下降趋势，2021 年该项指标得分 132.9 分，比 2019 年略有下降。绿色发展指数得分依然保持超高的增长得分，成渝地区作为长江上游重要的生态屏障，贯彻绿色发展理念至关重要且成效显著。

（二）成渝地区双城经济圈创新发展指数分析

为了进一步考察成渝地区协同发展的变动趋势及影响因素，本研究对新发展理念五个维度的变动情况进行了分类讨论，以期分析区域协同发展特点，找出协同发展短板，促进区域高质量发展。从理念层总体变动情况（见图 3）来看，创新发展增长明显，但创新投入、创新产出和创新活力呈现出不同的发展特点，创新产出虽然其前期在协同发展中的优势不明显，但后劲十足，近几年增长率和对协同发展的贡献率都进一步提升，而创新活力波动频繁，近几年来也保持持续增长，2020～2021 年，三项维度指标都有明显提升，表明成渝地区创新发展势头强劲。从贡献率来看，创新投入贡献率最高，2021 年贡献率超 54%，其次为创新产出，对创新发展的贡献率超过 40%，最低的为创新活力指数，其贡献率仅为 4.8%，未来需要进一步提升经济主体发展活力。

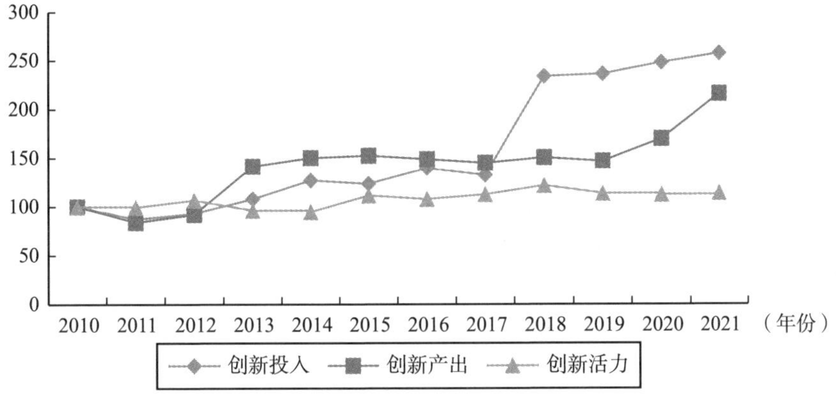

图3 2010~2021年成渝地区双城经济圈创新发展指数情况

资料来源：根据上述构建的指标体系和数据来源搜集整理后，细分到创新发展维度计算获得。

细分来看，如图3所示，创新投入在2011~2012年相对疲弱，但随后逐年增加，其指数虽然在2017年略有下降，但在2018年后迅速提升，比前一年增长了101，而其中主要是得益于技术交易额的快速增长，特别是四川省的技术交易额，从2017年的405亿元，增长到了2018年的996亿元，2019年也比上年增加了220亿元，增长迅速；重庆市技术交易额也从2017年的51亿元增加到2018年的188亿元，增长了三倍以上。2020~2021成渝两地技术交易额持续提升，总额从2019年的1340亿提高到1818亿元，得分也进一步提升20个基础分值。相比之下，研发支出占比增速略低，成渝地区研发支出占GDP的比重从2010年的1.47%提升至2.22%，增长51%，特别是2020~2021年研发支出增速突出，基础分值较2019年提高21分。

在创新产出维度，成渝地区经历了快速发展、波动前行和加速发展三个阶段。2010~2012年，该指标在经历明显下降后逐渐恢复，到2013年迅速增加至141基础分，这主要得益于高新技术产业的发展势头强劲，2013年成渝地区高新技术产业产值从2010年的3332亿元提高至9520亿元，其中四川省从2010年的1716亿元增加至6584亿元，重庆同期也提高超过80%。2014以后，创新产出波动上涨且涨幅不明显，但到2020~2021年又一次进入增长加速，从 2019 年 146. 9 基础分值提高至 2021 年 215. 9 分，这主要是得益于高新技术产值和专利产出效率的提高，相比于 2019 年，2021 年高新技术产值对创新产出的增长贡献约 57 个基础分值，专利产出效率贡献约 12 个基础分值。

增长最为缓慢的是创新活力维度指标，该指标同样呈现出波动上升的增长形态，该指标在 2018 年达到峰值后，逐渐回落，指标基础分值在 2019 年仅比 2010 年提高了 13. 6 分，2020 年略微回落后到 2021 年微升至 114 分，虽然成渝地区教育水平逐年提高，2021 年高等教育人才储备指标值比 2010 年提高了 71. 4 基础分值，但是经济主体活力却呈现出波动下降的趋势，成渝地区新增企业数（两年总企业数之差）虽然从 2010 年的 52000 余家增长至 2021 年的 127660 家，但新增企业数占总企业数的占比却从 15. 9% 下降到 9%，指标值得分也相应下降至 56. 6 基础分。

（三）成渝地区双城经济圈协调发展指数分析

协调发展代表的是两个地区经济和社会发展的协调性，需要产业合理分工，促进收入和生产效率提升、城市空间的合理布局以及生产环境与生活环境的协调。但是总体来看，成渝地区经济、社会协调性还有待增强，对协同发展的贡献率较低，从理念层变动情况来看（见图 2），2010 ~ 2021 年协调发展指标基础得分值仅提高了 33. 5 分左右，且呈现一定的波动性，2011 ~ 2012 年成渝地区协调发展水平较低，在 2013 年后迅速恢复，之后逐年增长，2015 年到达峰值后，又经历了一个五年的波动调整，到 2019 年恢复至 2015 年水平，之后逐渐提升，到 2021 年再次实现较快速增长。从贡献率来看，发展安全的贡献率最高，虽然 2011 ~ 2012 年得分较低，但之后呈现出较为强劲的上升趋势，到 2021 年其对协同发展得分增长的贡献率超过 75%，其次为经济协调维度，该指标近年来保持稳定增长，到 2021 年，其对经济协调的贡献率超过 17%；贡献率最低的为社会协调指标，由于社会协调维度得分近几年呈现出波动下降的状态，其对协调发展的贡献率仅为 6. 8% 左右。

细分来看（见图4），在经济协调度中，2010～2013年是缓慢上升阶段，这一阶段的主要特征是成渝地区非农产业生产效率的提高成为主要拉动力，但由于产业同构愈加明显，产业分工指数逐年下降，再加上川渝两省市的人均GDP差异在这几年也呈现出逐渐增大的情况，主要表现在重庆市人均GDP的增速较四川省更快，两省市的差距在这一期间呈现缓慢扩大的趋势。2013～2016年是经济协调度逐渐下降阶段，其中主要因素是川渝两地的人均GDP的差异扩大速度加快，2013年两省市的人均地区生产总值差异指数得分为94分，2016年下降到75分，三年下降了近20分；而产业同构情况也在进一步加剧。综上，虽然非农产业产值效率在提高，但仍然无法拉动经济协调度进一步增加。2016年后，经济协调度逐渐增加，这一方面是得益于非农产业产值的进一步增加，另一方面人均地区生产总值的区域差异也逐渐缩小，而产业同构情况也在成渝地区双城经济圈建设提出后有一定改善，从2019年的最低值89.36逐渐提升至2021年90.05分，双圈建设取得一定成效。

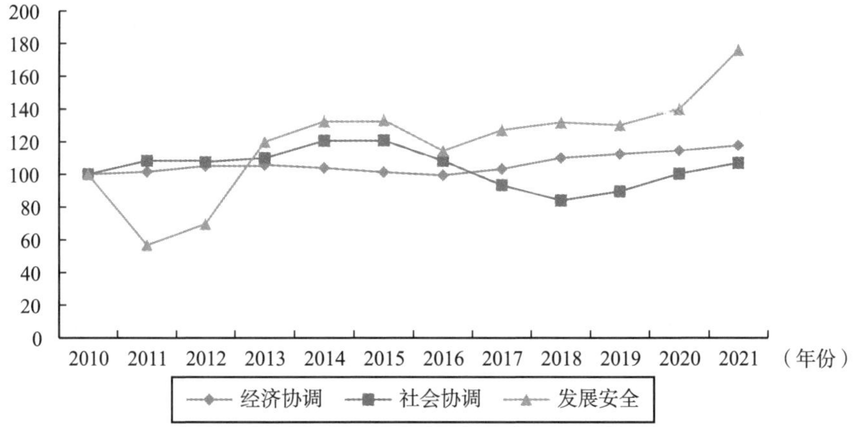

图4　2010～2021年成渝地区双城经济圈协调发展指数情况

资料来源：根据上述构建的指标体系和数据来源搜集整理后，细分到协调发展维度计算获得。

在社会协调维度，总体得分经历了先上升，后下降，再恢复的发展形态。一方面，2010～2015年该指标基础分值迅速提升，这一时期社会协调的主要动力是商品房销售价格与地区经济发展水平较为协调稳定，2015 年该指标得分比 2010 年提高了 55.1 分；另一方面，成渝地区的城乡居民收入差距也逐渐缩小，该项指标基础分值也稳定增加，但城市空间规模不平衡性却进一步增加，成都市和重庆市常住人口规模占成渝地区人口总规模的比重逐年增加，从 2010 年的 39.2% 提升至 2015 年的 41.2% 左右，由于重庆为直辖市，因此成都对四川省其他地区人口的吸引是造成该分值降低的原因，省会城市的相对规模进一步扩大。2016 年以后社会协调得分继续降低，到 2018 年达到最低值，这主要是由于商品房价格变动与经济增长的协调度迅速降低，当年分值仅为 43.8，而首位度城市的相对规模也进一步扩大，即使城乡居民收入差距逐渐改善也难以拉动该项维度得分提升。2019 年后，社会协调度逐渐恢复，这主要得益于房价与经济增长的协调度逐渐恢复，而城乡居民收入差距也进一步缩小，但首位度城市相对规模仍然不断提升。综上，成渝地区的社会协调度仍然低于经济协调度，还需要进一步落实两地在经济活动和社会活动中的合作。

发展维度的增长最为明显，2010 ~ 2021 年该维度基础的分值提高近 76 分，表明成渝地区发展安全性日益提高，该指标由于基础指标存在波动性，因此总体表现出一定的波动性。2010 ~ 2012 年该维度指标还存在下降的情况，主要是由于当期地区突发环境事件较多，但之后逐渐改善，并在 2012 年以后迅速提升，成为拉动地区协调发展的主要力量。从分指标来看，成渝地区的发展安全还存在非均衡问题，突发环境事件可控力低，生产安全环境改善明显。在环境安全方面，突发环境事件次数波动较大，特别是四川省近年来环境突发事件的发生率更是出现波动上升的态势，“拖累”了成渝地区的环境安全指标表现，但 2020 ~ 2021 年该项指标逐渐改善实现快速提升，表明成渝地区对突发环境事件的预防能力明显提升；相比之下，生产安全指标改善程度明显，生产中的人员伤亡事故明显降低，每亿元地区生产总值的生产安全事故死亡人数快速下降，成为促进成渝地区发展安全的主要推动力。

（四）成渝地区双城经济圈绿色发展指数分析

绿色发展指数代表成渝地区绿色发展的行动、成果以及经济发展方式的转变。从理念层发展情况（见图 5）可以看出，成渝地区绿色发展成效卓著，对协同发展提升的平均贡献率超过 40%，特别是在 2015 年后，绿色发展更是进入发展快车道，发展优势越发明显，到 2021 年，绿色发展维度基础得分比 2010 年提升了 258%。从环境治理、生态建设和资源利用三个维度来看，环境治理在 2015 年以前增长较为平稳，2015 年后突然发力，实现快速增长；资源利用维度一直保持增长态势，近几年其增速还有进一步提升的趋势。相比之下，生态建设维度的增长优势不明显，但是 2010 ~ 2021 年其指数得分值仍提升了 66.4 分。从贡献率来看，资源利用率的提高对绿色发展的提升贡献率接近 50%，环境治理水平的提高也对绿色发展贡献率超过 42%，生态建设维度的贡献率最小，仅为 8% 左右，表明成渝地区生态治理水平和资源利用水平有显著提升，但生态建设还需要进一步加强。

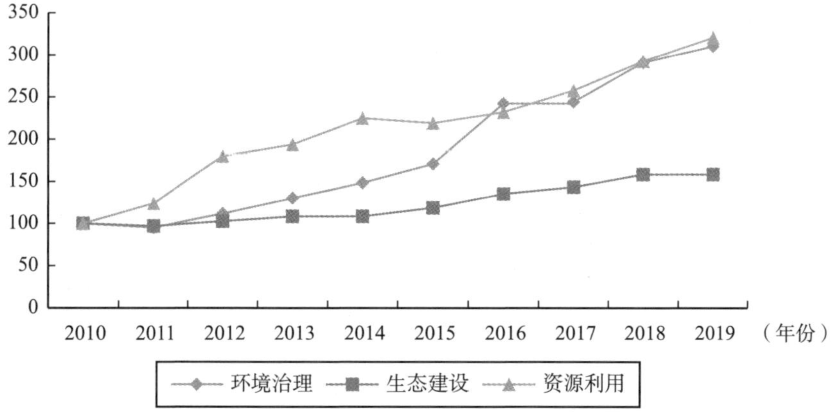

图 5　2010 ~ 2021 年成渝地区双城经济圈绿色发展指数情况

资料来源：根据上述构建的指标体系和数据来源搜集整理后，细分到绿色发展维度计算获得。

进一步来看，如图 5 所示，环境治理维度在 2015 年前增长较为平稳，部分年度还有得分下降的情况，这主要是因为废水中化学需氧量排放的增加，特别是 2011 年，川渝两地的废水中化学需氧量排放量都有明显的提升，相比之下，氮氧化物排放量稳定减少。2016 年成渝地区生态治理得分迅速提升，这主要得益于废水中化学需氧量的迅速降低，当年，川渝两地化学需氧量排放总量从 2015 年度 156.2 万吨下降至 93.25 万吨，使得该项指标得分迅速提升，但之后又恢复到往年同期水平并有一定增加。废气中氮氧化物排放也在 2016 年后有明显的改善，排放量从 2015 年 84 万吨，下降至 77.8 万吨并在后期逐年迅速下降，到 2021 年期氮氧排放量仅有 2010 年 50% 不到，再加上两地地区生产总值的快速增长，表明单位产值的氮氧化物排放迅速降低，成为拉动环境治理维度得分的主要动力。

在生态建设中，成渝地区城市绿化和生态投资都提升明显，人居城市绿化得分呈现出逐年稳定上升的态势，相比于 2010 年，2021 年人居绿化得分提升超 82%，表明川渝两地城市绿化建设进入平稳健康发展轨道。生态投资虽然在 2014 年前占比较低，但 2014 年以后却呈现出迅速增加的形态，生态投资规模以及其占固定资产投资的比重均逐年增加，并在 2016 年达到峰值。但需要注意的是，2016 年以后，水利、环境和公共设施管理业全社会固定资产投资总额虽然增加，但其占比却略微下降，并在 2020 ~2021 年呈现出持续的轻微下降的态势，在未来应继续监测。

而在资源利用维度下，单位能源和水资源的利用效率均明显提升，且效率提升稳定，每年均有较快增长，成为拉动绿色发展能力提高的首要因素。其中单位工业增加值耗水量优化最为明显，2021 年川渝两地的工业耗水量从 2010 年的 110.3 万吨下降至 41.1 万吨，再加上两地工业总产值规模的增长，2021 年水资源利用得分比 2010 年提高 527%，表明成渝地区水资源利用效率大幅提升，成效显著。而在能耗方面，成渝地区的能耗降低迅速，其得分也比 2010 年提高了 230%，未来可以与全国和其他地区特别是经济水平发展高的沿海地区如长三角、珠三角地区进行对比分析。

（五）成渝地区双城经济圈开放发展指数分析

开放发展是有效整合资源，构建商品、要素流通市场的重要手段，成渝地区深处内陆，在对外开放和区域合作方面起步较晚，需要进一步加大对外开放力度，加强区域合作。总体来看（见图6），成渝地区开放发展较为缓慢，2021年得分仅比2010年提升54%，明显低于创新发展和绿色发展维度得分，且其呈现出波动上升的发展形态，2010～2014年，经济开放基础得分增长迅速到达波峰后又逐渐下降到2016年达到波谷，后又逐渐恢复至2018年达到第二波峰，但后期又迅速下降后逐渐恢复，到2021年得分达到154.2分，达到2010～2021年期间的最高峰。这种波动性主要来自经济开放和区域合作的波动性，相比之下，开放基础维度表现平稳。按照贡献率来看，开放基础对开放发展的贡献率最高，超过73%；区域合作水平的提升对开放发展的贡献为18%左右，最低的为经济开放维度，该项指标得分对开放发展的贡献率仅为8%左右。

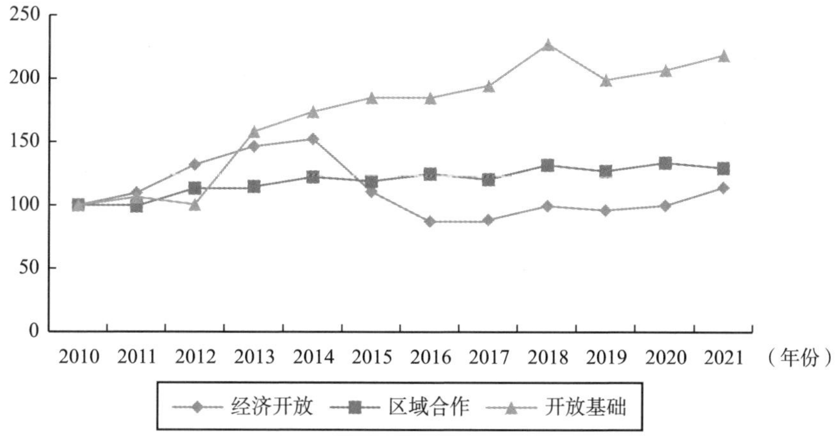

图6　2010～2021年成渝地区双城经济圈开放发展指数

资料来源：根据上述构建的指标体系和数据来源搜集整理后，细分到开放发展维度计算获得。

分维度来看，如图 6 所示，经济开放、区域合作和开放基础三个维度的差异较大，其中在经济开放中，贸易开放一直较为稳定，除了在个别年度下降较多外，都比基准年（2010 年）有明显进步，而下降的主要来源是部分年度重庆市的出口水平下降，2016 年以后，该项指标稳定提升，成渝两地对外贸易发展较为稳健。相比之下，金融开放指标值表现却不理想，除了个别年份优于 2010 年水平外，其余年份均存在发展不足的问题。这其中主要的问题在于选取的基准年 2010 年实际利用外资额较高，使得基数较高。另外，随着全球经济环境不确定性的增加，成渝地区实际利用外资额减少，近几年情况略有好转，但相比于稳定增长的固定资产投资，利用外资水平依然较低。

区域合作维度除了 2011 年略低于基期外，其余年度发展均优于 2010 年，整体保持平稳增长态势，该维度分值在 2020 年达到峰值 133.6 分后，2021 年略有下降，中间也有部分年份得分存在轻微下降趋势，这主要是受到两地工业品出差价格指数差异带来的，2021 年四川的工业品出厂价格指数变动高于重庆市 2.7 个百分点。相比之下川渝铁路和公路的货运周转量稳步提升，从 2010 年的 2529 亿吨公里提升至 2021 年的 4224.7 亿吨公里，表明成渝两地货运枢纽功能突出，在区域内部乃至国内货运交流能力明显增强。

在开放基础维度，成渝两地开放基础建设水平提升迅猛，特别是 2011 ~ 2014 年均提升 10 个基础分以上，2013 年更是提升超过 24 分，这主要得益于成渝地区航空运输业从业人员显著增加，2013 年，四川航空运输业就业人员数从 2012 年的 11635 人提升至 35328 人，增长 200%，重庆市同期也增长了 15% 左右，此后一直维持稳定增长。成渝地区高速公路与铁路也进一步成网，两地里程数也在逐渐增加，而成渝中线铁路的开通在未来也能进一步提升地区的开放发展基础。因此，在开放发展中，渝地区高速公路和铁路的里程不断增加，航空业也发展迅速，使开放的基础条件逐年提升，成为拉动开放发展的主要力量，但市场融合和统一市场还有待增强。

（六）成渝地区双城经济圈共享发展指数分析

共享发展是人民在参与经济发展和地区建设中获得感和参与感的体现，

在经济发展中共享经济成果，在经济成就中提升经济参与动力。从图 7 可知，综观成渝地区共享发展水平，其增长同样呈现出波动上升的情况。2010～2015 年得分逐渐上升到 130 分高点，后逐渐回落到 2017 年的 117 分，后逐渐增长到 2020 年的 141.7 分的高点，2021 年又回落至 133 分左右，由于机会共享和全民共享两个维度增长较为平稳，因此其波动主要来自成果共享维度的变动。就 2021 年度三项维度对共享发展的贡献度而言，成果共享和机会共享两个维度的贡献度相当，均超过 38%，全民共享维度的贡献度仅为 23%。

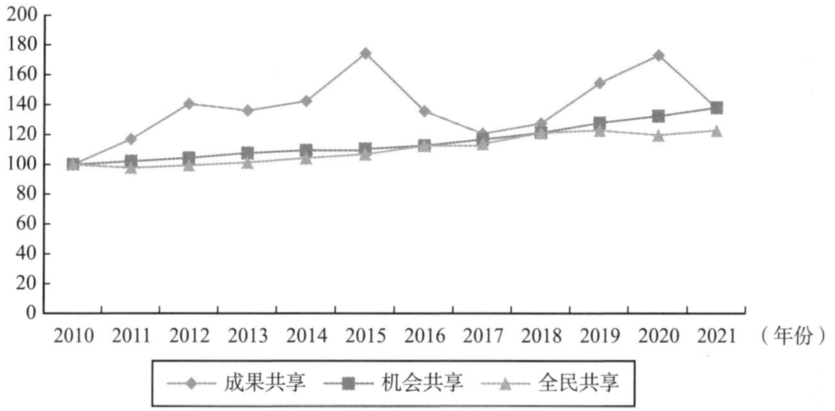

图 7　2010～2021 年成渝地区双城经济圈共享发展指数

资料来源：根据上述构建的指标体系和数据来源搜集整理后，细分到共享发展维度计算获得。

细分来看，如图 7 所示，成果共享维度得分该指标在 2012 年迅速提升至 140 分后，稳定发展两年，到 2015 年又迅速提升至 174 分后迅速回落，到 2018 年仅 127 分左右，后又迅速提升，但 2021 年又呈现出明显的下降情况，这主要是由于成果共享中人均可支配收入相对经济增长速度的波动性较大带来的，特别是新冠疫情暴发以来，对居民可支配收入增长带来较大的负面影响。相比而言，民生支出占比实现稳定增长，成渝地区公共服务共享水平稳步提升。在机会共享维度中，教育机会和健康机会共享均稳步提升，其中健康机会得益于医疗卫生服务供给量的增加而进一步增加，成渝地区的基础教育供给的提高将带来基础教育服务可得性和质量提高，从而促进地区的教育机会共享。

全民共享维度较为特殊，该指标在2011～2012年低于2010年水平，这主要是由于这一期间成渝地区的社会兜底保障人口规模有一定增加。2012年以后，全民共享维度得分逐渐恢复并稳定提升，至2019年达到最高水平为122.8分，该阶段城乡居民最低生活保障人口和农村特困供养人口规模降至最低水平，从2010年的810.5万人下降至2019年570万人；同年，就业人口占劳动年龄人口也达到高峰。近两年，虽然社会兜底保障人口规模在下降，但就业机会不确定性增加，使得该指标出现一定波动，2021年刚恢复至2019年水平。可以发现，成渝地区健康机会和教育机会共享水平进一步提升，居民获得的医疗和教育服务水平持续提高。而在全民共享中，就业共享虽有波动，但各年均优于基准年。在经济发展和脱贫攻坚的持续作用下，城乡贫困人口数逐年减少，进一步增强了全民共享的受众范围。

六、小结

本研究以创新、协调、绿色、开放、共享的新发展理念为指导对成渝地区协同发展水平进行了研究。结合成渝地区发展特点，在科学的指标体系构建原则指导下，设计了以协同发展为目的、新发展理念为一级指标，15个分项目标指数为二级指标，32个具体数据指数为三级指标的成渝地区协同发展评价指标体系，并通过标准化和权重的处理对该地区2010～2021年的协同发展水平和发展趋势进行了量化分析。主要研究发现：

一是成渝地区协同发展指数稳步提升，2020～2021协同发展指数增长显著。特别是自2016年以后，成渝地区协同性进一步增强，值得关注的是当年也发布了国家层面的《成渝城市群发展规划》，说明相关政策和措施对成渝地区的协同发展有促进作用，2020年1月3日，习近平总书记主持召开中央财经委员会第六次会议，作出推动成渝地区双城经济圈建设的重大决策部署，赋予川渝两省市“打造带动全国高质量发展的重要增长极和新的动力源”的历史使命。[①] 成渝地区抢抓发展机遇，增强川渝两地协同发展水平，取得积极成效，协同发展水平两年平均增速接近10%，远高于2019年水平，成渝地区双城经济圈战略的提出对成渝地区协同发展水平有显著正向作用。[②]

二是“双圈”建设提出以来，新发展理念在协同发展中的作用差异明显，但协调发展提升明显。在2010~2019年期间，新发展理念的五大维度呈现出“一微升、三劲升、一飙升”的情况，其中协调发展增长不明显，创新发展、开放发展和共享发展较为明显，而绿色发展却呈现出“飙升”状态，对协同发展的贡献率达到50%以上。这一方面说明成渝地区在转变经济发展方式、提升资源利用效率和环境治理方面成效明显，但另一方面也说明除了绿色发展以外，其他发展理念在成渝地区的实践还需进一步加强，甚至还存在发展乏力的问题。成渝地区双城经济圈战略提出以后，新发展理念指数出现明显变化，呈现出“一飙升，四提升”的发展情况，其中绿色发展继续保持超高速增长，持续“飙升”态势。创新发展、开放发展和共享发展继续保持提升态势，且协调发展从“一微升”转变为“四提升”之一，年均增长率超过10%。而开放发展维度受到国际环境的影响较大，难以保持稳定增长，成渝地区还需要练“内功”增强自身实力，在增强开放“硬件”建设的同时，增强“软实力”的建设。共享发展指数在2021年有略微下降，2020年初暴发的新冠疫情给我国经济发展带来不确定性，对成渝地区发展也带来一定影响。总体来看，除了绿色发展以外，其他发展维度增长较为缓慢，还需要进一步分析制约各大维度发展的因素，补齐短板，促进成渝地区高质量发展。

三是新发展理念内部子目标发展的不均衡性仍是制约成渝地区进一步实

---

① 张守帅，寇敏芳．成渝地区双城经济圈建设即将迎来三周年 “一极一源”加速在川渝崛起［N］．四川日报，2022－12－30（1）．

② 习近平主持召开中央财经委员会第六次会议［EB/OL］．https：//www．gov．cn/xinwen/2020－01/03/content_5466363．htm，2020－01－03．

现协同发展的重要因素。成渝地区双城经济圈协同发展具有战略性意义，也取得了显著的成效，但在创新、协调、绿色、开放和共享五大维度内部还存在一些明显短板，2020 年以后五大指标虽进一步提升，但内部差异依然显著，这将严重制约成渝地区进一步实现高质量协同发展进程，未来应该“对症下药”有效弥补短板，构建协同发展可持续发展模式。

在创新发展中，成渝地区创新活力不足，需要更加主动激发市场主体创新活力。可以发现，在创新发展维度下，成渝地区 2019 年以前主要是依靠创新投入拉动，创新产出和创新活力却较为乏力，在投入的过程中需要进一步考虑创新投入方式，提高创新产出效率。2020 年以后，创新产出提升明显，但创新活力仍然不足，需要从微观上激发创新活力，在培养人才的同时，扶持更多的经济主体，激发主体创新活力。

以产业协调为主抓手促进成渝地区双城经济圈经济社会协调发展。在协调发展中，除了发展安全外，经济和社会协调性都有待加强，特别是当前成渝地区的经济协调性仍然较差，这主要体现为产业协调性不足，成渝地区如何从产业上下功夫，实现产业错位发展，至关重要。“双圈”建设提出以后，成渝地区社会协调性明显增强，成渝两地共同发布了三批“川渝通办”事项，包含国家层面“跨省通办”事项 144 项，川渝地方特色事项 167 项。涉及民政、税务、公安、人社、交通、商务等 30 个行业领域，涉及企业生产经营事项 190 项，如申办营业执照、异地缴税、企业职工基本养老保险互转等，群众日常生活事项 121 项，如异地就医登记备案、身份证换领、提取住房公积金等[①]，对两地共同优化营商环境，提升公共服务效能具有重要影响，经济协调性也有一定提升，但发展水平仍然不高，需要进一步优化区域内城市规模，进一步加强产业协调，依托成都和重庆全国统筹城乡综合配套改革试验区政策优势，努力缩小城乡收入差距。

---

① 资料来源：四川省人民政府，311 项通办事项，34 类互认电子证照，折射川渝发展共同体建设进程［EB/OL］. https：//www. sc. gov. cn/10462/10778/10876/2022/8/4/4929a442abda4df5b5aa5bd3ee3f873c. shtml，2022 - 08 - 04.

优化绿色发展投入，增强成渝地区双城经济圈绿色发展效益的社会实现。在绿色发展中，成渝两地资源利用率提高显著，但是环境建设中的投入却稍显薄弱，可以加强绿色产业建设，在激发绿色产业活力的同时，提升产业的经济效益。

以建设西部金融中心为契机，增强金融在对外开放中的串联能力。在开放发展中，金融开放受到外部冲击的影响巨大，成渝地区应该注意在“引进来”的过程中，加紧“走出去”，实现高水平对外开放，重庆市和成都市作为国家中心城市和对外开放高地，需要进一步增强其枢纽作用，以核心城市发展，增强要素和商品的流动，将西部金融中心建设与对外开放相对接，优化营商环境。

以成渝地区一体化建设助推共享发展水平提升。川渝两地还要在增强区域合作和成果共享中，通过政府与市场的合作，推动地区间的要素流动，以人力、物力和财力的自由流动，提高经济发展的能力和水平，减少两地人民在获得感、幸福感上的差距，特别是后疫情时代，应该依托优势资源提升居民生命健康保障服务能力，建设成为高品质生活宜居地。

成渝地区双城经济圈协同发展区域的竞争力评价

一、协同发展区域简介

推动成渝地区双城经济圈建设，在西部形成高质量发展的重要增长极是党中央作出的重大战略部署。四川省经济和信息化厅与重庆市经济和信息化委联合印发了《关于加快推进成渝地区双城经济圈产业合作园区建设的通知》，将在把握功能定位、强化规划引领、打造优势产业、探索合作模式、推动市场化运作等方面加大力度推动两地产业园区合作共建，探索产业园区合作共建的新模式、新经验。因此，推动成渝地区双城经济圈建设，毗邻地区合作是突破口。成渝地区双城经济圈毗邻地区具有加强合作发展的优良基础和条件，目前合作发展势头良好。在此基础之上，四川省和重庆市以互利共赢、长期合作为目标，突出规划合理性、可操作性与前瞻性、可持续性，引导成渝地区双城经济圈毗邻地区开展深度合作。

针对成渝地区双城经济圈毗邻地区的合作发展，主要有以下措施：创建万达开川渝统筹发展示范区；推动梁平、垫江、达川、大竹、开江、邻水等环明月山地区打造明月山绿色发展示范带；支持城口、宣汉、万源建设革命老区振兴发展示范区；推动广安、渝北共建高滩茨竹新区；支持合川、广安、长寿打造环重庆主城都市区经济协同发展示范区；推进遂宁、潼南建设遂潼一体化发展先行区；推动资阳、大足共建文旅泸永江融合发展示范区；推动内江、荣昌共建现代农业高新技术产业示范区；加快泸州、永川、江津以跨行政区组团发展模式建设泸永江融合发展示范区；深化与两江新区、天府新区、重庆高新区、成都高新区等国家级发展平台协同联动。因此，主要的协同发展区域见表1。

表1　　主要协同发展区域范围

协同发展区域	范围	
	四川省	重庆市
万达开川渝统筹发展示范区	达州市	万州区、开州区
明月山绿色发展示范带	达川区、大竹县、开江县（均隶属达州市）、邻水县（隶属广安市）	梁平区、垫江县
城宣万革命老区振兴发展示范区	宣汉县（隶属达州市）、万源市（达州市代管的县级市）	城口县
高滩茨竹新区	广安市	渝北区
环重庆主城都市区经济协同发展示范区	广安市	合川区、长寿区
遂潼一体化发展先行区	遂宁市	潼南区
文旅泸永江融合发展示范区	资阳市	大足区
现代农业高新技术产业示范区	内江市	荣昌区
泸永江融合发展示范区	泸州市	永川区、江津区

协同发展区域强调成渝地区双城经济圈毗邻地区的合作关系，但在市场经济中，竞争与合作相互依赖，缺一不可，合作中不能没有竞争，没有竞争的合作是一潭死水，当在合作中竞争时，竞争才能更好地实现目标；竞争中也不能没有合作，没有合作的竞争是孤独的，孤独的竞争是无力的，当在竞争中合作时，合作才能更加有效，才能共同进步与发展。

“竞争”是市场经济的自然属性和基本要义。区域经济发展的动力就是区域拥有的经济综合竞争力，任何一个区域要想在激烈的市场竞争中求得生存和发展，就必须具有能够占据优势的经济综合竞争力。党的十八大报告将“综合国力、国际竞争力、国际影响力迈上一个大台阶”列为十年来取得的重大成就之一，并将“国际竞争力明显增强”作为全面建成小康社会和全面深化改革开放的目标，强调要“提高银行、证券、保险等行业竞争力”，“提高大中型企业核心竞争力，把我国经济发展活力和争力提高到新的水平”，“增强文化整体实力和竞争力”，“形成激发人才创造活力、具有国际竞争力的人才制度优势”。2020年10月16日习近平总书记在中共中央政治局召开会议，审议《成渝地区双城经济圈建设规划纲要》。会议指出：“当前我国发展的国内国际环境继续发生深刻复杂变化，推动成渝地区双城经济圈建设，有利于形成优势互补、高质量发展的区域经济布局，有利于拓展市场空间、优化和稳定产业链供应链，是构建以国内大循环为主体、国内国际双循环相互促进的新发展格局的一项重大举措”①。这说明推动成渝地区双城经济圈建设，将会构筑起下一阶段经济高质量发展的驱动力，是适应和引领双循环新发展格局的重大举措，也是适应新冠疫情发生后综合国力竞争新形势的主动选择，也是我国经济高质量发展的必然要求。会议还进一步强调指出：“成渝地区牢固树立一盘棋思想和一体化发展理念，健全合作机制，打造区域协作的高水平样板。处理好中心和区域的关系，着力提升重庆主城和成都的发展能级和综合竞争力，推动城市发展由外延扩张向内涵提升转变，以点带面、均衡发展，同周边市县形成一体化发展的都市圈。”

这些论述充分表明，在经济和社会发展中，国家越来越重视成渝地区双城经济圈的合作机制区域竞争力的提升。

因此，本研究对2020～2021年成渝地区双城经济圈9个协同发展区域综合竞争力进行全面深入、科学的评价分析和比较分析，通过建立科学合理的

① 中共中央政治局召开会议：审议《成渝地区双城经济圈建设规划纲要》 中共中央总书记习近平主持会议［N］. 人民日报，2020－10－17（1）.

竞争力评价体系，测算出各协同发展区域的竞争力评价指数，阐述 9 个协同发展区域综合竞争力的具体特征及其差异性，明确各区域的内部的竞争优势和薄弱环节，提出增强成渝地区双城经济圈协同发展区域综合竞争力的基本路径、方法和对策，为提高成渝地区双城经济圈协同发展区域综合竞争力提供有价值的分析依据。

二、指标体系构建原则

进行综合评价，选择评价的指标是基础。指标的选择好坏对分析对象常有举足轻重的作用。指标不是选择越多就越好，也不是选择越少越好；太多，会造成重复选择；太少，则指标体系缺乏足够的信息，导致片面性。选择指标时，要视具体评价问题而定，要力图分析主次，抓住主要因子，剔除次要因子。一般来说，在选择指标时，应遵循以下原则五个原则。

第一，简练性。指标宜少不宜多、宜简不宜繁，关键在于评价指标在评价过程中所起作用的大小。指标体系应涵盖评价目的所需的基本内容，能反映对象的基本信息。简练的指标体系可以减少时间和物质成本，使评价活动易于开展。

第二，独立性。每个指标要内涵清晰、相对独立；同一层次的各指标间应尽量不相互重叠，相互间不存在因果关系。指标体系要层次分明，简明扼要。整个评价指标体系的构成必须紧紧围绕着综合评价的目的层层展开，使最后的评价结论确实反映评价意图。

第三，代表性。指标应具有代表性，能很好地反映研究对象某方面的特性。所以，应该在分析研究的基础上，选择能较好反映研究对象某方面特征的指标。

第四，可比性。指标间应具有明显的差异性，降低信息重复的可能性。

第五，可行性。指标的选取应可操作，符合客观实际水平，有稳定的数据来源，易于操作，具有可行性。评价指标含义要明确，数据要规范，口径要一致，资料收集要简便易行。

三、指标体系设计说明

在遵循上述指标体系构建原则的基础之上，参考中国社会科学院近日发布的中国省域竞争力蓝皮书①，从宏观经济竞争力、产业经济竞争力、财政金融竞争力、知识经济竞争力、生活水平竞争力和发展水平竞争力等6个方面构建成渝地区双城经济圈协同发展区域的综合竞争力指标评价体系。成渝地区双城经济圈协同发展区域综合竞争力是通过1个一级指标、6个二级指标、17个三级指标和42个四级指标进行综合评价的结果（见表2），综合反映了一个协同发展区域在经济竞争力、产业、财政、金融、教育、环境、统筹协调发展等各方面的发展能力，及其在成渝地区双城经济圈的竞争地位，各方面发展相互促进、相互制约，共同影响协同发展区域综合竞争力的排位，也表现出一定的特征。

表2　成渝地区双城经济圈协同发展区域综合竞争力指标评价体系

二级指标	三级指标	四级指标	方向	
宏观经济竞争力	经济实力竞争力	人均地区生产总值（万元）	+	X1
		地区生产总值增长率（%）	+	X2
		人均地区生产总值增长率（%）	+	X3
	投资实力竞争力	固定资产投资额占地区生产总值的比重（%）	+	X4
		人均固定资产投资额（万元）	+	X5
		固定资产投资额增长率（%）	+	X6
	贸易实力竞争力	全社会消费品零售额占地区生产总值的比重（%）	+	X7
		人均全社会消费品零售额（万元）	+	X8
		出口总额占地区生产总值比重（%）	+	X9

① 李建平，李闽榕，高燕京．中国省域经济综合竞争力发展报告：2017～2018［M］．北京：社会科学文献出版社，2019.

续表

二级指标	三级指标	四级指标	方向	
产业经济竞争力	第一产业竞争力	第一产业增加值占地区生产总值的比重（%）	+	X10
		农林牧渔增加值占地区生产总值的比重（%）	+	X11
		第一产业增加值增长率（%）	+	X12
		人均粮食播种面积（公顷）	+	X13
		人均粮食产量（吨）	+	X14
	第二产业竞争力	第二产业增加值占地区生产总值比重（%）	+	X15
		第二产业增加值增长率（%）	+	X16
	第三产业竞争力	第三产业增加值占地区生产总值的比重（%）	+	X17
		第三产业增加值增长率（%）	+	X18
	企业竞争力	每万人工业企业单位数（个）	+	X19
财政金融竞争力	财政竞争力	财政收入占地区生产总值比重（%）	+	X20
		人均财政收入（万元）	+	X21
	金融竞争力	人均金融机构人民币存款余额（万元）	+	X22
		人均金融机构人民币贷款余额（万元）	+	X23
知识经济竞争力	教育竞争力	每万人中小学学校个数（个）	+	X24
		每万人中小学在校学生数（人）	+	X25
		每万人中小学专任教师数（人）	+	X26
		每万人中普通中学学校数（个）	+	X27
		每万人中普通中学在校学生数（人）	+	X28
		每万人中普通中学专任教师数（人）	+	X29
	文化竞争力	广播覆盖率（%）	+	X30
		电视覆盖率（%）	+	X31
生活水平竞争力	收入水平竞争力	城镇常住居民人均可支配收入（万元）	+	X32
		农村常住居民人均可支配收入（万元）	+	X33
	消费水平竞争力	城镇常住居民人均生活消费支出（万元）	+	X34
		农村常住居民人均生活消费支出（万元）	+	X35

续表

二级指标	三级指标	四级指标	方向	
发展水平竞争力	人力资源竞争力	年末常住人口（万人）	+	X36
		人口自然增长率（%）	+	X37
	绿色发展竞争力	森林覆盖率（%）	+	X38
	城市化发展竞争力	城镇化率（%）	+	X39
	协调发展竞争力	全社会消费品零售总额与外贸出口总额比差	−	X40
		城乡居民家庭人均收入比差	−	X41
		城乡居民家庭人均消费支出比差	−	X42

数据来源于《重庆统计年鉴》《四川统计年鉴》《中国县域统计年鉴》，以及重庆市万州区、渝北区、长寿区、江津区、合川区、永川区、大足区、潼南区、荣昌区、开州区、梁平区、城口县、垫江县，四川省达州市、广安市、遂宁市、资阳市、内江市、泸州市，以及达州市达川区、大竹县、开江县、宣汉县、万源市，广安市邻水县的国民经济和社会发展统计公报，通过线性插值法对缺失值进行填补，测算后获得9个协同发展区域四级指标的具体数据。

四、指标体系测算方法

结合对特定区域进行竞争力评价的研究目的，本研究选取熵值法对成渝地区双城经济圈协同发展区域的竞争力进行分析。

具体步骤如下：

第一步，对指标进行标准化。采取标准化的好处是提高了模型的收敛速度，使得模型运行得更加便捷。更为重要的是，它增强了模型的精度，使得参数估计更加有效。任何连续变量数据，均可以采取标准化进行处理。对于正向指标，标准化公式为式（1）；对于逆向指标，在标准化过程中通常将其正向化，标准化公式为式（2）。

$$x_{ij} = \frac{X_j - \min\{X_j\}}{\max\{X_j\} - \min\{X_j\}} \tag{1}$$

$$x_{ij} = \frac{\max\{X_j\} - X_j}{\max\{X_j\} - \min\{X_j\}} \tag{2}$$

其中，X_j 表示第 j 个指标，$\max\{X_j\}$ 表示指标 j 中的最大值，$\min\{X_j\}$ 表示指标 j 中的最小值，x_{ij}表示标准化以后的第 j 个指标中的第 i 个样本。

第二步，计算第 j 个指标中，第 i 个样本标志值的比重，如式（3）所示。

$$p_{ij} = \frac{x_{ij}}{\sum_i x_{ij}} \tag{3}$$

第三步，计算第 j 个指标的熵值，如式（4），其中 m 表示指标 j 共有 m 个样本量。

$$e_j = -\frac{1}{\ln m}\sum_i (p_{ij} \times \ln p_{ij}) \tag{4}$$

第四步，定义第 j 个指标的差异程度，如式（5）所示。

$$d_j = 1 - e_j \tag{5}$$

第五步，定义权重，如式（7）所示。

$$w_j = \frac{d_j}{\sum_j d_j} \tag{7}$$

最后，计算出综合竞争力，如式（8）所示。

$$C_j = \sum_j w_j p_{ij} \tag{8}$$

五、测算结果分析

（一）成渝地区双城经济圈协同发展区域综合竞争力评价分析

根据成渝地区双城经济圈协同发展区域的竞争力指标评价体系和熵值法，对 2020～2021 年成渝地区双城经济圈 9 个协同发展区域的相关指标数据进行统计和分析，准确地反映各协同发展区域综合竞争力的实际差距，分析各级指标竞争力得分及排位情况，并且通过排位分析每个区域竞争力的优势和劣势，对竞争力得分的实际差距及其均衡性进行深入研究和分析。

表3列出了2020年和2021年成渝地区双城经济圈协同发展区域的综合竞争力评价和其下属的二级指标分值，并将2020年和2021年成渝地区双城经济圈协同发展区域的综合竞争力分值进行比较（见图1）。再根据表3的分值情况，将2020年和2021年的协同发展区域综合竞争力和其下属的二级指标进行排位（见表4）。

表3　2020～2021年成渝地区双城经济圈协同发展区域综合竞争力评价和二级指标分值

指标	年份	万达开川渝统筹发展示范区	明月山绿色发展示范带	城宣万革命老区振兴发展示范区	高滩茨竹新区	环重庆主城都市区经济协同发展示范区	遂潼一体化发展先行区	文旅泸永江融合发展示范区	现代农业高新技术产业示范区	泸永江融合发展示范区
综合竞争力	2020	0.350	0.394	0.439	0.541	0.430	0.425	0.478	0.404	0.468
	2021	0.433	0.410	0.375	0.554	0.366	0.436	0.449	0.331	0.482
宏观经济竞争力	2020	0.056	0.069	0.069	0.156	0.095	0.129	0.093	0.096	0.118
	2021	0.083	0.077	0.068	0.155	0.061	0.129	0.095	0.067	0.118
产业经济竞争力	2020	0.080	0.107	0.120	0.046	0.098	0.118	0.125	0.122	0.090
	2021	0.098	0.108	0.101	0.039	0.079	0.102	0.127	0.095	0.078
财政金融竞争力	2020	0.041	0.002	0.018	0.147	0.060	0.022	0.054	0.034	0.065
	2021	0.038	0.003	0.017	0.129	0.070	0.019	0.049	0.026	0.059
知识经济竞争力	2020	0.068	0.127	0.182	0.054	0.073	0.060	0.106	0.062	0.058
	2021	0.116	0.136	0.133	0.087	0.049	0.102	0.083	0.049	0.097
生活水平竞争力	2020	0.031	0.031	0.000	0.049	0.044	0.028	0.034	0.032	0.048
	2021	0.025	0.030	0.000	0.052	0.044	0.027	0.034	0.034	0.051
发展水平竞争力	2020	0.074	0.058	0.050	0.090	0.061	0.068	0.066	0.058	0.090
	2021	0.074	0.056	0.055	0.091	0.063	0.058	0.060	0.059	0.079

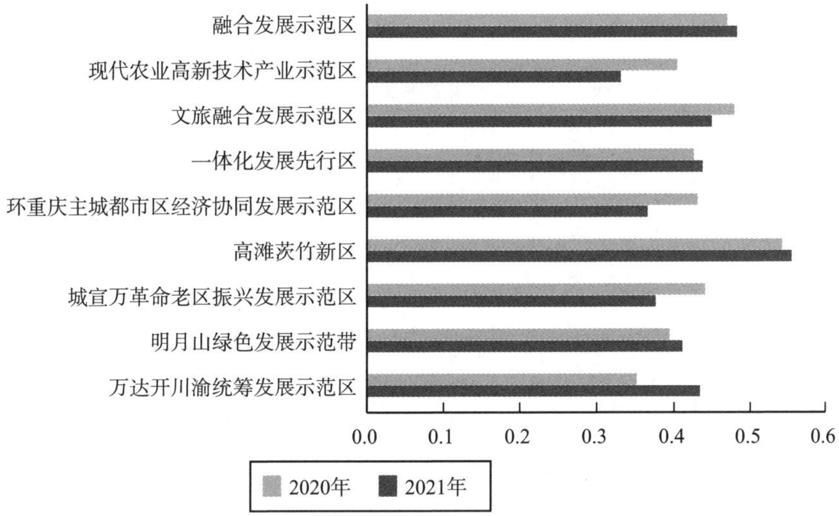

图 1　2020 年和 2021 年成渝地区双城经济圈协同发展区域综合竞争力分值比较

表 4　2020～2021 年成渝地区双城经济圈协同发展区域综合竞争力评价和二级指标排位

指标	年份	万达开川渝统筹发展示范区	明月山绿色发展示范带	城宣万革命老区振兴发展示范区	高滩茨竹新区	环重庆主城都市区经济协同发展示范区	遂潼一体化发展先行区	文旅泸永江融合发展示范区	现代农业高新技术产业示范区	泸永江融合发展示范区
综合竞争力	2020	9	8	4	1	5	6	2	7	3
	2021	5	6	7	1	8	4	3	9	2
宏观经济竞争力	2020	9	7	8	1	5	2	6	4	3
	2021	5	6	7	1	9	2	4	8	3
产业经济竞争力	2020	8	5	3	9	6	4	1	2	7
	2021	5	2	4	9	7	3	1	6	8

续表

指标	年份	万达开川渝统筹发展示范区	明月山绿色发展示范带	城宣万革命老区振兴发展示范区	高滩茨竹新区	环重庆主城都市区经济协同发展示范区	遂潼一体化发展先行区	文旅泸永江融合发展示范区	现代农业高新技术产业示范区	泸永江融合发展示范区
财政金融竞争力	2020	5	9	8	1	3	7	4	6	2
	2021	5	9	8	1	2	7	4	6	3
知识经济竞争力	2020	5	2	1	9	4	7	3	6	8
	2021	3	1	2	6	8	4	7	9	5
生活水平竞争力	2020	7	6	9	1	3	8	4	5	2
	2021	8	6	9	1	3	7	4	5	2
发展水平竞争力	2020	3	8	9	1	6	4	5	7	2
	2021	3	8	9	1	4	7	5	6	2

首先，根据表4分析各个协同发展区域的综合竞争力排序情况，再结合表3和图1，比较2020年和2021年各个协同发展区域的综合竞争力分值。我们将分值排在1~3位的区域视为上游区，排在4~6位的区域视为中游区，排在7~9位的视为下游区，可以看出以下三点。第一，2020~2021年，综合竞争力处于上游区的始终是高滩茨竹新区、文旅泸永江融合发展示范区和泸永江融合发展示范区，其中，高滩茨竹新区始终保持第一名，文旅泸永江融合发展示范区从第二名降至第三名，泸永江融合发展示范区从第三名升至第二名；2021年高滩茨竹新区和泸永江融合发展示范区的综合竞争力分值相比2020年有所增加，分别从0.541、0.468提升至0.554、0.482，而2021年文旅泸永江融合发展示范区的综合竞争力分值相比2020年有所下降，从0.478降至0.449。第二，综合竞争力在2020年处于中游区的是城宣万革命老区振兴发展示范区，环重庆主城都市区经济协同发展示范区和遂潼一体化发展先行区。然而，城宣万革命老区振兴发展示范区和环重庆主城都市

区经济协同发展示范区在2021年的综合竞争力降至下游区，排名和分值严重下降，综合竞争力排名分别从第四名和第五名降至第七名和第八名，分值分别从0.439、0.430降至0.375、0.366。仅有遂潼一体化发展先行区始终保持在中游区，并且排名和分值都有所上升，综合竞争力排名从第六名上升至第四名，分值从0.425上升至0.436。第三，综合竞争力在2020年处于下游区的是现代农业高新技术产业示范区、明月山绿色发展示范带和万达开川渝统筹发展示范区，其中，现代农业高新技术产业示范区一直保持在下游区，并且排名从第七名降至最后一名，分值从0.404降至0.331，明月山绿色发展示范带和万达开川渝统筹发展示范区在2021年发展较快，已经升至中游区，排名和分值上升较多，综合竞争力排名分别从八名和倒数第一名升至第六名和第五名，分值分别从0.394、0.350升至0.410、0.433。

其次，综合竞争力是宏观经济竞争力、产业经济竞争力、财政金融竞争力、知识经济竞争力、生活水平竞争力和发展水平竞争力的综合结果，因此，根据表3的排位情况可以分析每个协同发展区域综合竞争力下属二级指标的优势和劣势，有利于探索每个协同发展区域的综合竞争力的来源，以及综合竞争力上升或者下降的原因，帮助每个协同发展区域针对性强化优势并转变劣势。某方面竞争力处于上游区（1~3位）的区域具有该方面竞争力的相对优势，处于中游区（4~6位）的区域在该方面竞争力上既没有相对优势也没有相对劣势，处于下游区（7~9位）的区域具有该方面竞争力的相对劣势；某方面竞争力排在第1位的区域具有该方面竞争力的绝对优势，排在最后1位的区域具有该方面竞争力的绝对劣势。成渝地区双城经济圈协同发展区域综合竞争力下属二级指标优劣势结构分析详见表5。

表 5　成渝地区双城经济圈协同发展区域综合竞争力下属二级指标优劣势结构分析

区域	年份	综合竞争力排名	绝对优势	相对优势	中游	相对劣势	绝对劣势
万达开川渝统筹发展示范区	2020	9		发展水平	财政金融、知识经济	产业经济、生活水平	宏观经济
	2021	5		知识经济、发展水平	宏观经济、产业经济、财政金融	生活水平	
明月山绿色发展示范带	2020	8		知识经济	产业经济、生活水平	宏观经济、发展水平	财政金融
	2021	6		产业经济、知识经济	宏观经济、生活水平	发展水平	财政金融
城宣万革命老区振兴发展示范区	2020	4		产业经济、知识经济		宏观经济、财政金融	生活水平、发展水平
	2021	7		知识经济	产业经济	宏观经济、财政金融	生活水平、发展水平
高滩茨竹新区	2020	1	宏观经济、财政金融、生活水平、发展水平				产业经济、知识经济
	2021	1	宏观经济、财政金融、生活水平、发展水平		知识经济		产业经济
环重庆主城都市区经济协同发展示范区	2020	5		财政金融、生活水平	宏观经济、产业经济、知识经济、发展水平		
	2021	8		财政金融、生活水平	发展水平	产业经济、知识经济	宏观经济
遂潼一体化发展先行区	2020	6		宏观经济	产业经济、发展水平	财政金融、知识经济、生活水平	
	2021	4		宏观经济、产业经济	知识经济	财政金融、生活水平、发展水平	

续表

区域	年份	综合竞争力排名	绝对优势	相对优势	中游	相对劣势	绝对劣势
文旅泸永江融合发展示范区	2020	2	产业经济	知识经济	宏观经济、财政金融、生活水平、发展水平		
	2021	3	产业经济		宏观经济、财政金融、生活水平、发展水平	知识经济	
现代农业高新技术产业示范区	2020	7		产业经济	宏观经济、财政金融、知识经济、生活水平	发展水平	
	2021	9			产业经济、财政金融、生活水平、发展水平	宏观经济	知识经济
泸永江融合发展示范区	2021	3		宏观经济、财政金融、生活水平、发展水平		产业经济、知识经济	
	2021	2		宏观经济、财政金融、生活水平、发展水平	知识经济	产业经济	

根据表5，万达开川渝统筹发展示范区的综合竞争力从最后一名升至中游区，其许多竞争力都有所上升，宏观经济竞争力和产业经济竞争力均从相对劣势升至中游区，知识经济竞争力从中游区升至相对优势，发展水平竞争力始终具有相对优势，财政金融竞争力处于中游区，生活水平竞争力始终具有相对劣势。明月山绿色发展示范带的宏观经济竞争力和产业经济竞争力水平有所提高，宏观经济竞争力从相对劣势上升至中游区，产业经济竞争力从中游区升至相对优势。知识经济竞争力始终是它的优势，生活水平竞争力始终处于中游区，发展水平竞争力始终具有相对劣势，财政金融竞争力始终具有绝对劣势。城宣万革命老区振兴发展示范区的知识经济竞争力在2020年具有绝对优势，在2021年仍然具有相对优势，产业经济竞争力在2020年具有相对优势，在2021年降至中游区，宏观经济竞争力和财政金融竞争力始终具有相对劣势，生活水平竞争力和发展水平竞争力始终具有绝对劣势。高滩茨竹新区的综合竞争力在2020～2021年保持第一，其宏观经济竞争力、财政金融竞争力、生活水平竞争力和发展水平竞争力在2020～2021年都具有绝对优势，知识经济竞争力在2020年具有绝对劣势，但是在2021年提升至中游区，产业经济竞争力在2020～2021年都具有绝对劣势。环重庆主城都市区经济协同发展示范区的综合竞争力在2020～2021年从第五名降至第八名，可能是由于宏观经济竞争力、产业经济竞争力和知识经济竞争力都从中游区降至劣势，只有财政金融竞争力和生活水平竞争力始终具有相对优势，发展水平竞争力的排名升高，但始终处于中游区。遂潼一体化发展先行区的宏观经济竞争力和产业经济竞争力具有相对优势，财政金融竞争力和生活水平竞争力始终具有相对劣势，知识经济竞争力从相对劣势升至中游区，发展水平竞争力从中游区降至相对劣势。文旅泸永江融合发展示范区的产业经济竞争力在2020～2021年具有绝对优势，知识经济竞争力在2020年具有相对优势，2021年成为相对劣势，其他竞争力始终都处于中游区。现代农业高新技术产业示范区的很多竞争力排序下降，例如，宏观经济竞争力和知识经济竞争力均从中游区变为劣势，产业经济竞争力从相对优势变为中游区。仅有发展水平竞争力从劣势转为中游区，但仅上升一名，财政金融竞争力和生活水平竞争力保持在中游区。泸永江融合发展示范区的宏观经济竞争力、财政金融竞争力、生活水平竞争力和发展水平竞争力在2020～2021年都具有绝对优势，产业经济竞争力具有相对劣势，知识经济竞争力在2020年具有相对劣势，但是2021年提升至中游区。

（二）成渝地区双城经济圈协同发展区域宏观经济竞争力评价分析

作为综合竞争力的二级指标，宏观经济竞争力是三级指标综合作用的结果。表6列出了2020年和2021年成渝地区双城经济圈协同发展区域的宏观经济竞争力评价和其下属的三级指标分值。再根据分值情况，将2020年和2021年的协同发展区域宏观经济竞争力和其下属的三级指标进行排位（见表7）。

表6　2020～2021年成渝地区双城经济圈协同发展区域宏观经济竞争力和三级指标分值

指标	年份	万达开川渝统筹发展示范区	明月山绿色发展示范带	城宣万革命老区振兴发展示范区	高滩茨竹新区	环重庆主城都市区经济协同发展示范区	遂潼一体化发展先行区	文旅泸永江融合发展示范区	现代农业高新技术产业示范区	泸永江融合发展示范区
宏观经济竞争力	2020	0.056	0.069	0.069	0.156	0.095	0.129	0.093	0.096	0.118
	2021	0.083	0.077	0.068	0.155	0.061	0.129	0.095	0.067	0.118
经济实力竞争力	2020	0.011	0.023	0.015	0.019	0.028	0.037	0.034	0.047	0.036
	2021	0.031	0.029	0.020	0.017	0.017	0.034	0.037	0.028	0.039
投资实力竞争力	2020	0.021	0.015	0.034	0.015	0.043	0.064	0.043	0.037	0.046
	2021	0.023	0.016	0.033	0.013	0.029	0.072	0.042	0.030	0.043
贸易实力竞争力	2020	0.025	0.031	0.020	0.122	0.024	0.028	0.017	0.012	0.036
	2021	0.030	0.032	0.015	0.125	0.015	0.022	0.016	0.009	0.035

表 7　　2020～2021 年成渝地区双城经济圈协同发展区域宏观经济竞争力和三级指标排位

指标	年份	万达开川渝统筹发展示范区	明月山绿色发展示范带	城宣万革命老区振兴发展示范区	高滩茨竹新区	环重庆主城都市区经济协同发展示范区	遂潼一体化发展先行区	文旅泸永江融合发展示范区	现代农业高新技术产业示范区	泸永江融合发展示范区
宏观经济竞争力	2020	9	7	8	1	5	2	6	4	3
	2021	5	6	7	1	9	2	4	8	3
经济实力竞争力	2020	9	6	8	7	5	2	4	1	3
	2021	4	5	7	9	8	3	2	6	1
投资实力竞争力	2020	7	8	6	9	4	1	3	5	2
	2021	7	8	4	9	6	1	3	5	2
贸易实力竞争力	2020	5	3	7	1	6	4	8	9	2
	2021	4	3	7	1	8	5	6	9	2

首先，综合表 6 和表 7，可以看出以下三点。第一，2020～2021 年，宏观经济竞争力处于上游区的始终是高滩茨竹新区、遂潼一体化发展先行区和泸永江融合发展示范区，分别是第一名、第二名和第三名，分值也处于一个相对稳定的状态。第二，宏观经济竞争力在 2020 年处于中游区的是现代农业高新技术产业示范区、环重庆主城都市区经济协同发展示范区和文旅泸永江融合发展示范区。然而，只有文旅泸永江融合发展示范区一直维持在中游区，排名从第六名上升至第四名，分值从 0.093 升至 0.095。现代农业高新技术产业示范区和环重庆主城都市区经济协同发展示范区的排名和分值均下降，排名分别从第四、五名下降至第八、九名，分值也从 0.096、0.095 降至 0.067、0.061。第三，宏观经济竞争力在 2020 年处于下游区的是明月山绿色发展示范带、城宣万革命老区振兴发展示范区和万达开川渝统筹发展示范区，其中，三个区域的排序都有所上升，排名分别从第七、八、九名升至第六、

七、五名。城宣万革命老区振兴发展示范区的分值基本稳定，万达开川渝统筹发展示范区和明月山绿色发展示范带的分值有明显上升，分别从0.056、0.069升至0.083、0.077。

其次，宏观经济竞争力是经济实力竞争力、投资实力竞争力和贸易实力的综合结果，因此，根据表7的排位情况可以分析每个协同发展区域宏观经济竞争力下属三级指标的优势和劣势。成渝地区双城经济圈协同发展区域宏观经济竞争力下属三级指标优劣势结构分析详见表8。

表8　成渝地区双城经济圈协同发展区域宏观经济竞争力下属三级指标优劣势结构分析

区域	年份	宏观经济竞争力排名	绝对优势	相对优势	中游	相对劣势	绝对劣势
万达开川渝统筹发展示范区	2020	9			贸易实力	投资实力	经济实力
	2021	5			经济实力、贸易实力	投资实力	
明月山绿色发展示范带	2020	7		贸易实力	经济实力	投资实力	
	2021	6		贸易实力	经济实力	投资实力	
城宣万革命老区振兴发展示范区	2020	8			投资实力	经济实力、贸易实力	
	2021	7			投资实力	经济实力、贸易实力	
高滩茨竹新区	2020	1	贸易实力			经济实力	投资实力
	2021	1	贸易实力				经济实力、投资实力
环重庆主城都市区经济协同发展示范区	2020	5			经济实力、投资实力、贸易实力		
	2021	9			投资实力	经济实力、贸易实力	

续表

区域	年份	宏观经济竞争力排名	绝对优势	相对优势	中游	相对劣势	绝对劣势
遂潼一体化发展先行区	2020	2	投资实力	经济实力	贸易实力		
	2021	2	投资实力	经济实力	贸易实力		
文旅泸永江融合发展示范区	2020	6		投资实力	经济实力	贸易实力	
	2021	4		经济实力、投资实力	贸易实力		
现代农业高新技术产业示范区	2020	4	经济实力		投资实力		贸易实力
	2021	8			经济实力、投资实力		贸易实力
泸永江融合发展示范区	2021	3		经济实力、投资实力、贸易实力			
	2021	3	经济实力	投资实力、贸易实力			

根据表8，万达开川渝统筹发展示范区的宏观经济竞争力排名2020～2021年从倒数第一名上升至中游区，是由于经济实力的显著提升，投资实力具有相对劣势，贸易实力保持在中游区。明月山绿色发展示范带的贸易实力具有相对优势，投资实力具有相对劣势，经济实力一直保持在中游区。城宣万革命老区振兴发展示范区的投资实力保持在中游区，但是经济实力和贸易实力仍然具有相对劣势。高滩茨竹新区的宏观经济竞争力一直维持第一名，可以看出是由于贸易实力占绝对优势，经济实力和投资实力实则是该区域的劣势。环重庆主城都市区经济协同发展示范区的宏观经济竞争力从中游区降至最后一名，是由于经济实力和贸易实力在2021年有所下降，变为相对劣势。遂潼一体化发展先行区的宏观经济竞争力始终保持第二名，可以看出投资实力占绝对优势，经济实力是相对优势，贸易实力处于中游。文旅泸永江

融合发展示范区的投资实力始终是相对优势，经济实力从中游变为相对优势，贸易实力也从相对劣势升至中游。现代农业高新技术产业示范区的宏观经济竞争力排名下降，是由于经济实力从绝对优势下降至中游，投资实力一直保持在中游，贸易实力始终是其绝对劣势。泸永江融合发展示范区的宏观经济竞争力始终保持第三名，并且经济实力、投资实力和贸易实力都是其优势，其中，经济实力还从相对优势转变为绝对优势。

（三）成渝地区双城经济圈协同发展区域产业经济竞争力评价分析

作为综合竞争力的二级指标，产业经济竞争力是三级指标综合作用的结果。表9列出了2020年和2021年成渝地区双城经济圈协同发展区域的产业经济竞争力评价和其下属的三级指标分值。再根据分值情况，将2020年和2021年的协同发展区域产业经济竞争力和其下属的三级指标进行排位（见表10）。

表9　2020～2021年成渝地区双城经济圈协同发展区域产业经济竞争力和三级指标分值

指标	年份	万达开川渝统筹发展示范区	明月山绿色发展示范带	城宣万革命老区振兴发展示范区	高滩茨竹新区	环重庆主城都市区经济协同发展示范区	遂潼一体化发展先行区	文旅泸永江融合发展示范区	现代农业高新技术产业示范区	泸永江融合发展示范区
产业经济竞争力	2020	0.047	0.061	0.092	0.000	0.037	0.056	0.061	0.051	0.017
	2021	0.049	0.061	0.076	0.003	0.030	0.054	0.074	0.036	0.017
第一产业竞争力	2020	0.005	0.014	0.014	0.022	0.016	0.023	0.019	0.024	0.026
	2021	0.011	0.013	0.010	0.014	0.012	0.023	0.018	0.021	0.028
第二产业竞争力	2020	0.026	0.019	0.015	0.024	0.018	0.018	0.022	0.015	0.023
	2021	0.035	0.022	0.012	0.022	0.020	0.011	0.019	0.018	0.016

续表

指标	年份	万达开川渝统筹发展示范区	明月山绿色发展示范带	城宣万革命老区振兴发展示范区	高滩茨竹新区	环重庆主城都市区经济协同发展示范区	遂潼一体化发展先行区	文旅泸永江融合发展示范区	现代农业高新技术产业示范区	泸永江融合发展示范区
第三产业竞争力	2020	0.002	0.013	0.000	0.000	0.026	0.021	0.023	0.032	0.024
	2021	0.004	0.011	0.003	0.000	0.017	0.015	0.016	0.020	0.017
企业竞争力	2020	0.047	0.061	0.092	0.000	0.037	0.056	0.061	0.051	0.017
	2021	0.049	0.061	0.076	0.003	0.030	0.054	0.074	0.036	0.017

表10　2020～2021年成渝地区双城经济圈协同发展区域产业经济竞争力和三级指标排位

指标	年份	万达开川渝统筹发展示范区	明月山绿色发展示范带	城宣万革命老区振兴发展示范区	高滩茨竹新区	环重庆主城都市区经济协同发展示范区	遂潼一体化发展先行区	文旅泸永江融合发展示范区	现代农业高新技术产业示范区	泸永江融合发展示范区
产业经济竞争力	2020	8	5	3	9	6	4	1	2	7
	2021	5	2	4	9	7	3	1	6	8
第一产业竞争力	2020	6	2	1	9	7	4	3	5	8
	2021	5	3	1	9	7	4	2	6	8
第二产业竞争力	2020	9	7	8	4	6	3	5	2	1
	2021	8	6	9	5	7	2	4	3	1
第三产业竞争力	2020	1	5	9	2	6	7	4	8	3
	2021	1	3	8	2	4	9	5	6	7
企业竞争力	2020	7	6	8	9	2	5	4	1	3
	2021	7	6	8	9	2	5	4	1	3

首先，综合表9和表10，可以看出以下三点。第一，2020～2021年，文旅泸永江融合发展示范区的产业经济竞争力始终保持第一名，分值从0.061升至0.074。农业高新技术产业示范区和城宣万革命老区振兴发展示范区从第二名和第三名下降至中游区。第二，遂潼一体化发展先行区和明月山绿色发展示范带的产业经济竞争力从中游区升至上游区，分值基本保持稳定；环重庆主城都市区经济协同发展示范区从第六名降至第七名。第三，泸永江融合发展示范区的产业经济竞争力始终处于下游区，万达开川渝统筹发展示范区的产业经济竞争力从下游区升至中游区，高滩茨竹新区的产业经济竞争力一直是最后一名。

其次，产业经济竞争力是第一产业竞争力、第二产业竞争力、第三产业竞争力和企业竞争力的综合结果，因此，根据表10的排位情况可以分析每个协同发展区域产业经济竞争力下属三级指标的优势和劣势。成渝地区双城经济圈协同发展区域产业经济竞争力下属三级指标优劣势结构分析详见表11。

表11　成渝地区双城经济圈协同发展区域产业经济竞争力下属三级指标优劣势结构分析

区域	年份	产业经济竞争力排名	绝对优势	相对优势	中游	相对劣势	绝对劣势
万达开川渝统筹发展示范区	2020	8	第三产业		第一产业	企业	第二产业
	2021	5	第三产业		第一产业	第二产业、企业	
明月山绿色发展示范带	2020	5		第一产业	第三产业、企业	第二产业	
	2021	2		第一产业、第三产业	第二产业、企业		

续表

区域	年份	产业经济竞争力排名	绝对优势	相对优势	中游	相对劣势	绝对劣势
城宣万革命老区振兴发展示范区	2020	3	第一产业			第二产业、企业	第三产业
	2021	4	第一产业			第三产业、企业	第二产业
高滩茨竹新区	2020	9		第三产业	第二产业		第一产业、企业
	2021	9		第三产业	第二产业		第一产业、企业
环重庆主城都市区经济协同发展示范区	2020	6		企业	第二产业、第三产业	第一产业	
	2021	7		企业	第三产业	第一产业、第二产业	
遂潼一体化发展先行区	2020	4		第二产业	第一产业、企业	第三产业	
	2021	3		第二产业	第一产业、企业		第三产业
文旅泸永江融合发展示范区	2020	1		第一产业	第二产业、第三产业、企业		
	2021	1		第一产业	第二产业、第三产业、企业		
现代农业高新技术产业示范区	2020	2	企业	第二产业	第一产业		第三产业
	2021	6	企业	第二产业	第一产业	第三产业	
泸永江融合发展示范区	2021	7	第二产业	第三产业、企业		第一产业	
	2021	8	第二产业	企业		第一产业、第三产业	

根据表11，万达开川渝统筹发展示范区的产业经济竞争力排名上升是由于第二产业竞争力提高，不过第二产业竞争力和企业竞争力处于劣势状态，第三产业竞争力是绝对优势，第一产业竞争力处于中游。明月山绿色发展示范带的产业经济竞争力排名提高是由于第三产业竞争力和第二产业竞争力均有所提高。到2021年，第一产业和第三产业竞争力均是其相对优势。城宣万革命老区振兴发展示范区的第一产业竞争力是其绝对优势，但是第二、三产业竞争力和企业竞争力都是其劣势。高滩茨竹新区的产业竞争力始终是最后一名，是由于第一产业竞争力和企业竞争力是其绝对劣势，但是第三产业竞争力是其相对优势，第二产业竞争力处于中游。环重庆主城都市区经济协同发展示范区的产业经济竞争力排序下降，是由于第二产业竞争力由中游变为相对劣势，但是其企业竞争力始终具有相对优势，第一产业竞争力始终具有相对劣势。遂潼一体化发展先行区的相对优势是第二产业竞争力，第一产业竞争力和企业竞争力处于中游，第三产业竞争力从相对劣势转为绝对劣势。文旅泸永江融合发展示范区的产业经济竞争力始终为第一名，其第一产业竞争力是绝对优势，第二产业、第三产业和企业竞争力保持在中游。现代农业高新技术产业示范区的企业竞争力是其绝对优势，第二产业竞争力是相对优势，第一产业竞争力始终处于中游，第三产业竞争力从绝对劣势转为相对劣势。泸永江融合发展示范区的第二产业竞争力是绝对优势，第三产业竞争力从相对优势转为相对劣势，企业竞争力始终是相对优势，第一产业竞争力始终是相对劣势。

（四）成渝地区双城经济圈协同发展区域财政金融竞争力评价分析

作为综合竞争力的二级指标，财政金融竞争力是三级指标综合作用的结果。表12列出了2020年和2021年成渝地区双城经济圈协同发展区域的财政金融竞争力评价和其下属的三级指标分值。再根据分值情况，将2020年和2021年的协同发展区域财政金融竞争力和其下属的三级指标进行排位（见表13）。

表 12　2020 ~ 2021 年成渝地区双城经济圈协同发展区域财政金融竞争力和三级指标分值

指标	年份	万达开川渝统筹发展示范区	明月山绿色发展示范带	城宣万革命老区振兴发展示范区	高滩茨竹新区	环重庆主城都市区经济协同发展示范区	遂潼一体化发展先行区	文旅泸永江融合发展示范区	现代农业高新技术产业示范区	泸永江融合发展示范区
财政金融竞争力	2020	0.041	0.002	0.018	0.147	0.060	0.022	0.054	0.034	0.065
	2021	0.038	0.003	0.017	0.129	0.070	0.019	0.049	0.026	0.059
财政竞争力	2020	0.027	0.001	0.016	0.021	0.040	0.011	0.043	0.021	0.042
	2021	0.022	0.001	0.016	0.012	0.053	0.008	0.038	0.019	0.035
金融竞争力	2020	0.014	0.001	0.002	0.126	0.020	0.011	0.011	0.013	0.023
	2021	0.015	0.002	0.002	0.118	0.017	0.011	0.011	0.007	0.025

表 13　2020 ~ 2021 年成渝地区双城经济圈协同发展区域财政金融竞争力和三级指标排位

指标	年份	万达开川渝统筹发展示范区	明月山绿色发展示范带	城宣万革命老区振兴发展示范区	高滩茨竹新区	环重庆主城都市区经济协同发展示范区	遂潼一体化发展先行区	文旅泸永江融合发展示范区	现代农业高新技术产业示范区	泸永江融合发展示范区
财政金融竞争力	2020	5	9	8	1	3	7	4	6	2
	2021	5	9	8	1	2	7	4	6	3
财政竞争力	2020	4	9	7	6	3	8	1	5	2
	2021	4	9	6	7	1	8	2	5	3
金融竞争力	2020	4	9	8	1	3	6	7	5	2
	2021	4	8	9	1	3	6	5	7	2

首先，综合表 12 和表 13，可以看出以下三点。第一，2020 ~ 2021 年，

高滩茨竹新区、泸永江融合发展示范区和环重庆主城都市区经济协同发展示范区的财政金融竞争力始终处于上游区。高滩茨竹新区始终是第一名，但是分值略下降，从0.147降至0.129。泸永江融合发展示范区的排名从第二名降至第三名，分值从0.065降至0.059，环重庆主城都市区经济协同发展示范区的排名从第三名升至第二名，分值从0.060升至0.070。第二，文旅泸永江融合发展示范区、万达开川渝统筹发展示范区和现代农业高新技术产业示范区的财政金融竞争力从2020～2021年都处于中游区，并且排序始终为第四、五、六名，但是三个区域的分值都略有降低。第三，遂潼一体化发展先行区、城宣万革命老区振兴发展示范区和明月山绿色发展示范带的财政金融竞争力从2020～2021年都处于下游区，并且排序始终为第七、八、九名，除了明月山绿色发展示范带的分值从0.002升至0.003，其他两个区域的分值都略有降低。

其次，财政金融竞争力是财政竞争力和金融竞争力的综合结果，因此，根据表13的排位情况可以分析每个协同发展区域财政金融竞争力下属三级指标的优势和劣势。成渝地区双城经济圈协同发展区域财政金融竞争力下属三级指标优劣势结构分析详见表14。

表14　　成渝地区双城经济圈协同发展区域财政金融竞争力下属三级指标优劣势结构分析

区域	年份	财政金融竞争力排名	绝对优势	相对优势	中游	相对劣势	绝对劣势
万达开川渝统筹发展示范区	2020	5			财政、金融		
	2021	5			财政、金融		
明月山绿色发展示范带	2020	9					财政、金融
	2021	9				金融	财政
城宣万革命老区振兴发展示范区	2020	8				财政、金融	
	2021	8			财政		金融

续表

区域	年份	财政金融竞争力排名	绝对优势	相对优势	中游	相对劣势	绝对劣势
高滩茨竹新区	2020	1	金融		财政		
	2021	1	金融			财政	
环重庆主城都市区经济协同发展示范区	2020	3		财政、金融			
	2021	2	财政	金融			
遂潼一体化发展先行区	2020	7			金融	财政	
	2021	7			金融	财政	
文旅泸永江融合发展示范区	2020	4	财政			金融	
	2021	4		财政	金融		
现代农业高新技术产业示范区	2020	6			财政、金融		
	2021	6			财政	金融	
泸永江融合发展示范区	2021	2		财政、金融			
	2021	3		财政、金融			

根据表 14，万达开川渝统筹发展示范区的财政竞争力和金融竞争力在 2020～2021 年始终处于中游。明月山绿色发展示范带的财政竞争力在 2020～2021 年是绝对劣势，但是金融竞争力从绝对劣势变为相对劣势。城宣万革命老区振兴发展示范区的财政竞争力和金融竞争力在 2020 年是相对劣势，2021 年金融竞争力降至绝对劣势，财政竞争力升至中游。高滩茨竹新区的金融竞争力始终是绝对优势，财政竞争力从中游降至相对劣势。环重庆主城都市区经济协同发展示范区的金融竞争力在 2020～2021 年是相对优势，财政竞争力从相对优势转为绝对优势。遂潼一体化发展先行区的金融竞争力始终在中游，财政竞争力是其相对劣势。文旅泸永江融合发展示范区的财政竞争力在 2020～2021 年从绝对优势降为相对优势，金融竞争力从相对劣势升至中游。现代农业高新技术产业示范区的财政竞争力始终保持在中游，金融竞争力从中游降至相对劣势。泸永江融合发展示范区的财政竞争力和金融竞争力始终是其相对优势。

（五）成渝地区双城经济圈协同发展区域知识经济竞争力评价分析

作为综合竞争力的二级指标，知识经济竞争力是三级指标综合作用的结果。表 15 列出了 2020 年和 2021 年成渝地区双城经济圈协同发展区域的知识经济竞争力评价和其下属的三级指标分值。再根据分值情况，将 2020 年和 2021 年的协同发展区域知识经济竞争力和其下属的三级指标进行排位（见表 16）。

表 15　2020～2021 年成渝地区双城经济圈协同发展区域知识经济竞争力和三级指标分值

指标	年份	万达开川渝统筹发展示范区	明月山绿色发展示范带	城宣万革命老区振兴发展示范区	高滩茨竹新区	环重庆主城都市区经济协同发展示范区	遂潼一体化发展先行区	文旅泸永江融合发展示范区	现代农业高新技术产业示范区	泸永江融合发展示范区
知识经济竞争力	2020	0. 068	0. 127	0. 182	0. 054	0. 073	0. 060	0. 106	0. 062	0. 058
	2021	0. 116	0. 136	0. 133	0. 087	0. 049	0. 102	0. 083	0. 049	0. 097
教育竞争力	2020	0. 062	0. 105	0. 154	0. 024	0. 046	0. 035	0. 101	0. 052	0. 025
	2021	0. 061	0. 087	0. 133	0. 031	0. 039	0. 051	0. 082	0. 038	0. 035
文化竞争力	2020	0. 006	0. 021	0. 028	0. 030	0. 026	0. 025	0. 005	0. 010	0. 032
	2021	0. 055	0. 049	0. 000	0. 056	0. 011	0. 051	0. 002	0. 011	0. 062

表 16　2020～2021 年成渝地区双城经济圈协同发展区域知识经济竞争力和三级指标排位

指标	年份	万达开川渝统筹发展示范区	明月山绿色发展示范带	城宣万革命老区振兴发展示范区	高滩茨竹新区	环重庆主城都市区经济协同发展示范区	遂潼一体化发展先行区	文旅泸永江融合发展示范区	现代农业高新技术产业示范区	泸永江融合发展示范区
知识经济竞争力	2020	5	2	1	9	4	7	3	6	8
	2021	3	1	2	6	8	4	7	9	5

续表

指标	年份	万达开川渝统筹发展示范区	明月山绿色发展示范带	城宣万革命老区振兴发展示范区	高滩茨竹新区	环重庆主城都市区经济协同发展示范区	遂潼一体化发展先行区	文旅泸永江融合发展示范区	现代农业高新技术产业示范区	泸永江融合发展示范区
教育竞争力	2020	4	2	1	9	6	7	3	5	8
	2021	4	2	1	9	6	5	3	7	8
文化竞争力	2020	8	6	3	2	4	5	9	7	1
	2021	3	5	9	2	7	4	8	6	1

首先，综合表 15 和表 16，可以看出以下三点。第一，2020～2021 年，明月山绿色发展示范带和城宣万革命老区振兴发展示范区的知识经济竞争力始终处于上游区，文旅泸永江融合发展示范区的知识经济竞争力从上游区降至下游区。明月山绿色发展示范带的分值从 0.127 升至 0.136，城宣万革命老区振兴发展示范区的分值从 0.182 降至 0.133，而文旅泸永江融合发展示范区的分值大幅度下降，从 0.106 降至 0.083。第二，环重庆主城都市区经济协同发展示范区和现代农业高新技术产业示范区的知识经济竞争力均从中游区降至下游区，分值均下降。只有万达开川渝统筹发展示范区的知识经济竞争力从中游区升至上游区，分值从 0.068 提升至 0.116。第三，遂潼一体化发展先行区、泸永江融合发展示范区和高滩茨竹新区的知识经济竞争力均从下游区升至中游区，且分值有明显提高。

其次，知识经济竞争力是教育竞争力和文化竞争力的综合结果，因此，根据表 16 的排位情况可以分析每个协同发展区域知识经济竞争力下属三级指标的优势和劣势。成渝地区双城经济圈协同发展区域知识经济竞争力下属三级指标优劣势结构分析详见表 17。

表 17　　成渝地区双城经济圈协同发展区域知识经济竞争力下属三级指标优劣势结构分析

区域	年份	知识经济竞争力排名	绝对优势	相对优势	中游	相对劣势	绝对劣势
万达开川渝统筹发展示范区	2020	5			教育	文化	
	2021	3		文化	教育		
明月山绿色发展示范带	2020	2		教育	文化		
	2021	1		教育	文化		
城宣万革命老区振兴发展示范区	2020	1	教育	文化			
	2021	2	教育				文化
高滩茨竹新区	2020	9		文化			教育
	2021	6		文化			教育
环重庆主城都市区经济协同发展示范区	2020	4			教育、文化		
	2021	8			教育	文化	
遂潼一体化发展先行区	2020	7			文化	教育	
	2021	4			教育、文化		
文旅泸永江融合发展示范区	2020	3		教育			文化
	2021	7		教育		文化	
现代农业高新技术产业示范区	2020	6			教育	文化	
	2021	9			文化	教育	
泸永江融合发展示范区	2021	8	文化			教育	
	2021	5	文化			教育	

根据表 17，万达开川渝统筹发展示范区的知识经济竞争力排序提高，是由于文化竞争力从相对劣势转为相对优势，教育竞争力始终保持在中游。明月山绿色发展示范带的教育竞争力是其相对优势，文化竞争力始终保持在中游。城宣万革命老区振兴发展示范区的教育竞争力是其绝对优势，文化竞争力从相对优势变为绝对劣势，可能是由于广播覆盖率和电视覆盖率被其他区域超过。高滩茨竹新区的文化竞争力始终是其相对优势，教育竞争力始终是

其绝对劣势。环重庆主城都市区经济协同发展示范区的教育竞争力始终处于中游，不过文化竞争力从中游降至相对劣势。遂潼一体化发展先行区的文化竞争力始终处于中游区，教育竞争力从相对劣势升至中游区。文旅泸永江融合发展示范区的教育竞争力始终是其相对优势，文化竞争力从绝对劣势转为相对劣势。现代农业高新技术产业示范区的教育竞争力从中游转为相对劣势，文化竞争力从相对劣势转为中游。泸永江融合发展示范区的文化竞争力是其绝对优势，教育竞争力是其相对劣势。

（六）成渝地区双城经济圈协同发展区域生活水平竞争力评价分析

作为综合竞争力的二级指标，生活水平竞争力是三级指标综合作用的结果。表 18 列出了 2020 年和 2021 年成渝地区双城经济圈协同发展区域的生活水平竞争力评价和其下属的三级指标分值。再根据分值情况，将 2020 年和 2021 年的协同发展区域生活水平竞争力和其下属的三级指标进行排位（见表 19）。

表 18　2020～2021 年成渝地区双城经济圈协同发展区域生活水平竞争力和三级指标分值

指标	年份	万达开川渝统筹发展示范区	明月山绿色发展示范带	城宣万革命老区振兴发展示范区	高滩茨竹新区	环重庆主城都市区经济协同发展示范区	遂潼一体化发展先行区	文旅泸永江融合发展示范区	现代农业高新技术产业示范区	泸永江融合发展示范区
生活水平竞争力	2020	0.031	0.031	0.000	0.049	0.044	0.028	0.034	0.032	0.048
	2021	0.025	0.030	0.000	0.052	0.044	0.027	0.034	0.034	0.051
收入水平竞争力	2020	0.013	0.015	0.000	0.022	0.018	0.014	0.018	0.018	0.023
	2021	0.008	0.016	0.000	0.025	0.019	0.015	0.019	0.020	0.026
消费水平竞争力	2020	0.018	0.016	0.000	0.027	0.026	0.014	0.016	0.013	0.025
	2021	0.017	0.013	0.000	0.027	0.025	0.012	0.015	0.014	0.025

表 19　　2020～2021 年成渝地区双城经济圈协同发展区域生活水平竞争力和三级指标排位

指标	年份	万达开川渝统筹发展示范区	明月山绿色发展示范带	城宣万革命老区振兴发展示范区	高滩茨竹新区	环重庆主城都市区经济协同发展示范区	遂潼一体化发展先行区	文旅泸永江融合发展示范区	现代农业高新技术产业示范区	泸永江融合发展示范区
生活水平竞争力	2020	7	6	9	1	3	8	4	5	2
	2021	8	6	9	1	3	7	4	5	2
收入水平竞争力	2020	8	6	9	2	4	7	5	3	1
	2021	8	6	9	2	4	7	5	3	1
消费水平竞争力	2020	4	6	9	1	2	7	5	8	3
	2021	4	7	9	1	3	8	5	6	2

首先，综合表 18 和表 19，可以看出以下三点。第一，2020～2021 年，高滩茨竹新区、泸永江融合发展示范区和环重庆主城都市区经济协同发展示范区始终处于上游区，分值基本保持稳定且略上升。第二，2020～2021 年，文旅泸永江融合发展示范区、现代农业高新技术产业示范区和明月山绿色发展示范带始终处于中游区，分值基本保持稳定。第三，万达开川渝统筹发展示范区、遂潼一体化发展先行区和城宣万革命老区振兴发展示范区始终处于下游区，分值均下降。

其次，生活水平竞争力是收入水平竞争力和消费水平竞争力的综合结果，因此，根据表 19 可以分析每个协同发展区域生活水平竞争力下属三级指标的优势和劣势。成渝地区双城经济圈协同发展区域生活水平竞争力下属三级指标优劣势结构分析详见表 20。

表 20　　成渝地区双城经济圈协同发展区域生活水平竞争力下属三级指标优劣势结构分析

区域	年份	生活水平竞争力排名	绝对优势	相对优势	中游	相对劣势	绝对劣势
万达开川渝统筹发展示范区	2020	7			消费水平	收入水平	
	2021	8			消费水平	收入水平	
明月山绿色发展示范带	2020	6			收入水平、消费水平		
	2021	6			收入水平	消费水平	
城宣万革命老区振兴发展示范区	2020	9					收入水平、消费水平
	2021	9					收入水平、消费水平
高滩茨竹新区	2020	1	消费水平	收入水平			
	2021	1	消费水平	收入水平			
环重庆主城都市区经济协同发展示范区	2020	3		消费水平	收入水平		
	2021	3		消费水平	收入水平		
遂潼一体化发展先行区	2020	8				收入水平、消费水平	
	2021	7				收入水平、消费水平	
文旅泸永江融合发展示范区	2020	4			收入水平、消费水平		
	2021	4			收入水平、消费水平		
现代农业高新技术产业示范区	2020	5		收入水平		消费水平	
	2021	5		收入水平	消费水平		
泸永江融合发展示范区	2021	2	收入水平	消费水平			
	2021	2	收入水平	消费水平			

根据表20，2020～2021年，万达开川渝统筹发展示范区的消费水平竞争力一直处于中游，收入水平竞争力始终是其相对劣势。明月山绿色发展示范带的收入水平始终处于中游，消费水平从中游降至相对劣势。城宣万革命老区振兴发展示范区的生活水平竞争力始终是最后一名，其收入水平和消费水平竞争力都是绝对劣势。高滩茨竹新区的生活水平竞争力始终是第一名，其消费水平始终是绝对优势，收入水平是相对优势。环重庆主城都市区经济协同发展示范区的消费水平始终是相对优势，收入水平处于中游。遂潼一体化发展先行区的收入水平和消费水平始终是其相对劣势。文旅泸永江融合发展示范区收入水平和消费水平始终处于中游区。现代农业高新技术产业示范区的收入水平始终是相对优势，消费水平从相对劣势转变为中游。泸永江融合发展示范区的收入水平始终是其绝对优势，消费水平是其相对优势。

（七）成渝地区双城经济圈协同发展区域发展水平竞争力评价分析

作为综合竞争力的二级指标，发展水平竞争力是三级指标综合作用的结果。表21列出了2020年和2021年成渝地区双城经济圈协同发展区域的发展水平竞争力评价和其下属的三级指标分值。再根据分值情况，将2020年和2021年的协同发展区域发展水平竞争力和其下属的三级指标进行排位（见表22）。

表21　2020～2021年成渝地区双城经济圈协同发展区域发展水平竞争力和三级指标分值

指标	年份	万达开川渝统筹发展示范区	明月山绿色发展示范带	城宣万革命老区振兴发展示范区	高滩茨竹新区	环重庆主城都市区经济协同发展示范区	遂潼一体化发展先行区	文旅泸永江融合发展示范区	现代农业高新技术产业示范区	泸永江融合发展示范区
发展水平竞争力	2020	0.074	0.058	0.050	0.090	0.061	0.068	0.066	0.058	0.090
	2021	0.074	0.056	0.055	0.091	0.063	0.058	0.060	0.059	0.079

续表

指标	年份	万达开川渝统筹发展示范区	明月山绿色发展示范带	城宣万革命老区振兴发展示范区	高滩茨竹新区	环重庆主城都市区经济协同发展示范区	遂潼一体化发展先行区	文旅泸永江融合发展示范区	现代农业高新技术产业示范区	泸永江融合发展示范区
人力资源竞争力	2020	0.026	0.014	0.017	0.039	0.011	0.024	0.019	0.017	0.024
	2021	0.023	0.009	0.017	0.045	0.018	0.017	0.015	0.015	0.012
绿色发展竞争力	2020	0.019	0.013	0.033	0.003	0.010	0.002	0.009	0.000	0.019
	2021	0.022	0.015	0.038	0.000	0.009	0.001	0.008	0.000	0.021
城市化发展竞争力	2020	0.010	0.003	0.000	0.018	0.012	0.011	0.006	0.009	0.013
	2021	0.009	0.003	0.000	0.016	0.011	0.011	0.006	0.009	0.012
协调发展竞争力	2020	0.018	0.028	0.000	0.030	0.028	0.031	0.032	0.032	0.035
	2021	0.020	0.029	0.000	0.030	0.024	0.029	0.032	0.035	0.033

表 22　2020～2021 年成渝地区双城经济圈协同发展区域发展水平竞争力和三级指标排位

指标	年份	万达开川渝统筹发展示范区	明月山绿色发展示范带	城宣万革命老区振兴发展示范区	高滩茨竹新区	环重庆主城都市区经济协同发展示范区	遂潼一体化发展先行区	文旅泸永江融合发展示范区	现代农业高新技术产业示范区	泸永江融合发展示范区
发展水平竞争力	2020	3	8	9	1	6	4	5	7	2
	2021	3	8	9	1	4	7	5	6	2
人力资源竞争力	2020	2	8	6	1	9	3	5	7	4
	2021	2	9	4	1	3	5	7	6	8
绿色发展竞争力	2020	2	4	1	7	5	8	6	9	3
	2021	2	4	1	8	5	7	6	9	3

续表

指标	年份	万达开川渝统筹发展示范区	明月山绿色发展示范带	城宣万革命老区振兴发展示范区	高滩茨竹新区	环重庆主城都市区经济协同发展示范区	遂潼一体化发展先行区	文旅泸永江融合发展示范区	现代农业高新技术产业示范区	泸永江融合发展示范区
城市化发展竞争力	2020	5	8	9	1	3	4	7	6	2
	2021	5	8	9	1	3	4	7	6	2
协调发展竞争力	2020	8	6	9	5	7	4	2	3	1
	2021	8	6	9	4	7	5	3	1	2

首先，综合表 21 和表 22，可以看出以下三点。第一，2020～2021 年，高滩茨竹新区、泸永江融合发展示范区和万达开川渝统筹发展示范区的发展水平竞争力始终处于上游区。高滩茨竹新和万达开川渝统筹发展示范区的分值保持稳定，泸永江融合发展示范区的分值从 0.090 下降至 0.079，但是排名仍然是第二名。第二，2020～2021 年，文旅泸永江融合发展示范区和环重庆主城都市区经济协同发展示范区的发展水平竞争力始终保持在中游区，环重庆主城都市区经济协同发展示范区的分值从 0.061 升至 0.063，但是文旅泸永江融合发展示范区的分值从 0.066 降至 0.060。遂潼一体化发展先行区从中游区降至下游区，分值从 0.068 降至 0.058。第三，现代农业高新技术产业示范区的发展水平竞争力从下游区升至中游区，分值从 0.058 提升至 0.059。明月山绿色发展示范带和城宣万革命老区振兴发展示范区始终处于下游区，明月山绿色发展示范带的分值降低了 0.002，城宣万革命老区振兴发展示范区的分值上升了 0.005。

其次，发展水平竞争力是人力资源竞争力、绿色发展竞争力、城市化发展竞争力和协调发展竞争力的综合结果，因此，根据表 22 的排位情况可以分析每个协同发展区域发展水平竞争力下属三级指标的优势和劣势。成渝地区双城经济圈协同发展区域发展水平竞争力下属三级指标优劣势结构分析详见表 23。

表 23　　成渝地区双城经济圈协同发展区域发展水平竞争力下属三级指标优劣势结构分析

区域	年份	发展水平竞争力排名	绝对优势	相对优势	中游	相对劣势	绝对劣势
万达开川渝统筹发展示范区	2020	3		人力资源、绿色发展	城市化发展	协调发展	
	2021	3		人力资源、绿色发展	城市化发展	协调发展	
明月山绿色发展示范带	2020	8			绿色发展、协调发展	人力资源、城市化发展	
	2021	8			绿色发展、协调发展	城市化发展	人力资源
城宣万革命老区振兴发展示范区	2020	9	绿色发展		人力资源		城市化发展、协调发展
	2021	9	绿色发展		人力资源		城市化发展、协调发展
高滩茨竹新区	2020	1	人力资源、城市化发展		协调发展	绿色发展	
	2021	1	人力资源、城市化发展		协调发展	绿色发展	
环重庆主城都市区经济协同发展示范区	2020	6		城市化发展	绿色发展	协调发展	人力资源
	2021	4		人力资源、城市化发展	绿色发展	协调发展	
遂潼一体化发展先行区	2020	4		人力资源	城市化发展、协调发展	绿色发展	
	2021	7			人力资源、城市化发展、协调发展	绿色发展	

续表

区域	年份	发展水平竞争力排名	绝对优势	相对优势	中游	相对劣势	绝对劣势
文旅泸永江融合发展示范区	2020	5		协调发展	人力资源、绿色发展	城市化发展	
	2021	5		协调发展	绿色发展	人力资源、城市化发展	
现代农业高新技术产业示范区	2020	7		协调发展	城市化发展	人力资源	绿色发展
	2021	6	协调发展		人力资源、城市化发展		绿色发展
泸永江融合发展示范区	2021	2	协调发展	绿色发展、城市化发展	人力资源		
	2021	2		绿色发展、城市化发展、协调发展			人力资源

根据表 22，2020～2021 年，万达开川渝统筹发展示范区的人力资源竞争力和绿色发展竞争力具有相对优势，城市化发展竞争力处于中游，协调发展竞争力具有相对劣势。明月山绿色发展示范带的绿色发展竞争力和协调发展竞争力始终处于中游，人力资源竞争力和城市化竞争力是其劣势。城宣万革命老区振兴发展示范区的发展水平竞争力始终是最后一名，其绿色发展竞争力始终是其绝对优势，人力资源竞争力处于中游，城市化发展竞争力和协调发展竞争力是绝对劣势。高滩茨竹新区的发展水平竞争力始终是第一名，其人力资源竞争力和城市化发展竞争力是绝对优势，协调发展竞争力处于中游，绿色发展竞争力是相对劣势。环重庆主城都市区经济协同发展示范区的发展水平竞争力排名提高是由于人力资源竞争力从绝对劣势变为相对优势，此外，城市化发展竞争力始终处于相对优势，绿色发展竞争力始终处于中游，协调发展竞争力是其相对劣势。遂潼一体化发展先行区的人力资源竞争力从相对优势转为中游区，城市化发展竞争力和协调发展竞争力始终是处于中游，绿

色发展竞争力是其相对劣势。文旅泸永江融合发展示范区的协调发展竞争力始终是其相对优势，人力资源竞争力从中游转为相对劣势，绿色发展竞争力始终处于中游，城市化发展竞争力始终是其相对劣势。现代农业高新技术产业示范区的协调发展竞争力从相对优势转为绝对优势，城市化发展竞争力始终处于中游，人力资源竞争力从相对劣势转为中游，绿色发展竞争力始终是其绝对劣势。泸永江融合发展示范区的协调发展竞争力从绝对优势转为相对优势，绿色发展竞争力和城市化发展竞争力始终是相对优势，人力资源竞争力从中游转换为绝对劣势。

六、小结

成渝地区双城经济圈协同发展区域综合竞争力是通过 1 个一级指标、6 个二级指标、17 个三级指标和 42 个四级指标进行综合评价的结果，综合反映了一个协同发展区域在经济竞争力、产业、财政、金融、教育、环境、统筹协调发展等各方面的发展能力，及其在成渝地区双城经济圈的竞争地位，各方面的发展相互促进、相互制约，共同影响协同发展区域综合竞争力的排位，也表现出一定的特征。

综合竞争力是宏观经济竞争力、产业经济竞争力、财政金融竞争力、知识经济竞争力、生活水平竞争力和发展水平竞争力这六个二级指标综合作用的结果，二级指标又是三级指标综合作用的结果，前文具体分析了 9 个协同发展区域的综合竞争力排名和下属二级指标的优劣势，以及二级指标排名和下属三级指标的优劣势。主要得出以下三点结论。

第一，2020～2021 年，综合竞争力处于上游区（1～3 位）的始终是高滩茨竹新区、文旅泸永江融合发展示范区和泸永江融合发展示范区。其中，高滩茨竹新区的综合竞争力始终保持第一名，宏观经济竞争力、财政金融竞争力、生活水平竞争力和发展水平竞争力保持绝对优势，知识经济竞争力从有绝对劣势提升至中游区，产业经济竞争力一直都具有绝对劣势。文旅泸永江融合发展示范区的综合竞争力从第二名降至第三名，产业经济竞争力保持绝对优势，知识经济竞争力从相对优势转为相对劣势是其排名下降的原因。泸永江融合发展示范区的综合竞争力从第三名升至第二名，宏观经济竞争力、财政金融竞争力、生活水平竞争力和发展水平竞争力保持绝对优势，产业经济竞争力一直是相对劣势，知识经济竞争力从相对劣势提升至中游区可能是其排名上升的原因。

第二，综合竞争力在2020年处于中游区（4～6位）的是城宣万革命老区振兴发展示范区，环重庆主城都市区经济协同发展示范区和遂潼一体化发展先行区。然而，城宣万革命老区振兴发展示范区和环重庆主城都市区经济协同发展示范区在2021年的综合竞争力降至下游区。城宣万革命老区振兴发展示范区的产业经济竞争力从相对优势降至中游区，宏观经济竞争力和财政金融竞争力始终具有相对劣势，生活水平竞争力和发展水平竞争力始终具有绝对劣势仅有知识经济竞争力保持优势。环重庆主城都市区经济协同发展示范区的宏观经济竞争力、产业经济竞争力和知识经济竞争力都从中游区降至劣势，只有财政金融竞争力和生活水平竞争力始终具有相对优势，发展水平竞争力始终处于中游区。仅有遂潼一体化发展先行区始终保持在中游区，宏观经济竞争力和产业经济竞争力具有相对优势，财政金融竞争力和生活水平竞争力始终具有相对劣势，知识经济竞争力从相对劣势升至中游区，发展水平竞争力从中游区降至相对劣势。

第三，综合竞争力在2020年处于下游区（7～9位）的是现代农业高新技术产业示范区、明月山绿色发展示范带和万达开川渝统筹发展示范区。其中，现代农业高新技术产业示范区一直保持在下游区，并且排名从第七名降至最后一名。现代农业高新技术产业示范区的很多竞争力排序下降，例如，宏观经济竞争力和知识经济竞争力均从中游区变为劣势，产业经济竞争力从相对优势变为中游区。仅有发展水平竞争力从劣势转为中游区，财政金融竞争力和生活水平竞争力保持在中游区。明月山绿色发展示范带和万达开川渝统筹发展示范区在2021年发展较快，已经升至中游区。明月山绿色发展示范带的知识经济竞争力始终是优势，宏观经济竞争力和产业经济竞争力水平有所提高，生活水平竞争力始终处于中游区，发展水平竞争力和财政金融竞争力始终是绝对劣势。万达开川渝统筹发展示范区的许多竞争力都有所上升，宏观经济竞争力和产业经济竞争力均从相对劣势升至中游区，知识经济竞争力从中游区升至相对优势，发展水平竞争力始终具有相对优势，财政金融竞争力处于中游区，仅生活水平竞争力始终具有相对劣势。

成渝地区双城经济圈县域竞争力评价

一、成渝地区双城经济圈县域发展简介

县域经济是成渝地区双城经济圈的空间载体，而县域竞争则是推动成渝地区双城经济圈高质量发展的经济引擎之一，在成渝双城经济圈的结构体系中具有独特的地位和作用。受历史、地理、要素禀赋以及发展阶段的影响，当前成渝双城经济圈内县域发展依然存在明显差距。以成渝两市为经济中心，向外辐射扩散，县域之间发展不平衡、不充分、不协调的矛盾依然较为突出。一般来讲，过大的县域经济社会差异不利于高质量发展，并且也会对该区域长期的经济发展和社会稳定产生消极影响。因此，研究成渝地区双城经济圈内的县域经济社会发展情况，并对县域竞争力进行综合评价，对促进成渝地区双城经济圈高质量发展具有重要的理论和现实意义，也能为打造西部地区高质量发展的增长极，唱好“双城记”、建好“经济圈”提供科学依据。

本研究通过对成渝地区双城经济圈内 146 个县（市、区）[①] 的县域综合竞争力进行全面深入、科学的评价分析和比较分析，通过建立科学合理的竞

---

① 受限于数据指标的完整性和有效性，最终实际参与县域综合竞争力指标体系测算的县（区、市）数量为 133 个。

争力评价体系，测算出各县的竞争力评价指数，阐述位于不同综合竞争力优劣势区域的县域具体特征及其差异性，明确各县的竞争优势和薄弱环节，为成渝地区双城经济圈的县域综合竞争力排序提供有价值的经验证据，也希望引起社会各界对双城经济圈内县域经济的关注，为整个川渝地区的发展提供一个动态的参照坐标，为推动县域经济的发展作出应有的贡献。

二、县域综合竞争力指标体系

（一）指标构建原则

选择评价指标是进行综合评价的基础。指标选择的好坏对分析对象常有举足轻重的作用。指标不是选择越多越好，也不是选择越少越好。太多，会造成重复选择；太少，则指标体系缺乏足够的信息，导致片面性。选择指标时，要视具体评价问题而定，要力图分清主次，抓住主要因子，剔除次要因子。一般来说，在选择指标时，应遵循以下原则：

第一，简练性。指标宜少不宜多、宜简不宜繁，关键在于评价指标在评价过程中所起作用的大小。指标体系应涵盖评价目的所需的基本内容，能反映对象的基本信息。简练的指标体系可以减少时间和物质成本，使评价活动易于开展。

第二，独立性。每个指标要内涵清晰、相对独立，同一层次的各指标间应尽量不相互重叠，相互间不存在因果关系。指标体系要层次分明，简明扼要。整个评价指标体系的构成必须紧紧围绕着综合评价的目的层层展开，使最后的评价结论确实反映评价意图。

第三，代表性。指标应具有代表性，能很好地反映研究对象某方面的特性。所以，应该在分析研究的基础上，选择能较好反映研究对象某方面特征的指标。

第四，可比性。指标间应具有明显的差异性，降低信息重复的可能性。

第五，可行性。指标的选取应可操作，符合客观实际水平，有稳定的数据来源，易于操作，具有可行性。评价指标含义要明确，数据要规范，统计口径要一致，资料收集要简便易行。

（二）指标数据来源

本章主要以《中国县域统计年鉴（县市卷）》（2021 年）、成渝两地各县（市、区）政府公布的《国民经济和社会发展统计公报》（2021 年）以及川渝两省的统计年鉴（2021 年）为数据来源，对 2020 年度的县域综合竞争力进行评价。本研究指标体系中所涉及的公路、铁路、公园绿地广场等兴趣点数据（POI）来源于中国国家基础地理信息数据（GIS 数据）。

（三）县域评价范围

根据成渝地区双城经济圈划定的行政区划范围，结合川渝两省统计数据的具体统计口径，本研究拟对成渝地区双城经济圈中隶属于四川省的 15 个地级市下辖的 118 个县（市、区）以及隶属于重庆市的 28 个县（区）进行县域综合竞争力的评价与分析，并对其进行排序比较。

三、指标体系设计说明

在遵循上述指标体系构建原则的基础上，本研究参考中国社会科学院发布的“城市与竞争力指数数据库”①，从宏观经济竞争力、产业经济竞争力、财税金融竞争力、基础设施竞争力、人力资本竞争力和可持续发展竞争力六个方面构建成渝地区双城经济圈县域综合竞争力指标评价体系。体系包括 6 个二级指标、17 个三级指标和 34 个四级指标（见表 1）。

① 倪鹏飞．中国城市竞争力报告：40 年城市星火已燎原［M］．北京：中国社会科学出版社，2018.

表 1　　成渝地区双城经济圈县域综合竞争力指标权重

二级指标	权重	三级指标	权重	四级指标	权重
宏观经济竞争力	0.228	经济产出	0.035	人均地区生产总值（万元）	0.029
				近 3 年地区生产总值平均增长率（%）	0.006
		投资增长	0.18	固定资产投资额占地区生产总值的比重（%）	0.008
				人均固定资产投资额（万元）	0.015
				实际利用外资金额（万美元）	0.157
		消费需求	0.013	全社会消费品零售额占地区生产总值的比重（%）	0.013
产业经济竞争力	0.160	产业结构	0.115	第二产业增加值（万元）	0.039
				第三产业增加值（万元）	0.055
				第二产业占地区生产总值的比重（%）	0.014
				第三产业占地区生产总值的比重（%）	0.007
		产业效率	0.045	第二产业近 3 年平均增长速度（%）	0.01
				第三产业近 3 年平均增长速度（%）	0.01
				每万人规模以上工业企业单位数（个）	0.025
财税金融竞争力	0.138	财政实力	0.033	人均财政收入（万元）	0.033
		金融实力	0.099	人均金融机构人民币存款余额（万元）	0.006
				人均金融机构人民币贷款余额（万元）	0.093
		税收负担	0.006	地方财政一般预算内收入占 GDP 比重（%）	0.006
基础设施竞争力	0.235	交通运输	0.217	等级公路密度（公里/平方公里）	0.062
				铁路密度（公里/平方公里）	0.148
				距离港口的最近距离（公里）	0.007
		信息通信	0.018	移动电话年末用户数（人）	0.018
人力资本竞争力	0.164	教育资源	0.1	每万人中小学学校个数（个）	0.026
				每万人中小学专任教师数（人）	0.013
				每万人中普通中学学校数（个）	0.019
				每万人中普通中学专任教师数（人）	0.01
				每百万人公共图书馆藏书（千册/百万人）	0.032

续表

二级指标	权重	三级指标	权重	四级指标	权重
人力资本竞争力	0.164	医疗资源	0.064	每万人卫生技术人员数（人/万人）	0.027
				每万人执业医师数（人/万人）	0.015
				每万人医院床位数（张/万人）	0.011
				每万人提供住宿的社会工作机构床位数（张/万人）	0.011
可持续发展竞争力	0.075	人口素质	0.041	近3年人口机械增长率均值（%）	0.004
				大专以上人口比例（%）	0.037
		绿色发展	0.034	$PM_{2.5}$	0.012
				每万人拥有公园绿地广场数（个/万人）	0.022

由于研究对象是成渝地区双城经济圈县域综合竞争力，因此，根据双城经济圈区域范围，最终选取了川渝两省共计133个县（市、区）的相关经济和社会发展数据，进行收集整理，通过数据整合、统计和测算，获得成渝地区双城经济圈县域综合竞争力四级指标的具体数据。需要说明的是，本研究在进行县域层面的指标评价体系设计时需综合考虑各县（市、区）数据的统计口径可比性、指标体系的完整性和有效性等问题。

四、指标体系测算方法

结合对特定区域进行竞争力评价的研究目的，本研究选取熵值法对成渝地区双城经济圈县域综合竞争力进行指标体系测算。具体步骤如下：

第一步，对指标进行标准化。采取标准化的好处是提高了模型的收敛速度，使模型运行得更加便捷。更为重要的是，它增强了模型的精度，使参数估计更加有效。任何连续变量数据，均可以采取标准化进行处理。对于正向指标，标准化公式为式（1）。对于逆向指标，在标准化过程中通常将其正向化，标准化公式为式（2）。

$$x_{i,j}=\frac{X_j-\min\{X_j\}}{\max\{X_j\}-\min\{X_j\}} \tag{1}$$

$$x_{i,j}=\frac{\max\{X_j\}-X_j}{\max\{X_j\}-\min\{X_j\}} \tag{2}$$

其中，X_j 表示第 j 个指标，$\max\{X_j\}$ 表示指标 j 中的最大值，$\min\{X_j\}$ 表示指标 j 中的最小值，X_{ij}表示标准化后的第 j 个指标中的第 i 个样本。

第二步，计算第 j 个指标中第 i 个样本标志值的比重，如式（3）所示。

$$p_{ij}=\frac{x_{ij}}{\sum_i x_{ij}} \tag{3}$$

第三步，计算第 j 个指标的熵值，如式（4）所示，其中 m 表示指标 j 共有 m 个样本量。

$$e_j=-\frac{1}{\ln m}\sum_i(p_{ij}\times \ln P_{ij}) \tag{4}$$

第四步，定义第 j 个指标的差异程度，如式（5）所示。

$$d_j=1-e_j \tag{5}$$

第五步，定义权重，如式（6）所示。

$$w_j=\frac{d_j}{\sum_j d_j} \tag{6}$$

第六步，计算出综合竞争力，如式（7）所示。

$$c_i=\sum_j w_j p_{ij} \tag{7}$$

五、测算结果分析

（一）成渝地区双城经济圈县域综合竞争力评价结果

本研究对成渝地区双城经济圈 133 个区（县）的宏观经济竞争力子系统、产业经济竞争力子系统、财税金融竞争力子系统、基础设施竞争力子系统、人力资本竞争力子系统以及可持续发展竞争力子系统等六项二级指标进行了评价分析，希望为双城经济圈内的县（市、区）的发展现状提供一个参照坐标，从而有助于推动成渝地区双城经济圈县域经济高质量发展。

根据成渝地区双城经济圈县域综合竞争力指标评价体系和熵值法，本研究对2020年成渝地区双城经济圈133个区（县）的相关指标数据进行统计，首先根据式（1）~式（6）计算出二级指标、三级指标和四级指标的权重（见表1）。可以看出，在综合竞争力指标体系评价中，基础设施竞争力所占的权重最大（0.235），可持续发展竞争力所占的权重最小（0.075），其他二级指标所占权重由大到小分别是宏观经济竞争力（0.228）、人力资本竞争力（0.164）、产业经济竞争力（0.16）、财税金融竞争力（0.138）。

通过对六项二级指标进行分析，2020年成渝地区双城经济圈内133个区（县）综合竞争力排序情况如表2所示。从第2列来看，成渝地区双城经济圈内的133个县（市、区）的县域综合竞争力的总体排序基本符合当前各区（县）经济社会发展现状，平均而言，前45个区（县）处于经济圈内县域综合竞争力的上游区域，其中具有绝对优势的25个区（县），具有一般优势的20个县（市、区）；处于中游区域的45个区（县）；处于下游区域的43个县（市、区），其中一般劣势的区（县）有33个，具有绝对劣势的区（县）有10个。

表2　　成渝地区双城经济圈县域综合竞争力总体排序（前20位）

县（市、区）	综合竞争力排序	宏观经济排序	产业经济排序	财税金融排序	基础设施排序	人力资本排序	可持续发展排序
武侯区	1	3	1	3	3	106	1
渝中区	2	9	6	2	2	1	8
成华区	3	4	27	23	1	120	12
锦江区	4	1	31	7	5	125	4
江北区	5	12	8	1	7	2	7
青羊区	6	2	28	6	6	110	5

续表

县（市、区）	综合竞争力排序	宏观经济排序	产业经济排序	财税金融排序	基础设施排序	人力资本排序	可持续发展排序
金牛区	7	5	22	14	4	103	11
龙泉驿区	8	6	3	16	16	119	10
沙坪坝区	9	61	14	22	8	12	6
九龙坡区	10	38	4	10	10	131	17
新都区	11	10	18	55	11	126	28
大渡口区	12	68	35	8	9	102	14
温江区	13	11	30	33	12	123	3
青白江区	14	7	29	9	14	122	47
涪城区	15	15	10	26	17	129	16
南岸区	16	60	20	11	13	132	2
璧山区	17	16	12	12	20	121	59
渝北区	18	30	2	4	116	133	32
翠屏区	19	29	15	28	24	61	31
北碚区	20	37	26	32	19	116	9

进一步的分析表明（见表3），在133个区（县）中，县域综合竞争力排序处在前10位具有绝对优势地位的区（县）分别是：武侯区、渝中区、成华区、锦江区、江北区、青羊区、金牛区、龙泉驿区、沙坪坝区和九龙坡区。其中隶属于成都市的区（县）数量有6个，而隶属于重庆市的区县数量略少一些，有4个。可见，双城经济圈内成都、重庆两个核心城市所下辖的县域经济实力非常接近。总体来讲，相比于双城经济圈内的其他地级市辖区内的县域行政单位而言，成渝两市下辖县域的综合竞争力具有绝对的竞争优势，区域内经济社会发展呈现出“双引擎驱动”的显著特征。同时通过计算可知，在前45位上游区域的区（县）中，约56%的县域隶属于四川省，而约44%的县域隶属于重庆市，这在一定程度上说明四川省的县域综合发展水平略微高于重庆市的县域综合发展水平。

表 3　　2020 年成渝地区双城经济圈县域综合竞争力排序归类

<table>
<tr><th>类型</th><th>层次</th><th>区（县）</th><th>综合竞争力</th></tr>
<tr><td rowspan="2">上游县域（前 45 位）</td><td>第一层次（居 1 ~25 位）</td><td>武侯区、渝中区、成华区、锦江区、江北区、青羊区、金牛区、龙泉驿区、沙坪坝区、九龙坡区、新都区、大渡口区、温江区、青白江区、涪城区、南岸区、璧山区、渝北区、翠屏区、北碚区、涪陵区、市中区、船山区、江阳区、龙马潭区</td><td>绝对竞争优势</td></tr>
<tr><td>第二层次（居 26 ~45 位）</td><td>铜梁区、旌阳区、巴南区、荣昌区、江津区、綦江区、顺庆区、大足区、永川区、金堂县、黔江区、广汉市、长寿区、都江堰市、彭州市、崇州市、什邡市、自流井区、彭山区、合川区</td><td>一般竞争优势</td></tr>
<tr><td rowspan="2">中游县域（46 ~90 位）</td><td>第一层次（居 46 ~70 位）</td><td>游仙区、东坡区、宝兴县、邛崃市、江油市、渠县、大邑县、蒲江县、华蓥市、丰都县、万州区、金口河区、雁江区、忠县、平武县、垫江县、南部县、南川区、泸县、宣汉县、雨城区、绵竹市、高坪区、石棉县、达川区</td><td rowspan="2">优势不显著</td></tr>
<tr><td>第二层次（居 71 ~90 位）</td><td>阆中市、通川区、沙湾区、广安区、青神县、北川羌族自治县、峨眉山市、潼南区、合江县、兴文县、邻水县、仁寿县、武胜县、营山县、岳池县、南溪区、大英县、江安县、三台县、西充县</td></tr>
</table>

此外，从表 4 可知，位于成都、重庆两核心城市之间的县域综合竞争力得分低于样本均值。换言之，成渝地区双城经济圈内存在一定程度的“中部塌陷”问题，该区域的经济失速既与区位劣势有关，同时也受到发展历史等因素的影响。解决“中部塌陷”问题直接关系到成渝地区双城经济圈是否能够实现高质量发展，因此地方政府应当对该区域的经济和产业政策予以适当的关注。

表 4　成渝地区双城经济圈县域综合竞争力得分［前 20 位，按区（市）和县划分］

区（市）	得分	县	得分
武侯区	0. 5615	金堂县	0. 1662
渝中区	0. 5319	宝兴县	0. 1486

续表

区（市）	得分	县	得分
成华区	0.4822	渠县	0.1468
锦江区	0.4753	大邑县	0.1465
江北区	0.4480	蒲江县	0.1459
青羊区	0.4300	丰都县	0.1453
金牛区	0.4045	忠县	0.1427
龙泉驿区	0.3299	平武县	0.1424
沙坪坝区	0.2871	垫江县	0.1410
九龙坡区	0.2498	南部县	0.1394
新都区	0.2382	泸县	0.1377
大渡口区	0.2305	宣汉县	0.1367
温江区	0.2292	石棉县	0.1361
青白江区	0.2182	青神县	0.1322
涪城区	0.2146	北川羌族自治县	0.1295
南岸区	0.2067	合江县	0.1283
璧山区	0.2038	兴文县	0.1279
渝北区	0.2009	邻水县	0.1275
翠屏区	0.2007	仁寿县	0.1274
北碚区	0.2005	武胜县	0.1256

（二）成渝地区双城经济圈县域宏观经济竞争力评价结果

作为县域综合竞争力的二级指标，宏观经济竞争力是三级指标综合作用的结果。对采集到的2020年成渝地区双城经济圈133个区（县）的相关统计资料进行整理和合成，表5和表6分别呈现了成渝地区双城经济圈内的县域宏观经济竞争力及其下属3个三级指标（经济产出、投资增长、消费需求）的得分情况。

表5　　　　成渝地区双城经济圈县域宏观经济竞争力得分（按省域分组）

区域	指标	县域	均值	标准差	最小值	最大值
双城经济圈全样本县域	宏观经济	133	0.0263	0.0280	0.0073	0.1977
	经济产出	133	0.0073	0.0050	0.0003	0.0310
	投资增长	133	0.0153	0.0242	0.0011	0.1637
	消费需求	133	0.0037	0.0020	0.0000	0.0126
双城经济圈四川省县域	宏观经济	107	0.0264	0.0311	0.0073	0.1977
	经济产出	107	0.0063	0.0045	0.0003	0.0246
	投资增长	107	0.0164	0.0268	0.0011	0.1637
	消费需求	107	0.0037	0.0020	0.0000	0.0126
双城经济圈重庆市县域	宏观经济	26	0.0260	0.0066	0.0174	0.0471
	经济产出	26	0.0111	0.0052	0.0048	0.0310
	投资增长	26	0.0111	0.0033	0.0052	0.0167
	消费需求	26	0.0037	0.0020	0.0010	0.0109

表6　　　　成渝地区双城经济圈县域宏观经济竞争力得分

［前20位，按区（市）和县划分］

区（市）	得分	县	得分
锦江区	0.1977	金堂县	0.0300
青羊区	0.1590	蒲江县	0.0288
武侯区	0.1419	宣汉县	0.0250
成华区	0.1415	垫江县	0.0239
金牛区	0.1191	大邑县	0.0229
龙泉驿区	0.1183	丰都县	0.0220
青白江区	0.0521	夹江县	0.0214
船山区	0.0508	宝兴县	0.0213
渝中区	0.0471	长宁县	0.0197
新都区	0.0436	石棉县	0.0197
温江区	0.0412	忠县	0.0188
江北区	0.0367	珙县	0.0186

续表

区（市）	得分	县	得分
龙马潭区	0.0359	渠县	0.0182
沙湾区	0.0336	古蔺县	0.0176
涪城区	0.0336	泸县	0.0175
璧山区	0.0326	江安县	0.0172
江阳区	0.0324	南部县	0.0171
铜梁区	0.0318	平武县	0.0170
长寿区	0.0317	青神县	0.0168
荣昌区	0.0316	大英县	0.0167

表5列出了2020年成渝地区双城经济圈按省划分的县域宏观经济竞争力及其三级指标的评价分值。可以看出，不同区（县）宏观经济竞争力的得分差异较为明显，其中双城经济圈中隶属于四川省的县域的宏观经济竞争力得分均值为0.0264，标准差为0.0311。而隶属于重庆市的县域的宏观经济竞争力得分均值为0.026，标准差为0.0066。从均值来看，川渝县域之间的经济竞争力非常接近。但相较而言，四川省内县域之间的经济差距比重庆市内县域之间的经济差距更大。

从表6可以看出，就县域的宏观经济竞争力指数而言，靠近成都和重庆这两座核心城市的县域宏观经济竞争力得分均显著高于双城经济圈平均水平，表现出更高的经济发展水平。而区域内其他地级市下辖的县域宏观经济竞争力随着距离这两座核心城市的地理距离的增加而下降。总体上来讲，这与当前双城经济圈内“双引擎驱动”的发展格局相互吻合。可见，核心城市的区位优势对县域宏观经济竞争力具有更加直接的影响。从核心城市内部的县域宏观经济竞争力差距来看，成都市周围的县域的宏观经济竞争力差异（标准差）比重庆市周围的县域宏观经济竞争力差异更大。

此外，在宏观经济竞争力的三级指标得分值方面，川渝县域之间的竞争力也非常接近。在经济产出方面，四川省县域的均值为0.0063，而重庆市县域的均值为0.0111，重庆市略高；在投资增长方面，四川省县域的均值为

0.0164，而重庆市县域的均值为0.0111，四川省略高；在消费需求方面，四川省县域的均值为0.0037，重庆市县域的均值也为0.0037，二者持平。

（三）成渝地区双城经济圈县域产业经济竞争力评价结果

作为县域综合竞争力的二级指标，产业经济竞争力是三级指标综合作用的结果。对采集到的2020年成渝地区双城经济圈133个县（市、区）的相关统计资料进行整理和合成，表7和表8分别呈现了评价期内县（市、区）的产业经济竞争力及其下属2个三级指标的得分情况。

表7　　成渝地区双城经济圈县域产业经济竞争力得分（按省域分组）

区域	指标	县域	均值	标准差	最小值	最大值
双城经济圈全样本县域	产业经济	133	0.0340	0.0194	0.0100	0.1185
	产业结构	133	0.0205	0.0141	0.0069	0.0901
	产业效率	133	0.0134	0.0068	0.0025	0.0318
双城经济圈四川省县域	产业经济	107	0.0284	0.0156	0.0100	0.1185
	产业结构	107	0.0172	0.0121	0.0069	0.0901
	产业效率	107	0.0112	0.0051	0.0025	0.0283
双城经济圈重庆市县域	产业经济	26	0.0567	0.0165	0.0293	0.0939
	产业结构	26	0.0343	0.0135	0.0149	0.0708
	产业效率	26	0.0224	0.0056	0.0122	0.0318

表8　　成渝地区双城经济圈县域产业经济竞争力得分

［前20位，按区（市）和县划分］

区（市）	得分	县	得分
武侯区	0.1185	金堂县	0.0361
渝北区	0.0939	垫江县	0.0355
龙泉驿区	0.0852	忠县	0.0325
九龙坡区	0.0790	仁寿县	0.0324

续表

区（市）	得分	县	得分
江津区	0.0759	大竹县	0.0323
渝中区	0.0733	泸县	0.0318
涪陵区	0.0706	三台县	0.0316
江北区	0.0704	南部县	0.0311
永川区	0.0697	大邑县	0.0302
涪城区	0.0668	渠县	0.0299
合川区	0.0659	宣汉县	0.0296
璧山区	0.0654	丰都县	0.0293
荣昌区	0.0616	威远县	0.0276
沙坪坝区	0.0613	富顺县	0.0266
翠屏区	0.0612	中江县	0.0263
大足区	0.0595	夹江县	0.0257
铜梁区	0.0580	蒲江县	0.0249
新都区	0.0577	合江县	0.0238
巴南区	0.0569	邻水县	0.0232
南岸区	0.0557	武胜县	0.0230

2020年位列成渝地区双城经济圈产业经济竞争力十强的县（市、区）分别是：武侯区、渝北区、龙泉驿区、九龙坡区、江津区、渝中区、涪陵区、江北区、锦江区和涪城区。总体来看，隶属于重庆市的县（市、区）占据了6席，而隶属于成都市的县（市、区）占据了3席，隶属于绵阳市的县（市、区）则占据了1席。从产业实力上来看，重庆市县域的竞争力更强。

表7列出了2020年成渝地区双城经济圈按省划分的县域产业经济竞争力及其三级指标的评价分值。可以看出，位于不同省份的县（市、区）域产业经济竞争力的得分差异较为明显，其中双城经济圈中隶属于四川省的县域的产业经济竞争力得分均值为0.0284，标准差为0.0156。而隶属于重庆市的县域的产业经济竞争力得分均值更高，约为0.0567，标准差为0.0165。从均值来看，重庆市县域的产业经济竞争力强于四川省县域的产业经济竞争力。

从表 8 可以看出，就县域的产业经济竞争力指数而言，靠近成都和重庆这两座核心城市的县域产业经济竞争力得分均显著高于双城经济圈平均水平，表现出更高的经济发展水平。而区域内其他地级市下辖的县域产业经济竞争力随着距离这两座核心城市的地理距离的增加而下降。总体上来讲，这与当前双城经济圈内“双引擎驱动”的发展格局相互吻合。可见，核心城市的区位优势对县域产业经济竞争力同样具有更加直接的影响。

此外，在产业经济竞争力的三级指标得分值方面，重庆县域的产业竞争力要高于四川县域的产业竞争力。在产业结构方面，四川省县域的均值为 0.0172，而重庆市县域的均值为 0.0343；在产业效率方面，四川省县域的均值为 0.0112，而重庆市县域的均值为 0.0224。

图 1 刻画了成渝地区双城经济圈的县域产业经济竞争力与综合竞争力之间的相关关系。从图中可以看出，二者具有明显的正相关趋势。随着产业结构的升级、产业效率的提升，可以显著地提高县域的综合竞争力水平。随着经济社会的发展，新时代产业经济提质增效的重要性更加凸显。

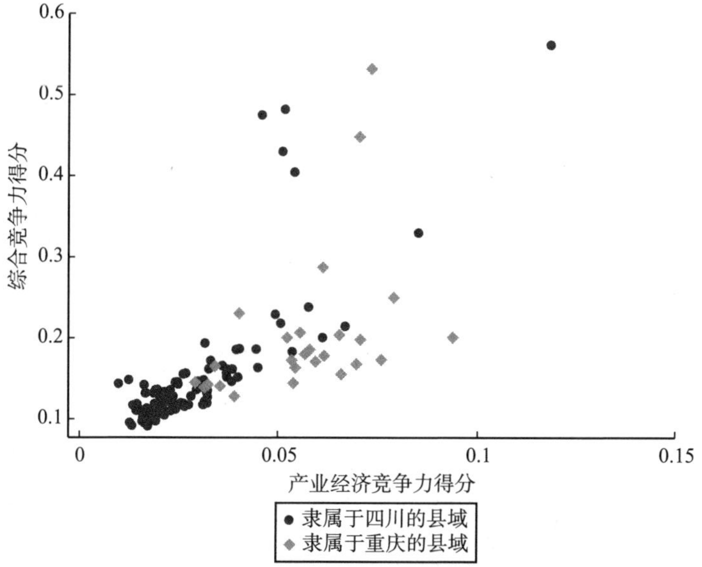

图 1　县域综合竞争力与产业经济竞争力相关关系

（四）成渝地区双城经济圈县域财税金融竞争力评价结果

作为县域综合竞争力的二级指标，财税金融竞争力是三级指标综合作用的结果。对采集到的2020年成渝地区双城经济圈133个县（市、区）的相关统计资料进行整理和合成，表9和表10分别呈现了评价期内县（市、区）的财税金融竞争力及其下属3个三级指标的得分情况。

表9　　成渝地区双城经济圈县域财税金融竞争力得分（按省域分组）

区域	指标	县域	均值	标准差	最小值	最大值
双城经济圈全样本县域	财税金融	133	0.0137	0.0123	0.0058	0.1304
	财政实力	133	0.0051	0.0049	0.0000	0.0329
	金融实力	133	0.0047	0.0095	0.0012	0.0990
	税收负担	133	0.0040	0.0014	0.0000	0.0062
双城经济圈四川省县域	财税金融	107	0.0116	0.0045	0.0058	0.0368
	财政实力	107	0.0044	0.0046	0.0000	0.0329
	金融实力	107	0.0032	0.0015	0.0012	0.0128
	税收负担	107	0.0040	0.0014	0.0003	0.0062
双城经济圈重庆市县域	财税金融	26	0.0226	0.0247	0.0114	0.1304
	财政实力	26	0.0081	0.0048	0.0038	0.0275
	金融实力	26	0.0108	0.0204	0.0019	0.0990
	税收负担	26	0.0037	0.0012	0.0000	0.0052

表10　　成渝地区双城经济圈县域财税金融竞争力得分

［前20位，按区（市）和县划分］

区（市）	得分	县	得分
江北区	0.1304	石棉县	0.0183
渝中区	0.0705	宝兴县	0.0160
武侯区	0.0368	蒲江县	0.0147

续表

区（市）	得分	县	得分
渝北区	0.0295	金堂县	0.0130
市中区	0.0245	峨边彝族自治县	0.0128
青羊区	0.0239	丰都县	0.0126
锦江区	0.0237	夹江县	0.0125
大渡口区	0.0222	垫江县	0.0117
青白江区	0.0211	大邑县	0.0116
九龙坡区	0.0202	北川羌族自治县	0.0116
南岸区	0.0201	青神县	0.0116
璧山区	0.0195	荥经县	0.0115
长寿区	0.0191	忠县	0.0114
金牛区	0.0190	丹棱县	0.0111
龙泉驿区	0.0176	天全县	0.0110
沙湾区	0.0175	平武县	0.0109
涪陵区	0.0172	洪雅县	0.0108
铜梁区	0.0169	仁寿县	0.0103
峨眉山市	0.0168	威远县	0.0102
什邡市	0.0167	犍为县	0.0101

表9列出了2020年成渝地区双城经济圈按省划分的县域财税金融竞争力及其三级指标的评价分值。可以看出，位于不同省份的县（市、区）域财税金融竞争力的得分差异较为明显，其中双城经济圈中隶属于四川省的县域的财税金融竞争力得分均值为0.0116，标准差为0.0045。而隶属于重庆市的县域的财税金融竞争力得分均值更高，约为0.0226，标准差为0.0247。从均值来看，重庆市县域的财税金融竞争力强于四川省县域的财税金融竞争力。

从表10可以看出，就县域的财税金融竞争力指数而言，靠近成都和重庆这两座核心城市的县域财税金融竞争力得分均显著高于双城经济圈平均水平，表现出更高的财税实力和金融发展水平。而区域内其他地级市下辖的县域财税金融竞争力随着距离这两座核心城市的地理距离的增加而下降。总体上来讲，这与当前双城经济圈内“双引擎驱动”的发展格局相互吻合。可见，核心城市的区位优势对县域财税金融竞争力也同样具有直接的影响。

此外，在财税金融竞争力的三级指标得分值方面，重庆县域的财政实力要强于四川县域。在金融实力方面，四川省县域的均值为 0.0032，而重庆市县域的均值为 0.0108；在税收负担方面，四川省县域的均值为 0.004，而重庆市县域的均值为 0.0037，二者非常接近。

图 2 刻画了成渝地区双城经济圈的县域财税金融竞争力与综合竞争力之间的相关关系。从图中可以看出，二者具有明显的正相关趋势。随着财税金融竞争力的提升，可以显著地提高县域的综合竞争力水平。可见，构建西部地区的金融高地也是促成双城经济圈高质量发展的重要抓手之一。

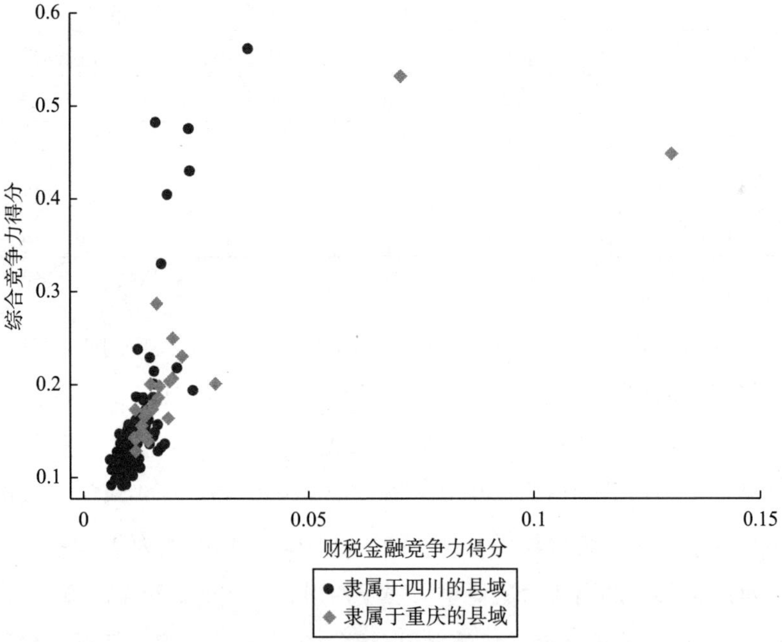

图 2　县域综合竞争力与财税金融竞争力相关关系

（五）成渝地区双城经济圈县域基础设施竞争力评价结果

作为县域综合竞争力的二级指标，基础设施竞争力是三级指标综合作用的结果。对采集到的2020年成渝地区双城经济圈133个县（市、区）的相关统计资料进行整理和合成，表11和表12分别呈现了评价期内县（市、区）的基础设施竞争力及其下属3个三级指标的得分情况。

表11　成渝地区双城经济圈基础设施竞争力得分（按省域分组）

区域	指标	县域	均值	标准差	最小值	最大值
双城经济圈全样本县域	基础设施	133	0.0258	0.0345	0.0021	0.2050
	交通运输	133	0.0194	0.0333	0.0011	0.1967
	信息通信	133	0.0064	0.0040	0.0000	0.0182
双城经济圈四川省县域	基础设施	107	0.0232	0.0321	0.0021	0.2050
	交通运输	107	0.0175	0.0309	0.0011	0.1967
	信息通信	107	0.0057	0.0038	0.0000	0.0182
双城经济圈重庆市县域	基础设施	26	0.0364	0.0419	0.0079	0.1997
	交通运输	26	0.0272	0.0418	0.0040	0.1911
	信息通信	26	0.0091	0.0035	0.0038	0.0182

表12　成渝地区双城经济圈县域基础设施竞争力得分

［前20位，按区（市）和县划分］

区（市）	得分	县	得分
成华区	0.2050	垫江县	0.0215
渝中区	0.1997	金堂县	0.0215
武侯区	0.1827	泸县	0.0197
金牛区	0.1412	仁寿县	0.0184
锦江区	0.1349	合江县	0.0179
青羊区	0.1202	富顺县	0.0178

续表

区（市）	得分	县	得分
江北区	0.0970	丰都县	0.0171
沙坪坝区	0.0888	资中县	0.0169
大渡口区	0.0796	古蔺县	0.0159
九龙坡区	0.0696	蒲江县	0.0158
新都区	0.0696	渠县	0.0157
温江区	0.0490	安岳县	0.0156
南岸区	0.0437	忠县	0.0155
青白江区	0.0432	大邑县	0.0152
自流井区	0.0413	中江县	0.0148
龙泉驿区	0.0398	叙永县	0.0147
涪城区	0.0382	夹江县	0.0145
龙马潭区	0.0381	大英县	0.0144
北碚区	0.0379	岳池县	0.0144
璧山区	0.0371	三台县	0.0140

表11列出了2020年成渝地区双城经济圈按省划分的县域基础设施竞争力及其三级指标的评价分值。可以看出，位于不同省份的县（市、区）域基础设施竞争力的得分差异较为明显，其中双城经济圈中隶属于四川省的县域的基础设施竞争力得分均值为0.0232，标准差为0.0321。而隶属于重庆市的县域的基础设施竞争力得分均值更高，约为0.0364，标准差为0.0419。从均值来看，重庆市县域的基础设施竞争力强于四川省县域的基础设施竞争力。

基础设施对于县域经济增长的重要作用已成为基本共识。从表12可以看出，就成渝双城经济圈县域的基础设施竞争力指数而言，靠近成都和重庆这两座中心城市的县域基础设施竞争力指数均值高于双城经济圈平均水平。而区域内其他地级市下辖的县域基础设施竞争力随着距离中心城市（成都、重庆）的地理距离的增加而下降，总体上与当前双城经济圈内“双核”的发展格局相互吻合。可见，核心城市的区位优势对县域基础设施竞争力的影响比较明显。

此外，在基础设施竞争力的三级指标得分值方面，重庆县域的交通运输实力要强于四川县域。在信息通信方面，四川省县域的均值为 0.0057，而重庆市县域的均值为 0.0091。

图 3 刻画了成渝地区双城经济圈的县域基础设施竞争力与综合竞争力之间的相关关系。从图中可以看出，二者具有明显的正相关趋势。随着基础设施竞争力的提升，可以显著地提高县域的综合竞争力水平。随着经济社会的发展，新型基础设施提质增效对于整体经济发展的重要性更加凸显。

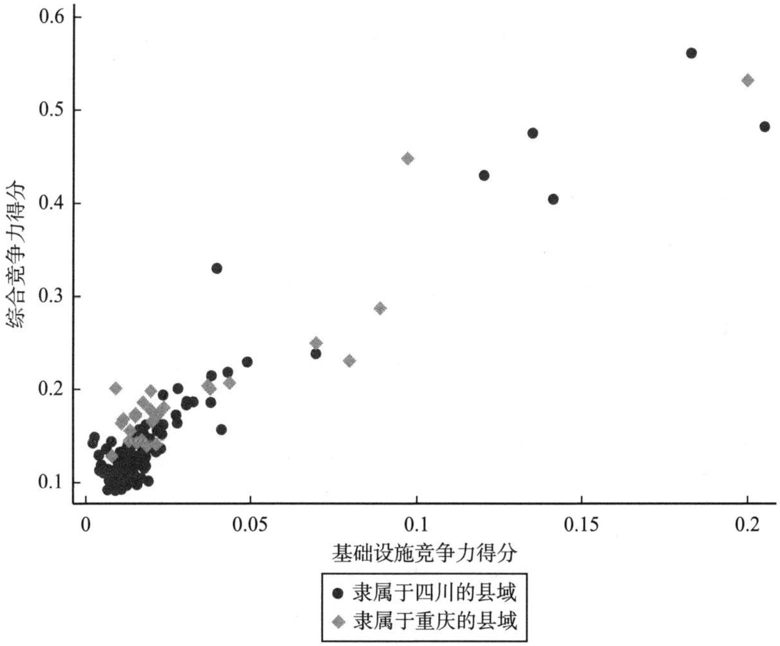

图 3　县域综合竞争力与基础设施竞争力相关关系

（六）成渝地区双城经济圈县域人力资本竞争力评价结果

作为县域综合竞争力的二级指标，人力资本竞争力是三级指标综合作用的结果。对采集到的2020年成渝地区双城经济圈133个县（市、区）的相关统计资料进行整理和合成，表13和表14分别呈现了评价期内县（市、区）的人力资本竞争力及其下属3个三级指标的得分情况。

表13　　成渝地区双城经济圈人力资本竞争力得分（按省域分组）

区域	指标	县域	均值	标准差	最小值	最大值
双城经济圈全样本县域	人力资本	133	0.0384	0.0115	0.0124	0.0972
	教育资源	133	0.0249	0.0098	0.0047	0.0548
	医疗资源	133	0.0134	0.0058	0.0028	0.0542
双城经济圈四川省县域	人力资本	107	0.0386	0.0098	0.0205	0.0678
	教育资源	107	0.0250	0.0099	0.0047	0.0548
	医疗资源	107	0.0136	0.0043	0.0034	0.0239
双城经济圈重庆市县域	人力资本	26	0.0375	0.0173	0.0124	0.0972
	教育资源	26	0.0248	0.0100	0.0085	0.0430
	医疗资源	26	0.0127	0.0099	0.0028	0.0542

表14　　成渝地区双城经济圈县域人力资本竞争力得分

[前20位，按区（市）和县划分]

区（市）	得分	县	得分
渝中区	0.0972	平武县	0.0678
江北区	0.0693	宝兴县	0.0609
市中区	0.0629	渠县	0.0605
金口河区	0.0521	西充县	0.0537
沙坪坝区	0.0520	兴文县	0.0535
黔江区	0.0492	武胜县	0.0532
阆中市	0.0485	营山县	0.0532
南溪区	0.0460	岳池县	0.0514
大足区	0.0455	邻水县	0.0505

续表

区（市）	得分	县	得分
雁江区	0.0455	忠县	0.0505
高坪区	0.0450	南部县	0.0501
达川区	0.0443	仪陇县	0.0494
万源市	0.0440	芦山县	0.0482
嘉陵区	0.0432	合江县	0.0481
安居区	0.0429	江安县	0.0471
华蓥市	0.0417	北川羌族自治县	0.0470
荣昌区	0.0408	蓬安县	0.0469
顺庆区	0.0400	泸县	0.0467
翠屏区	0.0385	筠连县	0.0467
邛崃市	0.0380	乐至县	0.0464

表13列出了2020年成渝地区双城经济圈按省划分的县域人力资本竞争力及其三级指标的评价分值。可以看出，位于不同省份的县（市、区）域人力资本竞争力的得分差异较小，其中双城经济圈中隶属于四川省的县域的人力资本竞争力得分均值为0.0386，标准差为0.0098。而隶属于重庆市的县域的人力资本竞争力得分均值略低，约为0.0375，标准差为0.0173。从均值来看，重庆市县域的人力资本竞争力与四川省县域的人力资本竞争力十分接近。

从表14可以看出，就成渝双城经济圈县域的人力资本竞争力指数而言，靠近成都和重庆这两座中心城市的县域人力资本竞争力指数均值高于双城经济圈平均水平。而区域内其他地级市下辖的县域人力资本竞争力随着距离中心城市（成都、重庆）的地理距离的增加而下降，总体上与当前双城经济圈内“双核”的发展格局相互吻合。可见，核心城市的区位优势对县域人力资本竞争力的影响比较明显。需要指出的是，相比于其他二级指标而言，成渝双城经济圈在人力资本竞争力指数上并未呈现出显著的“中部塌陷”问题，县域间的人力资本积累水平较为接近。

此外，在人力资本竞争力的三级指标得分值方面，重庆县域的教育资源实力要略强于四川县域。在医疗资源方面，四川省县域的均值为0.0136，而重庆市县域的均值为0.0127，二者较为接近。

图4刻画了成渝地区双城经济圈的人力资本竞争力与综合竞争力之间的相关关系。从图中可以看出，二者具有明显的正相关趋势，但表现出一定的聚类特征。随着人力资本竞争力的提升，可以显著地提高县域的综合竞争力水平。从长期来看，随着经济社会的发展，以医疗资源和教育资源为基础的人力资本积累水平提升对于整体经济发展的重要性更加凸显。

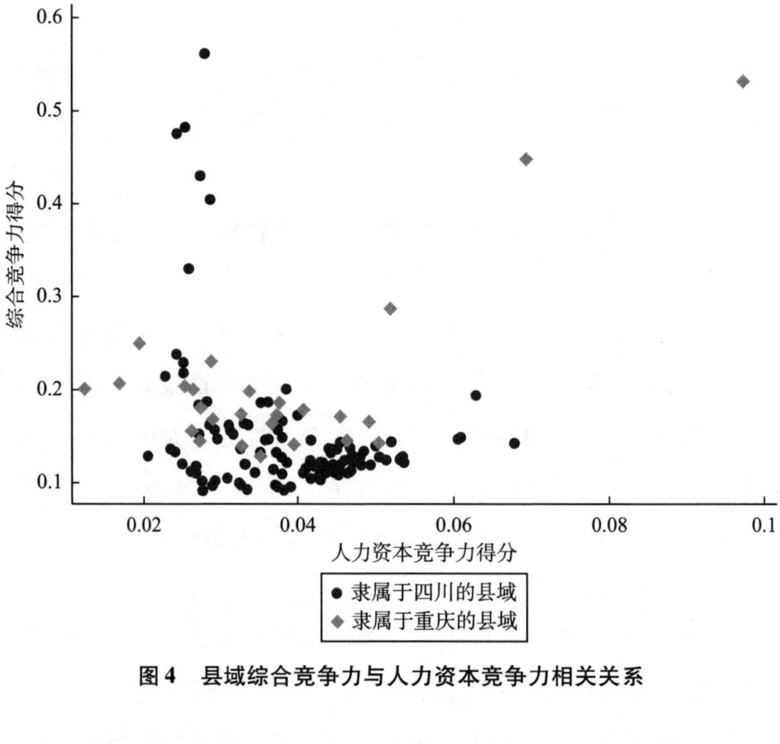

图4　县域综合竞争力与人力资本竞争力相关关系

（七）成渝地区双城经济圈县域可持续发展竞争力评价结果

作为县域综合竞争力的二级指标，可持续发展竞争力是三级指标综合作用的结果。对采集到的2020年成渝地区双城经济圈133个县（市、区）的相关统计资料进行整理和合成，表 15 和表 16 分别呈现了评价期内县（市、区）的可持续发展竞争力及其下属 3 个三级指标的得分情况。

表 15　　　成渝地区双城经济圈可持续发展竞争力得分（按省域分组）

区域	指标	县域	均值	标准差	最小值	最大值
双城经济圈全样本县域	可持续发展	133	0.0233	0.0107	0.0075	0.0537
	人口素质	133	0.0101	0.0082	0.0019	0.0398
	绿色发展	133	0.0132	0.0054	0.0033	0.0279
双城经济圈四川省县域	可持续发展	107	0.0228	0.0100	0.0075	0.0537
	人口素质	107	0.0096	0.0078	0.0023	0.0398
	绿色发展	107	0.0132	0.0051	0.0033	0.0267
双城经济圈重庆市县域	可持续发展	26	0.0251	0.0135	0.0086	0.0497
	人口素质	26	0.0118	0.0098	0.0019	0.0318
	绿色发展	26	0.0133	0.0066	0.0040	0.0279

表 16　　　成渝地区双城经济圈县域可持续发展竞争力得分

［前 20 位，按区（市）和县划分］

区（市）	得分	县	得分
武侯区	0.0537	宝兴县	0.0351
南岸区	0.0497	青神县	0.0312
温江区	0.0494	北川羌族自治县	0.0310
锦江区	0.0487	大邑县	0.0304
青羊区	0.0483	平武县	0.0281
沙坪坝区	0.0478	石棉县	0.0281
江北区	0.0442	芦山县	0.0280
渝中区	0.0440	梓潼县	0.0278
北碚区	0.0436	金堂县	0.0275
龙泉驿区	0.0431	蒲江县	0.0259
金牛区	0.0424	荥经县	0.0240

续表

区（市）	得分	县	得分
成华区	0. 0421	天全县	0. 0236
都江堰市	0. 0411	丹棱县	0. 0231
大渡口区	0. 0406	洪雅县	0. 0212
游仙区	0. 0392	夹江县	0. 0210
涪城区	0. 0371	大英县	0. 0207
九龙坡区	0. 0368	汉源县	0. 0203
金口河区	0. 0361	南部县	0. 0197
雨城区	0. 0361	仪陇县	0. 0188
崇州市	0. 0357	长宁县	0. 0188

表 15 列出了 2020 年成渝地区双城经济圈按省划分的县域可持续发展竞争力及其三级指标的评价分值。可以看出，位于不同省份的县（市、区）域可持续发展竞争力的得分差异较小，其中双城经济圈中隶属于四川省的县域的可持续发展竞争力得分均值为 0. 0228，标准差为 0. 01。而隶属于重庆市的县域的可持续发展竞争力得分均值略高一些，约为 0. 0251，标准差为 0. 0135。从均值来看，重庆市县域的可持续发展竞争力与四川省县域的可持续发展竞争力较为接近。

从表 16 可以看出，就成渝双城经济圈县域的可持续发展竞争力指数而言，靠近成都和重庆这两座中心城市的县域可持续发展竞争力指数均值高于双城经济圈平均水平。而区域内其他地级市下辖的县域可持续发展竞争力随着距离中心城市（成都、重庆）的地理距离的增加而下降，总体上与当前双城经济圈内“双核”的发展格局相互吻合。可见，核心城市的区位优势对县域可持续发展竞争力的影响比较明显。需要指出的是，成渝双城经济圈在可持续发展竞争力指数上呈现出显著的“中部塌陷”问题，成渝两地之间的县域可持续发展竞争力水平较低。

此外，在可持续发展竞争力的三级指标得分值方面，重庆县域的人口素质要略强于四川县域。在绿色发展方面，四川省县域的均值为 0.0132，而重庆市县域的均值为 0.0133，二者十分接近。

图 5 刻画了成渝地区双城经济圈的可持续发展竞争力与综合竞争力之间的相关关系。从图中可以看出，二者具有明显的正相关趋势，并表现出一定的门槛特征。早期可持续发展竞争力与综合竞争力之间的正相关关系较弱，但随着可持续发展竞争力的提升，可以显著地提高县域的综合竞争力水平。从长期来看，随着经济社会的发展，可持续发展水平的提升对于整体经济发展的重要性更加凸显。

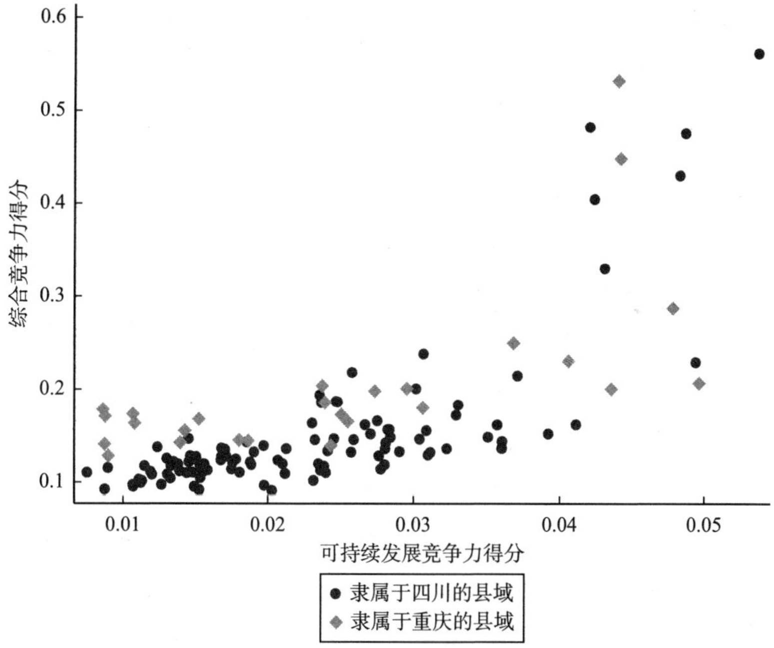

图 5　县域综合竞争力与可持续发展竞争力相关关系

六、小结

在遵循指标体系构建原则的基础上，本章从宏观经济竞争力、产业经济竞争力、财税金融竞争力、基础设施竞争力、人力资本竞争力和可持续发展竞争力六个方面构建了成渝地区双城经济圈县域综合竞争力评价指标。该体系包括 6 个二级指标、17 个三级指标和 34 个四级指标。结合成渝地区双城经济圈辖区范围，本研究最终选取了川渝两省市共计 146 个县（市、区）作为研究对象，在搜集整理经济和社会发展数据的基础上，运用熵权法对县域竞争力进行了多维度的测算和分析。主要得出以下三点结论。

第一，成渝地区双城经济圈内的县域发展呈现出“双擎驱动”的显著特征。成渝两市下辖县域的综合竞争力在双城经济圈内具有绝对的竞争优势。从测算结果来看，在 133 个县（市、区）中，县域综合竞争力排序处在前 10 位具有绝对优势地位的县（市、区）分别是：武侯区、渝中区、成华区、锦江区、江北区、青羊区、金牛区、龙泉驿区、沙坪坝区和九龙坡区。其中隶属于成都市的区县数量有 6 个，而隶属于重庆市的区县数量略少一些，有 4 个。相比于双城经济圈内的其他地级市辖区内的县域行政单位而言，双城经济圈内成都、重庆两个核心城市所下辖的县域经济实力非常接近，靠近成都、重庆这两座核心城市的县域综合竞争力得分均显著高于双城经济圈县域平均水平，表现出更高质量的经济社会发展水平，双城经济圈内的“双引擎驱动”特征十分明显。

第二，成渝地区双城经济圈内的县域发展存在一定程度的“中部塌陷”问题。县域综合竞争力结果显示，位于成都、重庆两核心城市之间的县域综合竞争力得分低于样本均值，成渝地区双城经济圈内存在一定程度的“中部塌陷”问题。经分析，位于成渝地区双城经济圈中间区域的经济失速既可能与空间地理上的区位劣势有关，同时也可能受到发展历史阶段等因素的影响。毫无疑问，解决“中部塌陷”问题直接关系到成渝地区双城经济圈是否能够实现整体的高质量发展，因此川渝两地的地方政府应当重视“中部塌陷”县域的经济社会发展问题，尤其是对该区域的经济和产业政策予以重点关注。

第三，成渝地区双城经济圈内的县域发展应立足产业政策，推动基础设施建设，完善人才等关键要素流动机制。在本章所构建的综合竞争力指标体系评价之中，基础设施竞争力所占的权重最大（0.235），其他二级指标所占权重由大到小分别是宏观经济竞争力（0.228）、人力资本竞争力（0.164）、产业经济竞争力（0.16）、财税金融竞争力（0.138）。从县域产业经济竞争力与综合竞争力之间的相关关系可以看出，二者具有明显的正相关趋势。这意味着，随着产业结构的升级、产业效率的提升，可以显著地提高县域的综合竞争力水平，新时代产业经济提质增效的重要性更加凸显。此外，从长期来看，随着经济社会的发展，以医疗资源和教育资源为基础的人力资本积累水平提升对于双城经济圈内各县域经济社会发展也十分重要。立足产业发展，推动基建设施改善，完善人才等关键要素流动的体制机制，是接下来推进成渝地区双城经济圈高质量发展的政策抓手。

第三篇

成渝地区双城经济圈的专题研究及建议

专题一　天府新区："高位高质高效"提升发展的十大路径抉择

新时代赋予新使命，新谋划开启新征程。四川省委第十一届二次全会首次将天府新区列入四川勇担新使命、开启新征程的"四项重点工程"之一；2018 年四川省政府工作报告中，对天府新区建设提出了"加速提升"的新要求。2018 新年伊始，习近平总书记来川视察重要讲话对天府新区建设提出了发展新要求。

天府新区既是四川省的重点战略工程，关系全省经济社会发展全局，又是支撑国家发展战略的重大生产力布局。因此，对天府新区未来"高位高质高效"标杆发展的抉择及路径进行系统的思考，显得尤为重要。

一、定位"高位高质高效"：以发展区取代增长区

天府新区是国家级新区，不仅肩负区域振兴使命，更是国家战略布局的需要，因此天府新区定位一定"高位高质高效"。天府新区不仅仅是中国西部地区最具活力的新兴增长极，而且更是中国西部地区最具活力的新兴发展极。

发展经济学经典理论认为，区域经济增长偏重数量的概念，也就是说，区域经济增长是量的增长，而区域经济发展是质的提高。经济发展必然是经济增长的结果，但经济增长不一定带来经济发展。经济发展不仅要有经济规模的扩大、质量效率的提高，更强调经济系统的协调性、经济发展的可持续性、发展成果的共享性以及由此引致的社会、政治、文化、生态等方面的演进。天府新区的“发展力”是乘数性质的“增长力”。因此，把天府新区定位为中国西部地区最具活力的新兴发展极，更符合新时代社会主要矛盾转化的要求，更符合我国经济进入高质量发展阶段的特征，更能体现新发展理念在天府新区建设实践中的引领作用。

二、规划“高位高质高效”：对标国际一流规划

天府新区作为国家级新区，天府新区肩负发展西部、振兴四川的使命，天府新区要用最先进的理念和国际一流的水准规划建设，坚持“世界眼光、国际标准、中国特色、天府特点”的规划理念，将天府新区规划成为国际一流新区。

一是，天府新区空间发展规划应着眼于区域发展的高度。天府新区作为国家级新区，肩负振兴西部、提升西部大开发的功能定位，是中国西部地区最具活力的新兴发展极、内陆开放经济的新高地，因此其空间规划上应当前瞻、高远、深远，不仅要对标国际一流，而且还要有后来居上、变道超车的高境界。

二是天府新区空间发展规划要可持续支撑依托城市成都的发展。天府新区除了按照四川天府新区总体规划提出的天府新区与成都中心城区共同形成了“一核、两区、双中心”的整体结构发展，而且要有鲜明特色的空间形象和“国际范”，凸显天府新区作为中国统筹城乡一体化发展示范区和全面创新改革试验区的国家站位，突破两千多年来成都“两江环抱、三城相重”的城市布局，变“两山夹一城”为“一山连两翼”的大开大合的大都市格局，

将天府新区规划成为“望得见山、看得见水、记得住天府乡愁和蜀都情怀”，现代城市文明和天府田园文明有机契合的城乡一体化新区。

三是天府新区空间发展规划要内涵百年可持续内生优化的能级。天府新区在空间区划上应“内生外拓”，考虑规划区的地域置换。天府新区是成都“南拓”和“东进”的交汇区。“东进”无疑是天府新区综合利益权衡的最大化选择。一方面，龙泉山东麓现代化产业带和龙泉山西侧的商业服务城市连绵区发展空间较大，是“成德绵经济带”和“成泸宜经济走廊”的交汇枢纽，而且这一浅丘地区对耕地良田占用相对少些，对生态环境保护也较为有利。同时，成都“东进”区域是国家向西向南开放的国际门户、成渝相向发展的新兴极核、引领新经济发展的产业新城、彰显天府文化的东部家园。另一方面，天府新区南边大都为良田，可用于产业发展的土地有限。目前，天府新区规划区的发展空间受到相当局限。因此，我们建议，应该将现有天府新区的一部分规划区退出，围绕天府国际机场和空港新区以及成都“东进”区域进行地域置换，以使天府新区能获得更大的发展空间，更能厚积薄发，起到四川高质量发展的引领性集群功能。

三、建设“高位高质高效”：百年领先的标杆水准

“天府新区建设是关系全省经济社会发展全局的百年大计和重大战略性工程。”因此，其建设需要按照百年领先的标杆水准和“海绵城市”进行建设。

首先，天府新区建设要突出高品质。天府新区建设作为一个系统工程，其建筑群落切忌分成若干个独立的工程去独立规划、设计和建设，应以高定位、高品质、高质量建设为优先，不盲目追求建设速度，宁缺毋滥，宁稳勿快，突出百年大计、厚积薄发的新区能级。

其次，天府新区要建设成为海绵新区。天府新区要在源头减排、过程控制、系统治理，解决城市内涝和水环境污染等上形成示范新区。源头减排，

就是要因地制宜采用各种措施，如减少雨水的径流产生量、降低径流内污染物的携带量；过程控制，就是要利用产汇流的整个环节，不是仅依靠末端，而是采用调蓄、过程净化和优化管网输送、溢流污染控制等多种手段，对雨水的“量”和“质”进行控制；系统治理，就是从城市排水流域整个系统着眼，从水系统的整体出发，考虑各个技术综合集成，从而达到治理高效的目的。

第三，天府新区在高质量建设过程中要多部门协同推进。天府新区高质量建设是一个系统综合工程，要跨学科交流，要更广泛的人参与，涉及园林、景观、市政、水资源、水利等部门相互理解、相互尊重，需要跨界，更需要融合与协同。

四、形态“高位高质高效”：城乡一体的美丽宜居公园区

天府新区作为国家级新区的战略定位，从国家层面考虑来看，与其他 18 个新区最大不同在其是“统筹城乡一体化发展示范区”。

一是建设统筹城乡一体化发展示范区。天府新区要为中国破解“城乡二元经济结构”困境提供中国示范。天府新区要把城市和乡村作为一个整体统筹谋划，促进城乡在规划布局、要素配置、产业发展、公共服务、生态保护等方面相互融合和共同发展；构建城乡统一的劳动就业制度、城乡统一社会保障体系、城乡统一义务教育体系，逐步推进税收城乡一体化。

二是明确美丽宜居公园新区的深刻内涵。美丽宜居公园新区是园林城市、花园城市的“升级版”，是“人”“业”“境”“城”高度和谐统一的大美城乡一体化形态，具体来讲就是建设“宜业、宜商、宜居、绿色生态”新区。在天府新区，不仅要有现代化的城市形态、高端化产业形态、特色化文态，还要有类似于“川西林盘”、天府特色公园等能凸显天府记忆的优美化生态，使美丽的天府新区既能创造更多物质财富和精神财富，以满足人民日益增长的美好生活需要；也会提供更多“天蓝、地绿、水净、空清”和优质生态产

品，以满足人民日益增长的优美生态环境需要。

三是坚持新发展理念引领。天府新区建设城乡一体化的美丽都市公园应当以人的城镇化为核心，以“田园风光、公园美景、都市生活”为主线，以“形态田园化、生活城市化、福利均等化”为目标导向，探索天府新区统筹城乡就地城镇化模式，构建“城在林中、林在城中、山水融合、城乡一体”的美丽画卷，形成现代城市文明和天府田园文明有机契合的城乡一体化新区。

五、产业“高位高质高效”：产业高端和高端产业集群区

国家级新区是我国新区的最高级形态，是国家战略布局与地区经济发展需要。天府新区要建设成为全面体现新发展理念示范区、创新驱动先导区、新经济发展典范区、国际化现代新区、区域协同示范区，关键靠发展产业高端和高端产业集群区。

一是重点发展“大制造”。制造业是国民经济的脊梁，具有“一业兴、百业兴”的乘数效应。天府新区要重点发展电子信息、汽车等优势产业，大力发展轨道交通、航空航天、生物医药、智能装备制造等战略性新兴产业，提高先进制造业、战略性新兴产业的占比。

二是重点推进“大创造”。在新时代，天府新区要坚持把创新驱动作为天府新区面向未来的核心战略和推动城市转型发展的第一动力。始终依靠包括供给侧结构性改革在内“大创造”强固天府新区产业“芯片”。

三是重点打造“大智慧”。天府新区要坚持以智能化、智慧化为主攻方向，高起点实施智能制造发展应用计划，推进软硬一体、网络互联、区块链技术、平台支撑、数据驱动、应用示范的融合创新，推动“天府制造”向“天府智造”转变。

四是重点构筑“大集群”。天府新区要加强“招大引强”和项目促建，瞄准重点区域、重点领域、重点产业，大力引进和培育一批带动力强的产业龙头

项目。特别是，要深入实施天府新区制造2025规划和工业强基行动，以建设国家重要的先进制造业中心为目标，加强军民融合，加快培育万亿级产业集群。

六、文化“高位高质高效”：天府文化的重塑和新彰显

习近平总书记强调，“中华优秀传统文化是我们最深厚的文化软实力，也是中国特色社会主义植根的文化沃土”①。传承创新天府文化，才能强固天府新区“世界范”根基。

一是将天府文化作为天府新区的文化特色。天府文化是天府新区的独特印记，是天府新区的根与魂，是彰显天府新区魅力的一面旗帜，是传播天府新区主流价值观，提升国内、国际影响力的主阵地。

二是要深挖天府文化。挖掘四川三千年悠久的历史文化，比如古蜀文化、三国文化、金沙文化、熊猫文化、水利文化、道文化、太极文化、养生文化、丝路文化等资源，将其嵌入天府新区的建设中。

三是要演绎天府文化。围绕古蜀文化、三国文化、金沙文化、熊猫文化、水利文化、道文化、太极文化、养生文化、丝路文化等精髓，在天府新区建设过程中创新开发一批文化衍生品，打造具有时代感的良品美器。

四要塑造天府文化品牌。传承巴蜀文明，发展天府文化，注重创新文化、历史文化、农耕文化、山水文化的融合，塑造具有独特韵味的文化形象和品牌，以增强文化交往的感召力和说服力，将天府新区建成地域特色鲜明的天府文化集群区。

五是要传播天府文化。利用音乐、影视载体，围绕天府文化，创造系列作品，通过互联网向世界传播天府文化；以世界多种语言讲好天府故事，广泛开展对外文化交流，面向“一带一路”，办好国际非遗节、创意设计周等

---

① 全国干部培训教材编审指导委员会．推动社会主义文化繁荣兴盛［M］．人民出版社，2019：129.

活动，打响天府文化的国际交流品牌。

七、配套“高位高质高效”：“三生”能级的现代化

与传统的开发区相比，天府新区不仅仅是一个经济概念，而是社会经济全面改革示范区，其发展是“产、城、人”的三位一体同步发展。生产、生态、生活的“三生融合”，即生产空间要实现集约高效生活空间要实现宜居适度、生态空间要实现山清水秀。

一是“三生”系统要“高颜值”。天府新区要成为西部绿色低碳科技产业示范区、国家生态宜居的现代田园城市典范区、世界旅游目的地核心区，重点建立健全绿色低碳循环发展的经济体系，建设生态安全屏障，提高生态系统质量和稳定性。

二是配套要注重功能协同。天府新区的生产、生态、生活的“三生融合”必须要构建“高颜值”的生产和生活配套系统，功能合理分区、配套科学协同。天府新区不是林立的高楼大厦集群，也不是“产业园 + 风景区 + 文化馆（博物馆）”的大拼盘，而是有山有水有人文，产业功能、文化功能、旅游功能、社区功能的高度融合，是真正让人愿意留下来创业和生活的特色新区。

四是注重智慧社区功能建设。天府新区要在构建社区“微细胞”上创新，构建一流示范社区，为基层民众提供公共服务 App，推进数字化管理社区全覆盖，完善社区医疗、教育和休闲设施，实现和优化“公共服务不出小区”的智慧社区软环境。

八、交通“高位高质高效”：通达世界的便捷立体交通系统

伴随高铁的发展，天府国际机场建设，特别是国家“一带一路”倡议的实施，成都站上了泛欧泛亚开放的国际舞台，实现了从“内陆”到“前沿”

的千年之变，蜀道不再难。天府新区应当紧抓历史机遇，构建通达世界的便捷立体交通系统，为天府新区的经济社会发展服务。

一是建设“硬枢纽”。加快建设以“空、铁、公、水”四位一体的立体交通，形成畅通西部、连接全国、联通世界的泛欧泛亚的现代立体交通体系，构建从上游原材料、中游生产到下游制造销售的主导产业全产业链。

二是提升“软枢纽”地位。天府新区要在全国率先建成全域覆盖的千兆网络，推进国家级互联网骨干直联点扩容，打造系统平台、云应用平台、增值服务等大数据全生命周期产业链，基本建成具有国际影响力的“信息港”。

三是依托空港、铁路港，推动适铁适空产业发展和国际产能合作。依托成都国际铁路港、国际航空港，建设大枢纽、促进大开放、培育大产业。要持续提能“蓉欧快铁”，实施“航空枢纽 +”战略，争取国际大型航空公司基地布局天府新区，引导“适空”“适铁”产能向天府新区聚集，支持有实力的企业参与“一带一路”沿线产业园区建设。

九、智慧“高位高质高效”：推进区块链技术的应用

区块链技术是一种基于现有的互联网、大数据、云计算等技术重塑信任机制。天府新区作为国家级新区，其建设是个纷繁复杂的综合系统，人口稠密，各种场景汇聚在一起，这就注定了未来建设智慧城市是一个系统工程，需要借助互联网大数据，尤其是区块链技术来链接。

一是借鉴雄安新区和贵安新区在区块链应用方面的探索路径。雄安新区的区块链租房应用平台、贵安新区（三大领域、十二大场景）区块链技术在政务领域、民用领域、商务领域的运用为天府新区提供的有益的尝试，天府新区应该积极推进区块链技术在各种场景的运用，变道追赶，力争反超。

二是探索区块链在智慧新区的运用领域。天府新区要重点探索区块链技术在智慧天府、智慧园区、智慧物联网、智慧资产管理、智慧供应链、智慧交通、智慧电子政务、智慧医疗等领域的广泛运用。

三是建设区块链创新基地。天府新区应该积极引进行业龙头企业，共同培育区块链特色产业集聚区，搭建区块链技术服务平台，营造产业发展氛围，打造天府新区块链产业创新基地，构建区块链应用生态圈。

十、治理“高位高质高效”：共建共治共享的社会治理格局

党的十九大报告中指出，共建共治共享的社会治理格局是我国新时代社会建设的一种模式。天府新区是国家级新区离不开社会共同体成员共同参与、共同体建设和共同体治理。

一是明确天府新区建设主体的边界。天府新区应该参照国家若干新区的管理体制，强化市场在资源配置中起决定性作用。天府新区必须发挥省级协调与所在行政区直管的合力制度安排，以形成强有力的内生竞争合力；同时，又要形成省级统一的规制与各直管区资源配置的协同效应。因此，我们建议，除了成立省主要领导为组长的领导小组协调机制和发挥各行政直管区作用之外，还应该由一名副省长来主抓天府新区的全面和经常性协调工作。

二是天府新区应建立协同推进机制。天府新区目前这种先行先试的突破往往是单个部门推进或单个领域突破的多，多部门配合、协同推进的相对较少，从整体进行系统谋划设计的制度创新措施更少。因此，新区地方政府应积极鼓励行业协会、中介组织、社会团体、研究机构等社会组织以及公众在新区开发和治理中的参与，推动区域治理模式由原来的政府单中心模式逐渐向以政府、企业、社会组织等共同参与的网络型合作互动模式转变。

三是天府新区应建立双向考核机制。上级部门和平级支持部门除了对天

府新区建设机构进行考核和支持之外，天府新区建设机构也要对天府新区上级部门和支持部门进行支持的考核，采用相互激励的制度安排促进天府新区高位高质高效发展。

（本专题执笔人：杨继瑞，重庆工商大学成渝经济区城市群产业发展协同创新中心主任，西南财经大学成渝经济区发展研究院院长，成都大学商学院名誉院长，经济学博士，教授，博士生导师。）

专题二　成都迈入超大城市：阶段性特征及发展路径思考

根据第七次全国人口普查数据，全国超大城市有上海、北京、深圳、重庆、广州、成都、天津、7 城市（按城区人口数排序）。由此，我国超大城市进入了“七雄时代”。跻身超大城市方阵，是四川做强做优“一干”的硕果，更是城市发展顺理成章的“升级版”。在超大城市的新站位上，成都要正视其若干阶段性特征，未雨绸缪，因势利导，继往开来，在高质量发展道路上续写新篇章。

一、城区人口高聚焦晋升新层级

数据显示，过去十年间成都常住人口增长了 581.91 万人。在全国所有城市中，这一增量仅次于深圳和广州，位居第三。目前，成都全域常住人口 2093.7 万人，仅次于重庆、上海、北京，在全国排名第四；城区常住人口则仅次于上海、北京、深圳、重庆、广州，居全国第六，且比第七名的天津高出了足足 240 万人。[①]

成都中心城区的常住人口达 1541.94 万人，与 2010 年第六次全国人口普

① 数据来源：国家统计局及历次全国人口普查数据。

查（989.39 万人）相比，增加 552.55 万人；占全市常住人口比重达 73.64%，与 2010 年第六次全国人口普查的 65.45% 相比，提高了 8.19 个百分点。

分区域看，成都市常住人口超过 100 万人的区域有 8 个，其余区域的常住人口都在 100 万人以下，其中常住人口在 50 万～100 万人之间的区域有 11 个；30 万～50 万人之间的区域有 3 个；少于 30 万人的区域有 1 个。成都市常住人口居前五位的区域，依次是新都区、双流区、郫都区、成华区、龙泉驿区，合计占全市常住人口的比重为 34.12%。与 2010 年第六次全国人口普查相比，成都有 21 个区域常住人口增加，增量排在前五位的区域依次为新都区、双流区、成都高新区、郫都区、龙泉驿区，分别增加了 782763 人、767291 人、704116 人、634866 人、579007 人。①

迈入超大城市行列，成都要进一步关注常住人口和城区人口的可持续增长，以及人口区域分布的均衡性。去哪里工作、到哪里定居，是人们步入社会面临的重要决策。在信息化时代，人口流动的速度在加快，流动的范围在扩大，但亘古不变的是追求幸福生活的原动力。说到底，每个人都想找到现实与理想的黄金分割点——“工作和生活都能相得益彰”。

因此，成都要实施“大都市圈”新发展战略，按照《成渝地区双城经济圈建设规划纲要》的指引，把成都建设成为具有全国影响力的重要经济中心、科技创新中心、改革开放新高地、高品质生活宜居地的极核，着力实施“安居乐业”环境再造工程，可持续地保持人口净流入态势，促进常住人口和城区人口的合理分布，尤其要使成都一些人口相对稀疏区域成为吸引人口流入的“新磁场”。

二、城市步入新型工业化新进程

新型工业化是信息化赋能的工业化，知识运营，知识化、信息化、全球

① 数据来源：历年《成都统计年鉴》。

化、生态化是新型工业化的本质特征。以信息化赋能的工业化是城市高质量增长动力的“芯片”。2020 年，成都的三次产业结构为 3.7∶30.6∶65.7。很明显，成都的三产服务业非常发达，未来有望占到经济总量的七成左右。从发展水平来看，成都的三产服务业已经接近于中等发达国家的水平。

同时，我们应该清醒地看到，目前成都的第二产业占比仅为三成，还有足够大的提升空间。晋升超级城市阶段的成都，虽然地区生产总值总量已经稳定在全国十强，但其规上工业产值离前十还有一定的差距。规上工业总产值是指规上工业企业在一定时期内生产的以货币形式表现的工业最终产品和提供工业劳务活动的总价值量。在十年前，规上工业企业的门槛已经调整为年主营业务收入在 2000 万元以上。

2020 年成都的规上工业大幅增长，总产值为 14181.6 亿元。而规上工业排在第十位的是江苏无锡，数据为 18347.9 亿元。2020 年，成都的规上工业总产值增速高达 21.28%。众所周知，2020 年的全国各个城市发展都非常不容易。所以，成都这个增速足以排在了我国城市的前列。当然，成都的规上工业产值落后无锡将近 4000 亿元，凭借成都发展的韧性和进一步推进信息化引领的新型工业化，成都无疑有望在短期内跻身全国十强。其实，各大城市的工业数据，差距并不大，有一大批城市的规上工业产值都在 2 万亿元左右徘徊，成都加大“再工业化”力度。超越某些城市指日可待。[①]

据悉，成都全市的软件产业主营业务收入已经突破了五千亿元，近几年的增速都维持在了两位数。成都的信息产业规模已经突破了万亿元。在新发展阶段，成都的规上工业不仅要重数量，关键还要增加“含金量”。目前，成都的信息、软件等新兴产业，已经成为极具竞争力的核心产业。

事实上，超大城市的高质量发展，必须有赖于更强大的“产业发动机”推进。在“两个大局”交织、“两个一百年”交汇的新发展阶段，成都要成为国内大循环的“爆发点”，“双循环”新发展格局的重要承载地，在“卡脖

---

① 数据来源：《成都统计年鉴（2021）》。

子”技术解决上占有一席之地，先进制造业的智能化和数字化高新技术产业还需加力和给力。

“十四五”时期，成都要继续围绕信息、软件、新能源汽车、航天等多个产业体系，在产业链供应链的集成上形成“新极化”和新态势。同时，成都要深化“服务业再造工程”，实现服务业面向区域到面向全球、由服务中心到服务枢纽、由劳动力和资源密集型到资本和知识密集型的转变，积极跻身国际消费中心城市建设行列。另外，成都还要实施“三高都市农业工程”，高标准、高质量、高效率推进都市现代农业发展，在提供“无公害绿色有机”农产品同时，走“农创、农旅、农养”融合发展路径，创建现代农业典范区。这样，才能避免超大城市“经济虚拟化”和“产业空心化”带来的问题，才能避免出现“大而不强”和“增速递减”的困境。

三、城市发展形成公园城市新示范

成都是公园城市的“首提地”，是中国特色公园城市建设的“发源地”。从逻辑来看，建设践行新发展理念的公园城市示范区，新发展理念是核心和灵魂，“五位一体”是公园城市是形态和特征，示范区是标尺和责任，三者共同昭示了新时代现代化城市的发展方向，创新诠释了新思想新理念的城市表达。这是党中央赋予成都的重大战略任务和重要时代使命。

2020 年 1 月，在中央财经委员会第六次会议上，明确支持成都“建设践行新发展理念的公园城市示范区”；2021 年 10 月在中共中央政治局会议上，强调要发挥成都中心城市引领作用，打造带动全国高质量发展的重要增长极和新的动力源。四川省委、省政府出台《关于支持成都建设践行新发展理念的公园城市示范区的意见》。近年来，成都市自觉担当建设公园城市政治责任，系统探索公园城市实践路径，加快实施具有标志性的重大项目，推动城市能级全方位跃升、发展方式全方位变革、治理体系全方位完善、生活品质全方位提高。

相对于北上广而言，迈入超级城市的成都不是“第四个城市”，而是“另外一种城市”。“践行新发展理念的公园城市区”，示范了中国城市发展的另外一种可能性。在生活“安逸”“巴适”的意义上，成都不应甘当“第四城”，成都应该争当“第一城。”

建设公园城市示范区、创造幸福美好生活，成都要把践行新发展理念作为最持久的战略优势，把公园城市作为最鲜明的形象标识，把示范区建设作为最重大的时代机遇，把科技创新作为最强劲的动力引擎，把幸福美好生活作为最根本的价值依归，努力在社会主义现代化城市建设和共同富裕道路上走在前列、作出示范，使成都成为满足人民日益增长美好生活需要的“美誉地”“幸福地”和“安全地”。

四、城市人均地区生产总值增长呈现新轨迹

一般说来，一个城市的地区生产总值增长将促进财政收入增长；财政收入增长了，才能有更多的资金用于教育投入、科研投入、军事投入、医疗卫生投入等。而教育、科研、军事等方面投入的增加，带来的是这些方面产出的增加；然后通过积累，整体实力不断增强，不断拉近与对方的差距，直到超越对方。

2020 年，成都的地区生产总值达到了 17716.7 亿元，占到了四川省经济总量的 36%。很明显，四川“一干多支”的区域发展战略还是非常有效的。2021 年才刚开始，成都以及四川的经济指标都有了快速增长。从发展趋势来看，成都作为我国西南地区的中心城市，未来的潜力还将逐步释放。

但是，迈入超大城市的成都，随着人口的大规模增加，发展压力更大。经济增长率由人均产出（人均地区生产总值）的增长和人口增长两个因素构成。在地区生产总值总量增长赶不上人口增长的背景下，人均地区生产总值增长速度就会放慢步伐。2001 ~ 2019 年，成都的人均地区生产总值逐年增加，2019 年达到 103386 元。2020 年由于新冠疫情原因，人均地区生产总值

下降至84616元。但从人均地区生产总值增速来看，2017~2020年的人均地区生产总值增速在不断下降，进入了新轨迹。①

一个城市的人均地区生产总值是了解和把握该城市宏观经济运行状况的有效工具，常作为发展经济学中衡量城市经济发展状况的指标，是最重要的宏观经济指标之一。一个城市的人均地区生产总值与该城市工业化水平和社会发展潜力，具有一定内在联系。特别是，一个城市的人均地区生产总值本身具有社会公平和平等的含义。人均地区生产总值虽然不能直接等同于居民的人均收入和生活水平，但构成了一个城市居民人均收入和生活水平的主要物质基础，是提高居民人均收入水平、生活水平的重要参照指标。

因此，迈入超大城市的成都，要敞开怀抱扩大开放，大刀阔斧推进创新，披荆斩棘深化改革，把积极融入“双循环”新发展格局的“普通话”翻译为具有成都辨识度、致力于率先领先的“成都话”，释放成都磁性，升华成都价值。抢抓成渝地区双城经济圈建设新机遇，使成都成为国际消费目的地；成为内陆开放高地中的“高峰”；招大引强，成为国内外资本的聚集地；以超大规模的人力资源优势，成为资源配置的“优势地”。在人均地区生产总值新赛道上，成都要与高的攀、强的争、优的比，再创人均GDP增长新轨迹辉煌。

五、城市治理升格新版本

迈入超大城市行列，成都常住人口和市场主体的快速增长加剧了城市治理的复合性和庞杂性，外部环境的不确定性带来的风险挑战可能会超出传统认知和既有经验，社会系统的多元性和异质性加大了城市治理的难度。

一是，超大型人口城市人口多，有可能对周边城市造成更大的虹吸效应，导致周边城市的“塌陷”和资源的闲置和低效利用，以及房地产市场“冰火

① 数据来源：《成都统计年鉴（2021）》。

两重天”等现象。

二是，周边小城及农村，如缺乏必要人口的支撑，则资源的利用缺乏有效竞争和优胜劣汰，导致这些地方极易被少数拥有相对多数资源的资本恶意占用和垄断，不利于和谐稳定和推进共同富裕。

三是，超大城市的资源虽可能高效利用，但共用资源和设施仍然无法满足全体市民的需求，从而可能产生需求缺口。这样，政府势必不断补贴和扩建，最终会导致人口净流入越多，政府投入越多，其缺口可能越大，进而引致政府再继续投入的恶性循环。

四是，超大城市为满足越来越多的人口居住需求，将会扩大城市空间规模，而市民的居住和生产生活以平原为核心，这样就可能挤占适宜农业利用的土地，从而影响公园城市的田园生态。

五是，超大城市的危机处置难度将增加，有可能伴随着交通堵塞、物资运转缓慢的问题诱发“城市病”。一旦发生重大突发事件，其疏散、转移、处置将变得困难重重，如有重大自然灾害，其后果非常可怕；一旦实施隔离、封闭等措施，又将造成极大的社会成本。

面对这一系列挑战，跃升超大城市的成都要深入贯彻四川省委提出“一干多支”发展战略，既要“新极化”更要“强辐射”，注重疏解城市非核心功能，把产业链供应链的某些环节和分链延伸至“多支”，创新施为、率先破题，升格城市治理新版本，继续在科学化、精细化、智能化上下功夫，努力走出一条符合超大城市特点和规律的社会治理新路。

提升社会治理体系和治理能力现代化水平，成都市要发力于全国文明典范城市的创建。全国文明典范城市是一座城市综合实力、形象魅力、发展活力、治理能力的集中体现。这与党中央赋予成都建设践行新发展理念公园城市示范区的使命内涵高度契合，与新发展阶段市民对美好生活的向往高度契合。因此，成都要以争创全国文明典范城市为抓手，着力提升市民素质素养，把“创城”与“育人”有机结合起来；着力优化城市治理水平，大力改善城市风貌，加强生态环境建设，切实维护安全稳定；着力整合大数据系统，推进智慧城市建设，持续提升城市管理科学化、精准化、智能化水平。除进一步补齐超大城市基础设施的短板外，要创新党委领导城市工作的体制机制，市区（县）两级党委和城镇（乡）社区发展治理委员会要充分发挥牵头抓总、集成整合作用，把分散在 20 多个党政部门的职能、资源、政策、项目、服务等统筹起来，把城市治理下沉到基层一线，以体制机制创新防控和化解超大城市可能出现的“城市病”风险。

提升成都社会治理体系和治理能力现代化水平，要进一步完善制度体系，编制和完善社区发展治理总体规划，加快社区发展治理立法，制定城乡社区发展治理的纲领性文件，配套出台重点领域改革的文件及指导性实施细则，形成城市治理升级版的制度设计。

提升成都社会治理体系和治理能力现代化水平，要完善城市治理协同机制，建立市县两级资金、政策、人才向基层倾斜机制，让基层权责对等；建立一月一推进、两月一调度、一季一督导、半年一拉练的重点工作推进机制；探索建立“社区发现、街道呼叫、集中派单、协同整治”的社会治理协同机制，切实增强人民群众的获得感、幸福感、安全感，推进超大城市治理体系和治理能力现代化不断开创新局面，形成超大城市社区治理改革的新型经典范本。

（本专题执笔人：杨继瑞，重庆工商大学成渝经济区城市群产业发展协同创新中心主任，西南财经大学成渝经济区发展研究院院长，成都大学商学院名誉院长，经济学博士，教授，博士生导师；兰佐淳，西南财经大学中国西部经济研究院硕士生。）

专题三　天府新区重大平台建设的思考及路径抉择

“十四五”时期，天府新区将以新发展理念为引领，锚定全市“五个先行区”目标使命，实现“五个先行示范”，即：一是不断增强创新策源能力，在提升经济引领力上形成先行示范；二是不断夯实协同枢纽位势，在增强综合承载力上形成先行示范；三是不断彰显公园城市品牌，在绿色内涵发展上形成先行示范；四是不断提升开放门户能级，在提高全球资源要素运筹能力上形成先行示范；五是不断绘制幸福美好生活图景，在提升城市发展温度、市民生活质感上形成先行示范。

平台是一种居中撮合、连接拥有多种需求且相互依赖的两个或多个不同类型的用户群体，为其提供互动机制，以促进不同用户群体之间的交互与匹配，满足彼此的需求，并将他们之间产生的外部性内部化的组织形态。从这个意义上来看，平台并非新生事物，古老的集市、现代的商场，以及人财物聚集的重要场景都属于平台。推动天府新区高质量发展，实现“五个先行示范”，必须有重大平台、重点产业、重大项目、重点工程、重大事项来支撑。重大平台是承载大项目、大产业、大企业、大信息群的聚合载体，是重点产业、重大项目、重点工程、重大事项的集成综合体。

一、天府新区重大平台建设的战略价值

“产业思维”得当下，“平台思维”得未来。2021 年，天府新区地区生产总值突破4000 亿元、增长 9.7%，四年连续跨越两个千亿级台阶，在国家级新区建设评估中进入第一方阵。天府新区之所以取得如此瞩目的成就，包括线上线下在内的重大平台建设在其中起着非常重要的示范性、引领性作用。“十四五”时期，天府新区锚定全市“五个先行区”目标使命，实现“五个先行示范”，重大平台建设和高质量运行有着不可替代的地位、作用和贡献。

第一，重大平台是天府新区践行新发展理念的“重要载体”。践行创新、协调、绿色、开放、共享的新发展理念，需要重大平台“夯基压舱”“落地生根”。重大平台有助于将新发展理念具象化，转化为创新、协调、绿色、开放和共享的“重要载体”。

第二，重大平台是促进天府新区高质量发展的“主引擎”“主场景”“主阵地”“主窗口”和“主渠道”。天府新区要实现高质量发展，重大平台具有至关重要的战略地位和作用。重大平台是天府新区集聚产业项目人才、推动高质量发展的“主引擎”，是需要集中精力、倾斜政策、创新制度、夜以继日奋斗的“主场景”，是项目比拼、产业竞争、科技创新的“主阵地”，是展示成绩单、竞争力、区域优势、投资环境和服务质量的“主窗口”，是加强政企之间、企业之间、政府与群众之间、天府新区内外沟通交流的“主渠道”。

第三，重大平台是支撑天府新区“一点一园一极一地”的战略目标的“四梁八柱”。蓝图绘就，需要狠抓落实。“一点一园一极一地”宏伟大厦要巍然屹立，需要重大平台作为“四梁八柱”来支撑和传递辐射能量。

第四，重大平台是彰显天府新区“国之大者”示范引领的“航标”。天府新区是国家级新区，具有“国之大者”的示范引领功能。天府新区优不

优、强不强，进入国家新区的哪一个方阵，与其重大平台多不多、大不大、强不强息息相关。

第五，重大平台是体现天府新区治理能力现代化的“重要标志”。城市治理的现代化需要平台实现机构融合、资源整合、数据聚合，融入全球，成为开放交流新载体、服务群众和城市管理重大事项的新纽带，有助于增强企业和市民群众的获得感、幸福感和安全感。

二、天府新区重大平台建设取得的突破性进展和存在的短板

“十三五”时期，是天府新区重大平台建设取得重要成就的五年，是全面践行新发展理念、加快发展的五年，面对大变局、大变革、大事件的深刻影响，天府新区坚决贯彻党中央、省委市委的决策部署，全面树立重大平台支撑发展的工作导向，全力打造天府新区国家重大发展和改革开放战略综合功能平台和各领域的重大平台，取得了突破性进展。

第一，“创新发展类”重大平台成为新引擎。抢抓中国西部（成都）科学城建设机遇，以成都科学城为核心建设综合性国家科学中心，天府新区布局国家级重大创新重大平台19个、科技创新基地重大平台14个，累计引进“中科系”机构13家，落户创新人才14.9万人、引育高层次人才273人，落地校院地项目54个，独角兽企业载体加快建设，成都超算中心试运营。战略科技创新重大平台成都科学城为核心建设综合性国家科学中心加快建设。校院地协同创新平台引进的54个校院地协同创新项目。产业技术创新平台引进华为鲲鹏、安谋中国等一批领军企业。以产业功能区作为产业承载重大平台和全球资源要素配置重大平台的现代经济组织方式成效显著，累计引进重大产业项目385个，协议总投资超过8000亿元。其中，天府总部商务区招引重大项目71个，引进高能级500强总部29家；成都科学城招引重大项目204个，聚集新经济企业1.3万家；天府数字文创城招引重大项目40个，以中意文化创新产业园为引领的文创经济加速成势，各产业类重大创新平台的能级

得以大幅跃升。

第二，“协调发展类”重大平台成为新动能。新区始终坚持把辐射带动区域协调发展作为重大使命，着眼“做强极化效应”与“扩大辐射效应”有机结合，中国西部国际博览城展览展示中心、天府国际会议中心、四川区域协同发展总部基地、天府中央法务区、天府基金小镇、独角兽岛、新三板西南基地等一批高能级重大平台初步成型，为天府新区聚势赋能夯实了坚实根基。

第三，“绿色发展类”重大平台成新亮点。为践行新发展理念的公园城市示范区服务的重大平台应运而生。在公园城市建设局、公园城市研究院和公园城市人才发展学院等“绿色发展类”平台的支撑下，首创“城市设计图则+公园城市图则”的双重规划控制引导体系和公园城市建设特色指标体系，锚固70.1%生态空间，实施重大生态17个，形成连片绿地湿地、河湖水体、城市森林5.1万亩，天蓝、水净、地绿、空清的公园城市良好生态基底凸显。

第四，“开放发展类”重大平台成为新高地。“一带一路”建设和长江经济带发展的重要节点、内陆开放门户等功能，在自由贸易试验区重大平台建设（4项经验在全国复制推广）中得以彰显。中意、中法、中德等7个国别合作园区加快建设，成为对外开放的重大平台。中国西部博览城、天府国际会议中心、中国－欧洲中心、保税物流中心（B型）、川港、蓉港、天府中央法务区为代表的重大开放平台系列加速构建。中日韩峰会、全球创交会等国际交流平台的搭建，促进天府新区国际交往能力进一步增强。进口贸易促进创新示范区重大平台的获批，为全市“极”“核”能级提升和全省“四向拓展、全域开放”增添了新动能。

第五，“共享发展类”平台成为新引力。以满足美好生活为目的的社会民生保障持续改善。坚持“以人为本、人民至上”的发展逻辑，生产、生活、生态“三生融合”高品质发展重大平台加快构建。医教重大平台成势，引进华西医院、省二医院等优质医院9家，布局省博物馆新馆、成都科技馆等重大公共文化设施平台36处。新建学校（幼儿园）58所，公办园在园幼儿占比超50%、普惠性幼儿园覆盖率超80%，建成麓湖等3个国际化示范社区，城镇、农村居民人均可支配收入较“十二五”末分别提高46.5%、49.7%。以科技和人文的融会贯通，构建体现公园城市特色的智慧治理体系，推动城市治理广度、深度、精度全方位提升，以“天府大脑”为支撑，通过云计算、大数据、物联网、移动互联网、人工智能等信息化手段，建设城市运行“一网统管”重大平台，使天府新区运行更有效、更安全，公园城市治理现代化迈上新台阶，人民群众的获得感、幸福感和安全感大幅提升。

在“十四五”开局之际，以更高的标准审视天府新区各类重大平台，还存在总量不够大、产业平台中的主导产业不够突出、战略融合不够紧密、要素保障压力不小等问题。一是重大平台结构有待优化。高质量发展面临的资源碎片化、平台能级低、创新不足。天府新区有的平台有而不大，大而不强，具有全国、全球影响力的重大平台较少，尤其是国际一流的领军人才和创新团队、高水平工程技术人才和高技能人才集聚还比较少。二是重大平台能级有待增强。一流高校、大院强所领头的不多，参与其中的头部企业、大国重器比较少，产业类平台多而不强，基础研究平台、应用基础研究平台、共性技术供给平台比较缺乏。三是重大平台政策体系有待完善。重大投入不足和结构不合理并存，资源碎片化问题比较突出，放权松绑还不到位，重大平台活力还有待进一步释放。四是重大平台建设还在路上。天府实验室、川藏铁路技术创新中心处于建设初期，引进的54个校院地协同创新项目尚未形成规模效应，尤其是体量最大的中国科学院等在蓉单位迁建项目尚未全面入驻。

三、“十四五”时期天府新区重大平台建设面临的新形势

“十四五”时期是天府新区按照“一点一园一极一核”战略定位和擘画，

奋力建设“高质量发展引领区”“公园城市先行区”，全面建设社会主义现代化天府新区的关键五年。这一时期，天府新区重大平台建设的内外部环境发生了深刻变化。

第一，新发展阶段赋予重大平台建设新使命。当今世界正经历百年未有之大变局，新一轮科技革命和产业变革加速演进，“卡脖子”技术问题亟待突破，国际形势复杂多变。重大平台建设成为关键变量，重大平台竞争的激烈程度前所未有，高质量发展赋予重大平台建设新使命。“十四五”时期，天府新区需要克服思维定势和路径依赖，准确把握重大平台建设阶段性特征，进行系统性谋划，采取突破性举措，激发创造性张力，实现整体性提升。

第二，新发展理念要求重大平台建设新发力。打造高质量发展重大平台，是践行新发展理念的具体行动。“十四五”时期，天府新区需要对标全国重大平台标杆，学习新理念、吸收新经验、创造新办法，在做大上出实招、做强上出硬招、做特上出真招，进一步破解要素瓶颈制约、优化营商环境、做优做强主导产业重大平台，牢固树立“项目中心”“项目为王”理念，主要领导花主要精力抓招商，班子成员人人招引项目、联系项目、服务项目，锁定重点精准招商、精准发力。适应重大平台建设新形态、回应重大平台建设新需求。坚持数字赋能、改革破题、创新制胜，把重大平台强区战略贯穿天府新区各领域的全过程，实现重大平台建设从“外延扩张”为主向“内涵发展”为主转变。

第三，新发展格局提出重大平台建设新任务。世界进入动荡变革期，有利于形成国内“磁吸效应”，也降低了国际资源、要素循环的可预期性。“十四五”时期，需要统筹国际国内两种资源，做大增量和优化存量两手抓，构建具有国际竞争力的重大平台系列，为天府新区服务和融入新发展格局，完善新赛道重大平台系列添砖加瓦，助推天府新区成为国内大循环的爆发点和双循环的重要承载地。

第四，新发展目标锚定重大平台建设新定位。重大平台是“国家级新区”的核心支撑，重大平台的集聚度、活跃度、贡献度决定着天府新区建设质量，也是衡量新区建设成效的关键指标。“十四五”时期，天府新区重大平台建设需要站高谋远，在国家高质量发展重要增长极和动力源重大平台矩阵和成渝地区双城经济圈重大平台战队中，成为“领头羊”和排头兵。

“十四五”时期，天府新区打造高质量发展平台，需要大格局、大视野。理论与实践证明，“螺蛳壳里做道场”，打造不出有影响力、有竞争力的重大平台。重大平台必然是引领未来、决胜未来，为全市全省甚至全国作牵头示范。天府新区要以“国之大者”胸怀全局、高端站位，紧密对接、主动服务融入国家、省级和市级重大战略中，在全市全省全国的大格局中去谋划推进。当前，特别是要在成渝地区双城经济圈建设中把握机遇、找准定位，注重用好国家级新区这张“金名片”，进一步实现创新要素集聚、创新资源集成，以大视野、大手笔、大格局建设高质量发展的重大平台集群。

四、“十四五”时期天府新区重大平台建设指导思想、基本原则及平台体系

（一）指导思想

以习近平新时代中国特色社会主义思想为指导，深入学习贯彻党的十九大和十九届二中、三中、四中、五中、六中全会精神，全面落实习近平总书记对四川、成都及天府新区工作系列重要指示精神和省委、市委重大决策部署，紧紧围绕“一点一园一极一地”战略目标，立足新发展阶段、贯彻新发展理念、构建新发展格局，围绕实现“五个先行示范”，着力构建“创新发展类”“协调发展类”“绿色发展类”“开放发展类”和“共享发展类”重大平台集群，以“平台思维”不断提升天府新区的国际竞争力，促进天府新区的高质量发展。

（二）基本原则

第一，坚持重大平台战略引领。以“一带一路”、长江经济带、新一轮西部大开发、成渝地区双城经济圈、川藏铁路、西部陆海新通道、“一干多支、五区协同”、成都都市圈、公园城市示范区建设等国家、省和市重大倡议和战略为牵引，聚焦天府新区“十四五”规划纲要，布局建设一批夯基础、强功能、利长远的重大平台。

第二，坚持重大平台重点支撑。围绕天府新区高质量发展，全面、准确、细致，以践行新发展理念的五大维度，聚焦各领域的关键环节和重大突破，特别是在培育和形成“十四五”时期天府新区高质量发展新赛道的关键环节和资源配置的杠杆支点上，形成重大平台支撑。

第三，坚持重大平台项目集聚。重大平台内涵着重点产业、重大项目、重点工程、重大事项、头部企业和领军人才等关键要素。“十四五”时期，天府新区要聚焦产业升级，充分发挥国家级新区重大发展平台链接各类市场主体的吸引力，把重大平台作为建圈强链关键变量，形成整合和集聚支撑和天府新区高质量发展的资源增量，不断推动新区产业基础高级化和产业链现代化，促进重点产业融入全球高端产业链、价值链和创新链，构建面向世界、面向未来的现代化开放产业体系。

第四，坚持重大平台示范牵引。“十四五”时期，天府新区要紧紧围绕产业链、供应链、服务链、创新链和价值链，强化各类重大平台的示范牵引和要素虹吸作用。天府新区依托产业功能区，构建多元化开放平台体系，着力发挥好各类国际交往平台、产能合作平台、技术转移平台的战略牵引功能，突出大抓平台、抓大平台，发挥大平台在资源配置中的“乘数效应”，为天府新区高质量发展添动能、蓄后劲。

第五，坚持重大平台安全可控。“十四五”时期，天府新区要统筹发展与安全，坚持独立自主与扩大开放有机结合，不断为健全开放和安全保障体系构筑重大平台。同时，要增强各类重大平台的风险防控能力，完善重大平台的风险管控安全体系，为建设“平安天府新区”和天府新区重大平台集群构筑牢固的安全阀。

（三）重大平台体系及建设目标

“十四五”时期，天府新区要充分发挥区位优势、规模优势和产业优势，实施更高水平的对外开放，构建“创新发展类”“协调发展类”“绿色发展类”“开放发展类”和“共享发展类”的重大平台集群，把天府新区打造成为创新动能更强劲、产业支撑更有力、区域发展更协调、绿色优势更凸显、开放程度更宽阔、共享发展更普惠、安全发展更稳定的国家级新区样板，成为公园城市示范区的先行典范区。

第一，“创新发展类”重大平台集群动能更强劲。“十四五”时期，天府新区要以建设具有全国重要影响力的科技创新中心和西部（成都）科学城为目标，高标准建设基础研究重大平台、技术创新重大平台、成果转化重大平台、产业孵化重大平台和科技服务重大平台、产业链供应链创新重大平台，快速构建完整的创新链、提升价值链，推动产业链现代化，高水平赋能“一点一园一极一地”。以建设具有重要影响力的经济中心为目标，依托中国西部博览城展览展示中心、天府国际会议中心、区域协同发展总部基地、天府中央法务区等重大平台和载体，集聚更多重大项目、重大工程、优质要素和高端高新企业，构建面向世界、面向未来的现代化开放产业体系。

第二，“协调发展类”重大平台集群机制更完善。“十四五”时期，天府新区要围绕“努力打造新的增长极”为目标，依托国家级新区战略平台，建设市域和成都都市圈合作重大平台、建设成都平原经济区合作重大平台、打造“一干多支”合作重大平台、建设成渝地区双城经济圈合作重大平台、推进长江经济带合作重大平台等，迅速搭建多空间尺度和多方位的区域协同发展重大平台系列，推动天府新区与周边区域或跨区域合作，不断凝聚区域发展势能，迅速提升新区发展位势。

第三，“绿色发展类”重大平台集群优势更凸显。“十四五”时期，天府新区要以建设践行新发展理念的公园城市示范区先行区为总揽，深入落实碳达峰、碳中和重大战略决策，规划建设一批生态环境保护平台、大美形态塑造平台、绿色低碳产业平台和生态价值转化重大平台，坚定不移走生态优先、绿色低碳发展道路，成为城市生态产品价值转化示范区。

第四，“开放发展类”重大平台集群辐射更广阔。“十四五”期间，天府新区要围绕“建设内陆开放经济高地”“打造内陆开放门户”为目标，建设“开放发展类”重大平台，深化与“一带一路”沿线国家和地区的联系，创新国际投资、贸易和经济技术合作方式；加强与京津冀、长江经济带、粤港澳大湾区等区域联动，深度推进成渝地区双城经济圈建设，联通天府新区开放通道，建设具有世界聚合力的双向开放枢纽。

第五，“共享发展类”重大平台集群覆盖更全面。“十四五”期间，天府新区以“突出公园城市特点”为目标，依托良好的生态环境好，以人为本，充分利用生态环境，将公园城市建设理念运用到幸福宜居城市建设进程，通过交通基础设施重大平台建设、医教服务重大平台建设、公共服务重大平台建设，改善城市社会生活质量，建成有特色的公园城市，建设幸福美好生活家园。聚焦城市发展安全、城市治理体系和治理能力现代化，全面提高智慧化、协同化、法治化水平，构建畅通高效的跨部门、跨层级、跨区域治理体系，成为展示中国特色社会主义制度优越性的国家级新区治理典范。

“十四五”时期，天府新区要紧紧围绕“一点一园一极一地”战略目标，立足新发展阶段、践行新发展理念、融入和服务新发展格局，聚焦实现“五个先行示范”涉及的各领域，以平台建设的“抓大放小”和协调集成路径，着力谋划、推进、建设“创新发展类”“协调发展类”“绿色发展类”“开放发展类”和“共享发展类”重大平台集群，以“大平台经济”的巨大虹吸和辐射“乘数效应”，为天府新区实现“五个先行示范”注入“核动力”（见图1）。

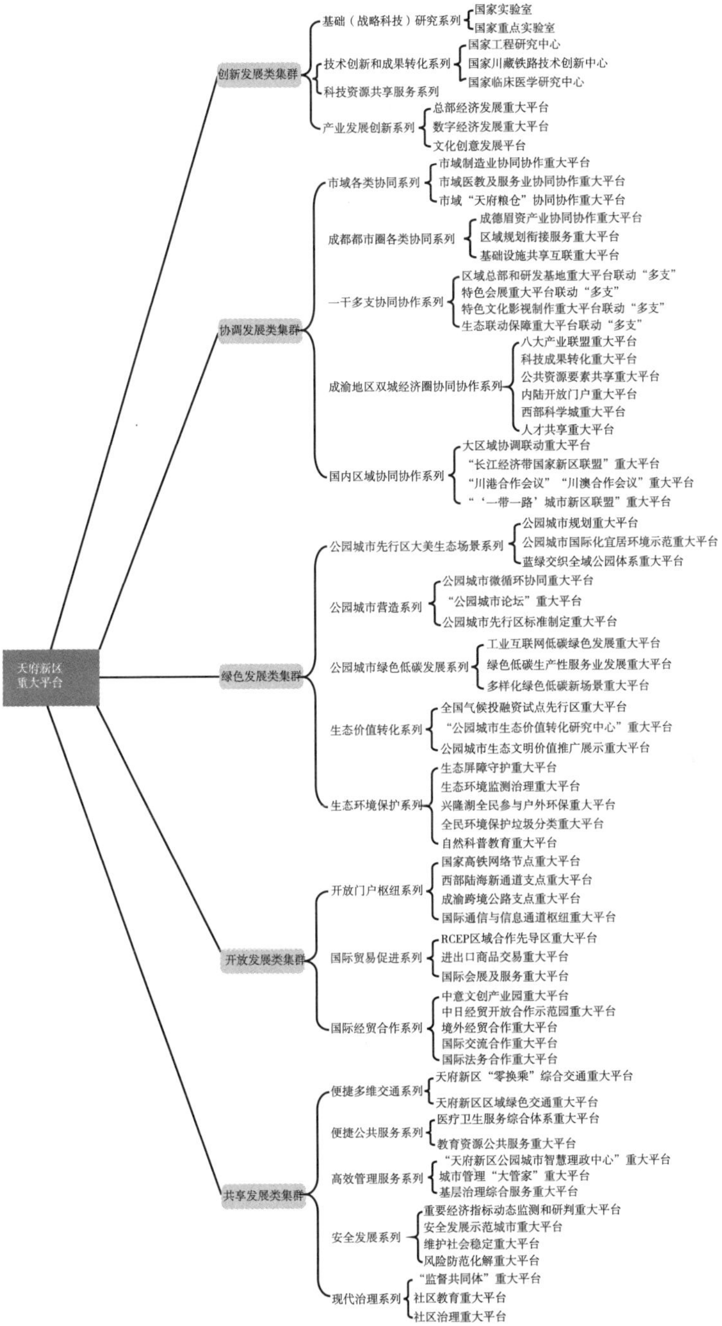

图1　天府新区重大平台树状图

（本专题执笔人：杨继瑞，重庆工商大学成渝经济区城市群产业发展协同创新中心主任，西南财经大学成渝经济区发展研究院院长，成都大学商学院名誉院长，经济学博士，教授，博士生导师；杜思远，四川旅游学院科技处副处长，四川旅游学院副教授；胡歆韵，重庆工商大学长江上游经济研究中心博士生。）

专题四　充分激活和释放内需市场潜力打造国际消费目的地研究

充分激活和释放内需市场潜力，着力打造国际消费目的地，是四川深入贯彻党的二十大精神和省委十二届二次全会精神，全面落实《成渝地区双城经济圈建设规划纲要》提出的“打造富有巴蜀特色的国际消费目的地”的必然要求，也是推动治蜀兴川再上新台阶的“压舱石”。

一、战略发展定位和消费经济支撑版图

打造国际消费目的地，意味着四川的消费市场要面向全球消费者，消费市场具有国际性的知名度、美誉度和影响力；意味着四川的消费品和消费服务既要具有国际化共性，具有国际化、现代化、时尚化元素，又要凸显四川个性，充分展示巴蜀特色、民族风情、历史底蕴；意味着四川要拥有运营全球人流、物流、资金流的集散能力，推动消费品和服务规则、规范、标准、管理的国际化。

四川打造国际消费目的地的战略发展定位是：聚焦《成渝地区双城经济圈建设规划纲要》的战略导向，以创新驱动、高质量供给、高水平对外开放，充分激活和释放美食餐饮、文化旅游、休闲购物、体验娱乐、品质康养、医疗美容等消费潜力，将四川打造成为立足西南、面向全国、辐射全球、层

级多元、品质高端、功能完善，具有全球影响力、国内竞争力、区域支撑力，具有国际范、中国风、巴蜀韵的国际消费目的地，形成具有国际消费影响力的增长极和动力源。

积极探索经济区与行政区适度分离，聚焦国际消费目的地的打造，构建由“一核高峰”“一圈高地”“三心次高地”“五区高原”和“金角银边”集成的消费经济支撑版图。

第一，“一核高峰”。以成都为极核，着力建设国际消费中心城市，推进成都“三城三都”建设，擦亮“成都休闲、成都消费、成都创造、成都服务”四大品牌，努力将成都建设成为体现天府文化特色、云集国际国内精品、引领时尚消费潮流、吸引全球消费客群的四川国际消费目的地“高峰”。

第二，“一圈高地”。加快成德、成眉、成资同城化步伐，努力将成都都市圈建设成为四川国际消费目的地“高地”。

第三，“三心次高地”。做强做实“三心”，努力将绵阳、宜宾－泸州、南充－达州等三个省域经济副中心，培育建设成为四川国际消费目的地“次高地”。

第四，“五区高原”。聚焦“五区共兴”，努力培育和建设环成都都市圈城镇消费群、川南城镇消费群、川东北城镇消费群、攀西城镇消费群和川西北城镇消费群，建设国际消费目的地的“五区高原”。

第五，“金角银边”。积极推动乐山、雅安、南充、达州等发展人文休闲、度假康养，打造成渝地区消费“后花园”；推动宜宾、泸州、成都（邛崃）、德阳（绵竹）依托白酒品牌优势，打造“醉美酒乡”和世界白酒文化旅游目的地；推动自贡、内江等围绕特色美食、民俗节庆、自然遗迹等资源优势，建设四川各地特色消费聚集区等。

二、夯实国际消费目的地的抓手

根据实际情况、资源禀赋和特色优势，四川要以打造国际消费目的地为统揽，重点围绕“吃”“游”“购”“娱”“康”“美”“教”等抓手，聚焦“美食餐饮”“旅游度假”“休闲购物”“文体娱乐”“品质康养”“医疗美容”“教育培训”等消费领域，充分激发和释放消费潜力，培育四川国际消费目的地的巴蜀特色和国际竞争力。

（一）充分激发和释放美食餐饮消费潜力

传承创新经典川菜、四川小吃、盖碗茶等巴蜀美食文化，推广打造川菜美食品牌，推动美食文化特色街区改造升级，大力发展各种菜系的预制菜，构建“川味烟火”的新赛道，将四川打造成为中外美食荟萃、多元美食文化、不同层次美食协调发展的“国际美食高地”。

积极推动川菜、川酒、川茶高质量协同发展，以“川菜、川酒、川茶”复合型的“川味烟火”，扩大川菜、川酒和川茶在全国的影响力、知名度和价值链，讲好“川菜”“川酒”和“川茶”故事。促进“川菜、川酒、川茶”与富有四川特色的演艺、赛事、节日、博物馆等跨界融合，深化和增添四川各地“美食文化节”“川酒文化节”“川茶文化节”的国际消费元素。举办“川派餐饮汇”“味美四川”“四川美酒”“四川香茶”的“全国行”“全球行”活动，培育推广“天府名菜”品牌和“预制川菜”品牌。

引进世界各地特色餐饮企业与品牌，建设世界知名美食街区。主动吸纳、引进和扶持国内八大菜系领军企业及相关产业链企业来川发展。加强对法国、意大利、西班牙、日本、韩国等海外主流饮食文化的吸纳，多样化发展具有鲜明个性的国外特色美食。鼓励全球知名餐饮企业在蓉建立区域性总部、研发中心、结算中心、配送中心和中央厨房等，将成都打造成为国际餐饮品牌聚集高地。

（二）充分激发和释放旅游度假消费潜力

以文促旅、以旅彰文，讲好巴蜀故事，打造“国际范、中国味、巴蜀韵”的世界级休闲旅游胜地。打造三星堆－金沙、九寨沟－黄龙、大熊猫、都江堰－青城山、峨眉山－乐山大佛等重点文旅品牌和文旅走廊。推广“天府之国”“安逸四川”“熊猫家园”“古蜀文明”等形象品牌。持续开展天府旅游名县、天府旅游名牌建设，打造高品质主题乐园和旅游景区。布局建设自驾游营地和野外露营地，培育发展冰雪运动游、温泉度假游、徒步自驾游、文博体验游，擦亮四川红色旅游品牌，推动红色旅游国际化。重点依托四川著名景区推出一批“网红打卡地”，同时深入挖掘四川多地新兴景点。依托历史街巷、天府古镇、城市公园等特色资源，打造城市“微旅游”，推出一批舒适安逸、品质休闲的住宿体验地。开发夜间经济，打造一批夜市、夜食、夜展、夜娱的“夜游集聚区”。

提升四川绿色乡村的国际消费“颜值”。创新“绿道＋”“田园＋”“林盘＋”模式，植入度假休闲、研学实践等功能，建设文创体验、种植业文化展示等载体。以美丽乡村建设为牵引，开展A级林盘景区、主题旅游目的地、民俗风情主题社区等各类示范创建，打造农事教育场景、绿色生态场景、高品质消费场景，打造集稻田观光、乡土文化展示、彩色林景观展示等为一体的现代化综合型农业园，使之不仅成为新时代更高水平的“天府粮仓”，而且成为国际消费新场景。

（三）充分激发和释放休闲购物消费潜力

大力实施标志性商圈培育工程，分类分层打造世界级、都市级、区域级商圈。将成都春熙路－太古里、交子公园等打造成为具有全球影响力和美誉度的国际购物时尚之都、世界级地标商圈。建设一批功能完善、业态丰富的都市级示范商圈。支持重要节点城市打造区域性特色商圈。打响老字号国潮品牌，鼓励老字号企业依托现代技术，提高产品质量，扩大品牌受众。引导老字号企业创新升级产品和服务，建设国潮消费集聚区，设立旗舰店、体验店和专区专柜，建设各类展览展示馆、博物馆。支持更多四川特色产品纳入《中欧地理标志协定》保护名录。

聚力打造“四川智造”和“四川服务”品牌，持续开展“川货电商节”

等品牌促销活动，举办好“四川好货全国行”等活动。加大“四川特产”“熊猫纪念品”“中华老字号”“四川老字号”等特色品牌推广力度，积极举办有国际影响力的国际时装周、新品发布会、电影节、艺术节、音乐节等文化展演和时尚发布活动。鼓励发展“她经济”，打造一批具有巴蜀特色的消费品牌、消费场景。充分利用四川的特殊口岸功能，加大国外优质特色消费品进口力度。

利用跨境电商和中欧班列，建设“一带一路”商品展示交易全省连锁店。支持首发首秀首展，完善首店经济产业链，打造全球新品“天府首发季”旗舰平台。重点引进全球性、全国性、区域性品牌首店，完善消费品牌矩阵。引导网络直播、短视频等新消费形态健康发展，发展线上线下互动的沉浸体验消费新模式，打造数字生活体验区，建设直播电商之城、直播产业特色小镇，打造新电商购物消费高地。

持续提升中国西部国际博览会、中国（绵阳）科技城国际科技博览会、中国国际酒业博览会、中国（成都）国际体育服务贸易及装备博览会等一批重点展会的国际影响力，以更多的国家级会展赋能成都打造“国际会展之都”。推动发展数字会展、绿色会展、智慧会展、体验会展、新型会展，支持承接国际高端会展活动，培育“会展创新发展引领区”。

（四）充分激发和释放文体娱乐消费潜力

大力发展具有天府特色的夜间经济、假日经济，拓展夜游、夜食、夜展、夜秀、夜读等夜间经济业态，打造一批富有烟火气、新体验的夜间消费核心区、示范区、集聚区，点亮“夜游嘉陵江”、东坡印象水街、自贡灯展等夜间消费地方特色品牌。加快推进人工智能、VR、5G等前沿技术手段应用，为娱乐产业数字化赋能，创新发展主题游乐公园、大型沉浸式“剧本杀”、主题密室、沉浸式剧院、电玩城等娱乐项目，举办大型电子竞技赛事、二次元活动展、音乐节，推出一批热门影视取景“网红打卡地”。依托富有历史底蕴的建筑设施、旅游景点、博物馆等，发展“汉服经济”，举办“汉服节”，弘扬蜀地文化、三国文化、诗歌文化，进行历史文化产品创新。

做大做强具有国际标准、中国特色、巴蜀韵味的体育旅游品牌。以成都为极核，推动赛事之都建设，塑造体育赛事新格局，大力推动体育赛事产业与数字经济、智能经济、绿色经济、创业经济、流量经济和共享经济深度融合。承接举办国内外大型体育赛事，加大体育产品供给，发展水上运动、山地户外运动、汽车摩托车运动、航空运动、极限运动等新潮运动消费项目。提升体育赛事的群众参与度，由观赏性消费向参与性消费转变，鼓励“天府绿道健康行”等全民健身活动。

（五）充分激发和释放品质康养消费潜力

深度挖掘历史名医文化和道教养生文化，推出养生餐、养生游、养生操、养生居等系列产品，打造文化康养产业。着力打造以文化康养、温泉康养、运动康养、生态康养、阳光康养等为主题的国家4A级以上康养旅游景区、示范基地等，立足康养旅游景点，建设一批全国知名养老中心。充分发挥华西等知名医疗机构在品质康养中的引领作用，促进医养融合发展。

创新大健康和品质康养供给模式，增强公办养老机构服务能力，扶持发展普惠性民办养老机构；引进国际康养机构，鼓励社会力量建设社区居家养老服务网络，提供日间照料和助餐、助洁、助行等服务，创新“物业服务+养老服务”“家庭照护床位”等服务模式。开展医养结合能力提升专项行动，进行公共设施适老化改造，加快推进人工智能、5G等前沿技术手段应用，推进智慧化养老服务。

以“拆”治乱、以“收”归序、以“改”提质、以“栽”增绿、以“画”添彩，大力推动宜居城市建设和绿色美丽乡村建设。培育发展家门口的康养消费新场景。推动社区综合服务和供销社连锁设施全覆盖，创设国际品牌消费品社区连锁店和便利店。统筹设立国际社区、社区幼儿园、托育点、养老服务站等，引导社区物业延伸发展基础性、嵌入式服务，加快构建“基础便民型+品质提升型”社区商业体系。

（六）充分激发和释放医疗美容消费潜力

引进国际知名医美机构和国际专业医美人才，完善医美行业监管，支持高端医疗器械的开发与生产。将美容养颜与健康养生相结合，建设国际美容医疗康养服务中心，引导社会资本开办美容医疗康养集群，打造医美街区和医美康养小镇，支持承接国际组织的颜值经济活动，举办国际选美大赛和健身生活大赛。

培育“医疗美容创新发展引领区”，发展“医疗美容旅游”新业态，推动国际美容旅游通关便利化，试行“医美旅游签证”，发放国际国内医美旅游消费券，打通医美的国际化步伐。创新发展医美模式，植入医疗体验，推广“小样式”轻医疗体验，推广富有中国文化特色的针灸、推拿、中医药美容等医疗服务，为境外游客和市民营造医美消费新体验。

（七）充分激发和释放教育培训消费潜力

扩大留学生的招生规模，吸引更多的国外和海外学生到川留学、访学和游学。鼓励国外知名大学到川建立校区，激发和释放在川的国际教育消费潜力，着力扩大国内外院校在川培养的研究生规模。构建国际化职业教育发展高地，引进国际职业教育品牌和执业资格认证，培养“高精尖”专业型人才和蓝领人才。着力办好国际幼儿园、国际学校，建设儿童友好学校、儿童友好医院。

着力提升公办中小学办学水平，充分发挥优质教育资源的辐射带动作用，探索“名校＋弱校”“名校＋新校”“名校＋村校”等模式，扩大优质教育资源供给。规范“双减”后的音乐、体育、美术、科技等素质类培训教育，做好农事教育、劳动教育、德育教育、红色教育场景的打造。

三、完善国际消费目的地的政策支撑和软硬环境

针对新冠疫情后阶段的国际消费机遇，发布四川“消费机会清单”，促

进国际消费加快回暖，促进四川国际消费“满血复活”。

一是，完善消费刺激、结构调整和配套政策。鼓励各地发放消费券、减税、浓郁春节消费氛围；促进汽车消费、住房消费、家电消费、服务消费、农村消费等；以“四化同步、城乡融合、五区共兴”促进城乡就业和提升居民收入、放宽市场准入、强化市场秩序监管、畅通消费者维权渠道，促进共同富裕。

二是，构建开放大通道和现代综合物流平台。发挥成都双机场“两场一体”优势，扩展洲际10小时航程圈和亚洲5小时直飞航程圈，加强中欧、中老、中越、沿江及南向班列的无缝衔接。加快国际公路货运中心、国际邮件集散中心、跨境电商分拨中心等高能级物流平台建设。推进泸州港、宜宾港共建和完善“多港一体、整体联动”的联运模式。大力发展城市智能交通，推动从机场、车站到主要景区交通零距离换乘和无缝化衔接。

三是，加快推进数字信息网络基础设施建设。进一步加大千兆固网、5G网络、数据中心、工业互联网、物联网等新型基础设施建设力度，推动城市信息模型（CIM）基础平台建设，促进城市基础设施数字化。加快构建数字新兴消费产业生态，建设若干数字新兴消费示范区和数字消费体验中心。

四是，完善国际消费大环境。积极争取更多的外国领事馆落户成都，推动国际产能和贸易向四川转移，提升四川“卖全球买全球”能力。规范发展消费金融，发放国际消费券，更大力度激发境外旅客消费潜力。推动144小时过境免签政策在四川更广范围联动。提升跨境支付便利化水平，拓展离境退税和免税业务，支持成都创建市内免税店试点城市，布局设立一批市内免税店、口岸免税店、离境提货点。

五是，切实保障国际消费者合法权益。优化国际消费营商环境，持续增强国际消费吸引力，完善国际消费监测和监管体系。健全缺陷产品召回、产品伤害监测、产品质量担保、特色商品无理由退货制度，完善经营者首问责任制和赔偿先付制度等。加强执法监管力度，严厉打击损害国际消费者合法权益的行为。对标国际惯例，开通入境游客维权绿色通道，完善国际消费维权机制和纠纷解决机制。

（本专题执笔人：杨继瑞，重庆工商大学成渝经济区城市群产业发展协同创新中心主任，西南财经大学成渝经济区发展研究院院长，成都大学商学院名誉院长，经济学博士，教授，博士生导师；张恩碧，教授，西南财经大学中国西部经济研究院消费经济研究所所长，（中国）消费经济学会常务副秘书长；叶胥，西南财经大学中国西部经济研究院副教授；杜思远，四川旅游学院科技处副处长，四川旅游学院副教授；江舟，西南财经大学中国西部经济研究院讲师；李正扬，西南财经大学中国西部经济研究院博士后。）

专题一　以产业现代化为抓手推动成都建设公园城市示范区

一、构建现代产业体系面临挑战

新发展格局背景下，提升成都产业能级，构建高端切入、错位发展、集群成链的现代产业体系，需要客观认识四个方面的挑战。

（一）客观认识国际环境下制造业主导地位激烈争夺

高端制造业是国际竞争的焦点，已成为发达国家与新兴国家共同发力角逐的主战场。美欧等发达国家产业集中度高，占据高端制造业的主导地位。近年来，发展中国家也在加快谋划和布局，积极参与全球产业再分工，全球价值链不断延伸、细化，其复杂程度前所未有。然而，近年来欧美等国政府却为了所谓的“本国优先”战略，实行贸易保护主义，推行单边政策，为谋求更多的自身利益，加设“贸易壁垒”“环保壁垒”以及“技术壁垒”，贸易全球化面临严重挑战，高端制造业作为中国向制造强国迈进的主阵地场必然会受到国际政治经济环境变化的影响，“走出去”的难度日益加大。

（二）客观认识外部技术封锁导致自主创新难度加大

某些西方国家对我国的遏制打压呈现长期化、常态化趋势，部分领域引进创新路径受阻，对仍处于发展初期、依赖国外技术支持的尖端技术产业创新发展带来更多掣肘和约束，部分原始创新能力仍旧薄弱、关键核心技术对外依存度较高的领域，发展将面临巨大困难，陷入“技术落后—引进—技术再落后—再引进”的恶性循环，削弱国内制造业企业的自主创新能力，不利于产业链的整体布局和升级。另外，新冠疫情推动西方发达国家重新审视国内制造业供应链及配套能力的重要性，导致全球产业脱钩风险加大，对国内制造企业构成新的挑战。在此背景下，我国高端装备制造生存发展空间受限。

（三）客观认识产业结构升级提出的更高要求

第一，传统装备需求趋缓态势显现。第二，对重点产业升级发展提出新要求。第三，碳中和目标的提出对制造业绿色转型提出了新要求。第四，新兴产业的培育和发展提出了新的要求。以新一代信息技术、新能源、新材料、生物科学为代表的新技术的出现和不断升级产生了一批新兴产业，在多学科交叉融合的趋势下战略转型已成为世界装备制造业发展的趋势，关键核心技术的发展将对装备制造业未来的成长起决定性作用。重大装备的竞争已经进入了全产业链竞争时期，不仅仅是整机产品的竞争，还包括材料、核心部件、成套设备，甚至产品全生命周期的服务竞争，这对成都制造业发展提出了更高要求。

（四）客观认识区域间同质化竞争

成渝两市如何处理好二者之间的竞争与合作关系，共同致力于成渝地区双城经济圈建设“一极一源、两中心两地”，则是两市所面临的一个共同问题。在诸多因素的交汇作用下，“川渝分家”后成渝两市在获得发展的同时也都面临竞争的困境。比如成渝两市的竞争突出表现为产业同质化竞争，而非所谓“错位发展”。两地的制造业结构趋同，在集成电路、新型显示、智能终端、新一代信息技术、汽车制造等细分领域存在同质化竞争，尚未形成跨区域产业联动协同发展模式。

二、以产业现代化为抓手推动成都建设公园城市示范区建设的建议

（一）以产业链供应链现代化为抓手推动公园城市示范区建设

加快产业数字化转型，挖掘优势产业新动能，赋能产业链供应链优化升级，以数字化为抓手，促进新一代信息技术与制造业深度融合，加快推进信息化与工业化协同发展，以“数字经济”赋能产业链供应链优化升级。

深入推动金融与实体融合，完善供应链金融，缓解突发事件影响下中小企业现金流不足的困难，进一步提升供应链数字化水平，增强产业链供应链弹性。

有针对性地出台政策以引导东部产业向西部有序转移，推动西部地区要素自由流动，发挥区域间优势的互补性，优化区域供应链布局，防止部分产业链过快外迁。

“扬长”与“补短”并重，保障产业链供应链自主可控安全稳定。基于国内超大规模市场优势及丰富应用场景，加大新兴技术更新迭代的步伐，培育新兴产业良好生态，延伸产业链，加快形成产业集群，增强产业链本土根植性和国际竞争力。加快传统产业转型升级，凭借国内完整产业体系优势，推进新技术与传统产业深度融合，尤其要推动制造业转型升级，发展智能制造、绿色制造、服务型制造等新业态、新模式。紧跟国际最新领域，锻造一批“撒手锏”技术，提前布局并防止出现新的短板，建立良好的技术创新生态，打造更多比较优势。

进一步深化改革开放，持续增强产业发展动力与活力。从长远和根本上看，提升产业链供应链现代化水平重点是改善营商环境，激发市场主体活力，

在进一步扩大开放中推动产业链供应链自主可控。

（二）发挥“链主”企业带头作用

以“链主”企业为主导推动产业链整合，积极探索成都实践。强化行业龙头企业引领示范作用，鼓励龙头企业提高自主创新意识，充分发挥其在成都市经济发展的动力源作用，充分发挥龙头企业“以大带小”、示范带动的作用。支持龙头企业发展，通过其生产网络、创新网络和社会网络链接更多的上下游企业、相关配套企业，精准强化龙头企业利用自身优势对成都市经济社会发展的积极外溢效应。同时，继续深入推动“放管服”改革，及时响应并妥善处理产业链龙头企业反映的当地营商环境问题，抓住行政审批、政策落实、要素配置等重要任务进行突破，持续改善当地营商环境。

（三）加快优势产业数字化转型

构建自主创新与开放共享结合的数字技术体系。构建并完善自主创新的数字技术体系，梳理产业核心技术主攻方向并明确其优先序，强化基础研究，加快数字技术在产业具体场景的应用，培育产业数字技术人才。通过横向开放与合作形成全球开放共享的数字技术体系，成立数字技术产业联盟推动技术开放与共享，推动产业链上下游开放与对接。以产业链龙头企业为核心，推动产业数字化进程，建立合理有序、开放与竞争并存的产业数字化生态系统。

推动产业数字化模式创新与变革。深挖产业数字化转型带来的价值提升机遇，推进新业态、新模式、新产品、新服务等领域的变革。同时，推动产业组织管理模式变革，从传统的垂直型组织结构向扁平化、多元化、模块化的新型产业组织结构管理转变。

提升产业数字化治理模式水平。制定统一的产业数据标准，为产业数据开放提供基础保障，构建产学研一体化数字化人才培养机制，形成产业、企业、行业多方参与的共治格局，建立健全的产业数据安全保护体系。

加快产业数字基础设施建设。加强数字化技术研发，提升产业数字化基础设施水平，加快推进传统产业数字化转型进程，搭建产业数字化赋能平台，为产业数字化转型提供资金支持。

（四）提升生产服务业水平

积极融入新发展格局，主动适应全球价值链分工新阶段、新特点，加快发展生产性服务业，推动生产性服务业高端化、专业化发展，推动生产性服务业与制造业深度融合、协同发展。遵循生产性服务业发展规律，整合优化资源，提升生产性服务业数字化、标准化、品牌化水平，更好地服务制造业高质量发展。加快“新基建”建设，发挥跨境电子商务优势，打造具备全球影响力的电子商务平台，重视由采购驱动的全球价值链。通过发展跨境电子商务平台，推动西部企业对接全球市场。

（本专题执笔人：付莎，成都大学商学院讲师，来源于《成都市哲学社会科学研究基地——成渝地区双城经济圈研究中心咨政报告》。）

专题二　以“人工智能＋产业”融合发展助力成都产业建圈强链

一、人工智能与产业融合过程中面临的问题

近年，成都围绕国家和四川省相关战略部署，结合自身条件，不断夯实人工智能产业基础支撑，提升人工智能产业能级，全面营造人工智能产业生态，人工智能与产业深层次融合发展取得显著成效，但仍面临以下问题：

（一）政策体系待完善

2018 年至今，成都市先后颁布《成都市加快人工智能产业发展推进方案（2019—2022 年）》《成都市加快人工智能产业发展专项政策》和《成都建设国家新一代人工智能创新发展试验区实施方案》，为加快成都人工智能产业发展打下了坚实的基础。但从横向而言，目前并未形成与“东进”“南拓”“西控”“北改”“中优”规划相对应的“人工智能＋产业”融合发展的区域差异化政策体系；从纵向而言，基于人工智能重点应用场景的发展方案和实施细则并不完善，现有法律法规在解决人工智能领域冲突时存在很大的不确定性。

（二）区域发展不平衡

在成都“人工智能 + 产业”融合发展过程中，中心城区、城市新区和郊区新城表现出了明显的发展优势，在技术、人才、资金等方面具有较强的虹吸效应，“智能 + 产业”发展驶入了“快车道”，传统产业加快实现数字化转型升级。而彭州、崇州、大邑等其他区域则发展缓慢，受技术、资金、人才等多方面限制，产业发展仍然停留于传统产业，产业智能化发展程度较低，进程较慢，能级偏低，产业转型升级存在较大的障碍。总体而言，发展不平衡的问题较为严重。

（三）数据支撑待加强

大数据是人工智能融合应用的基础。2018 ~ 2019 年，成都先后成立成都大数据中心、崇州大数据中心，四川大数据中心也落户成都，数据法规研究、数据支撑服务、数据管理、数据公开等工作稳步推进，数据分散、数据安全以及大数据标准建设滞后等问题得到了较好的解决。但目前，受数据复杂性和分析技术等多方面限制，对大数据的研究和应用程度仍然不够，一方面，针对市内“智能 + 产业”重点发展领域的大数据分析还不够，新应用场景拓展的数据支撑有待加强；另一方面，基于大数据识别“智能 + 产业”发展过程中存在的问题和瓶颈，进一步制定服务政策方面还有待加强。

二、以“人工智能 + 产业”深度融合服务产业建圈强链的对策建议

结合《成都市“十四五”数字经济发展规划》和《成都市实施产业建圈强链行动 2022 年工作要点》等相关政策规划，为发挥人工智能力量推动成都产业建圈强链，提出以下建议：

（一）优化融合发展的产业生态，提升产业建圈强链发展能级

结合“三个做优做强”和“四大结构”优化调整，聚焦产业生态“建

圈”，围绕重点产业“强链”的逻辑关系，将人工智能融入“链主企业+公共平台+中介机构+产投基金+领军人才”的产业生态，推进人工智能与“军民融合”“健康医疗”“交通物流”“智慧旅游”“智能制造”“公共服务”“城市管理”“现代金融”等重点领域融合发展。结合成都近年人工智能融合应用取得的成效，紧密结合市场需求，明定位、强担当、作贡献，以产业建圈强链理念推动成渝双城经济圈协同开展人工智能技术研发、技术转移、成果转化和人工智能领域创新型企业孵化，推动人工智能与产业链、创新链和供应链深度融合。细化“人工智能+产业”融合发展相关规划和合作体系，形成上下联动、协同配合的融合发展政策链，形成政策合力，进一步协同成渝都市圈“1+5”区域发展。

（二）升级融合发展的创新生态，夯实产业建圈强链发展基础

强化人工智能与传统产业共性的技术开发，实现技术和产业有效对接，夯实“人工智能+产业”融合的技术基础。围绕“人工智能+”“1234N”产业发展布局，结合全市“东进”“南拓”“西控”“北改”“中优”差异化发展机遇，继续推进人工智能与产业融合的区域差异化发展。推进中心城区、城市新区和郊区新城的国家人工智能产业创新示范区建设，打造人工智能产业创新示范高地和人工智能与先进制造业融合应用创新示范带，形成人工智能应用场景示范，辐射带动区域人工智能融合发展。加强对彭州、崇州等区域“人工智能+产业”的政策支持和技术指导，立足区域产业定位，围绕人工智能场景应用，加快数字化、网络化、智能化建设。以重点产业、重大项目、重点学科为依托，拓展人才吸引渠道，创新人才培养体系，培养多维度、多层次的复合型高端人才。推进市内人工智能专家人才库共建共用，紧扣产业发展、城市规划、社会事业、文化交流等重点合作领域。创新人工智能融合发展的投融资机制，一方面，充分利用智慧金融和数字供应链金融创新融资模式，开发人工智能领域专属信贷产品；另一方面，多渠道对接多层次资本市场，为成都的人工智能企业拓宽融资渠道。

（三）强化融合发展的数据基础，增强产业建圈强链发展支撑

围绕医疗、金融、交通等重点融合领域，进一步提高社保、医疗、金融、税务、信用、交通等公共数据与融合需求的适配度，使数据支撑更加精准。鼓励各行业通过产业组织联盟等形式开展多方合作，针对各产业人工智能应用对数据采集、应用部署等方面的需求，联合制定机器设备、产业控制系统、产业互联网平台的标准化数据接口及应用参考架构，提升支撑人工智能产业应用数据的适用性。围绕人工智能应用的重点领域，加快构建由龙头企业为主导、以产业互联网平台建设为支撑，汇集研发、生产、经营、管理、运维等全流程和上下游全产业链的数据平台，提高行业数据供给水平。推动数据交易市场建设，加快各领域公共数据向社会开放，促进数据高效流通，依托大数据研究院、高校等平台，强化行业数据分析，为人工智能融合发展夯实基础支撑。

（四）完善融合发展的法律法规，优化产业建圈强链发展环境

以成渝地区双城经济圈、成都都市圈建设为契机，采取积极态度应对人工智能伦理道德的全新要求，高度重视智能技术对传统社会观念的影响，坚守法律底线，维护司法正义，推动建立健全人工智能产业的立法、司法和执法规范。针对“人工智能 + 产业”重点发展方向，加快制定出台应用规范、开发守则等涉及应用安全、伦理道德的法律法规和行业标准。建立“人工智能 + 产业”公共评测服务平台，强化智能系统的安全测试，制定完善人工智能装备、系统与产业融合应用场景中的安全操作规范和相关法规。加快引导企业、机构和行业协会构建面向人工智能产品、服务和解决方案的技术标准和质量标准以及相关评估方法和规范。

（本专题执笔人：黄志，成都大学商学院讲师，来源于《成都市哲学社会科学研究基地——成渝地区双城经济圈研究中心咨政报告》。）

专题三　以专精特新“小巨人”及其中小企业重塑四川制造业“芯片”

纵览列强兴衰成败，可谓成于工业化，败于“去工业化”。伴随着新一轮科技革命、产业变革和百年之未有之大变局，美国等西方发达国家纷纷回归制造业，提出“再工业化”；东南亚等发展中国家凭借人力资本优势，积极吸引劳动密集型产业转移。而在全球产业链供应链紊乱、大宗商品价格持续上涨、能源供应紧张等风险相互交织的背景下，制造业重新成为各地经济竞争焦点。

《中华人民共和国国民经济和社会发展第十四个五年规划和2035年远景目标纲要》，首次强调了“保持制造业比重基本稳定”。而在“十三五”规划中明确提出的主要目标之一“服务业比重进一步提高”则不再出现。从2012年至今，中国制造业增加值连续11年位居世界第一，成为世界上工业体系最为健全的国家。在新冠疫情全球蔓延背景下，中国制造迅速恢复活力，为稳定全球产业链、供应链提供了坚实可靠的支撑。2021年制造业增加值占国内生产总值比重达到27.4%，同比提高1.1个百分点。①

一、制造业水平是区域能级竞争的新赛道

无“农”不稳，无“工”不强，无“商”不富。由于农业受制于相对有

① 数据来源：国家统计局（2022）。

限的产出，在三个产业中，工业是真正具有强大造血功能的产业，对经济的持续繁荣和社会稳定有着非同寻常的意义。这些年来，上海一直强调“制造乃城市基因，制造转型不代表放弃制造”，守住“制造业增加值占国内生产总值比重保持在25%左右”这条红线。2021年上海工业增加值突破1万亿元，成为全国首个工业增加值过万亿的城市。

2022年，深圳将实施“六大工程”，抢抓制造业历史机遇，拥抱数字化时代浪潮，推动工业和信息化高质量发展迈向新征程。

广州从2015年政府工作报告强调制造业和服务业“双轮驱动”，2017年提出“实施制造强市战略”，到2022年政府工作报告明确“制造业立市”，加快转变经济发展方式，把制造业做实做强做优。

2022重庆市政府工作报告提出，要提高制造业核心竞争力，抓实产业链升级重构，稳步提升制造业占比。

理论和实践均充分证明，制造业是区域经济的“压舱石”。制造业水平是区域能级竞争的新赛道。在“十四五”时期，四川制造业需要交出一份“硬核成绩单”。随着智能工厂变得更加“数据驱动型”和“新一代人工智能型”之后，制造业焕发新生，不再依赖传统的土地、人才和资金，而更多对知识技能型人才、金融、生态、产业链形成依赖，这无疑会推动四川制造业增加值占比提升。

二、专精特新“小巨人”是四川制造业的生力军

“十四五”时期，四川要以强化高端产业引领功能、加快产业数字化转型、全力打响“四川制造”品牌为主线，到2025年，产业基础能力和自主创新能力显著增强，高端产业重点领域从国际“跟跑”向“并跑”“领跑”迈进，为打造成为联动成渝地区双城经济圈服务全国的高端制造业增长极和全球卓越制造基地打下坚实基础。“十四五”时期，四川要在数字化赋能的新型工业化上发力，以高端化、数字化、集群化、品牌化、绿色化形成四川

制造业高质量发展“芯片”。

从2011年国家提出大力推动中小企业向专精特新方向发展至今，专精特新中小企业培育已经走过十多个年头。作为其中的排头兵，专精特新“小巨人”企业已成为提升产业链、供应链稳定性和竞争力的关键环节，成为培育制造业单项冠军和领航企业的后备军，展现出蓬勃的发展态势。

四川要在制造业“大巨人”上寻求突破难度较大。但是，在专精特新“小巨人”实现突围具有现实可能性。专精特新“小巨人”企业是制造强省最具活力的“动力细胞”。培育专精特新中小企业，使之成为“小巨人”，正是为了突破价值链低端锁定、构筑四川新竞争优势的战略举措。

专精特新“小巨人”及其中小企业的灵魂是创新。专注细分市场、掌握关键核心技术、创新能力强、成长性好，是专精特新“小巨人”及中小企业的普遍特点。我团队成员胡旭在《瞭望》杂志上撰文指出，根据大数据的分析，专精特新“小巨人”企业发展呈现出“5678”的特征：超五成研发投入在1000万元以上，超六成属于工业基础领域，超七成深耕行业10年以上，超八成居细分市场首位。同时，从全国有关大数据显示，专精特新“小巨人”企业平均研发强度超过7%，平均拥有有效专利超过50项。

这些“小而专”“小而精”“小而特”“小而新”企业不少是我国庞大工业体系中的“金刚钻”，在上天、入海、探月、高铁等重点工程中，都能找到“小巨人”企业的产品和技术。其中的“撒手锏”打破了许多细分领域的国际封锁，也打通了经济循环的经脉。小配件蕴含高技术、小企业支撑大配套、小产业干成大事业。专精特新“小巨人”及其中小企业专注于细分市场、创新能力强、市场占有率高、掌握关键核心技术，而且具备很强的补短板、填空白实力，成为产业链上的关键一环，助力我国在重点行业领域形成必要的产能备份。

根据工业和信息化部中小企业发展促进中心等编制的《专精特新“小巨人”企业发展报告》，约93%的“小巨人”企业集中在“四基”领域，超过86%的企业至少为3家国内外知名大企业直接配套，凸显产业链协同和大企业带动的特征。其中核心基础零部件、元器件领域企业 1431 家，关键基础材料领域企业 1149 家，先进基础工艺领域企业 857 家，产业技术基础领域企业 1163 家，分别占比 31. 1%、25. 0%、18. 6%、25. 3%。从国家认定的三个批次专精特新“小巨人”情况来看，核心基础零部件、元器件领域的企业比例更是持续提升。

梳理四川专精特新“小巨人”及其中小企业名单可以发现，大部分企业属于制造业，尤其是专用设备、通用设备、计算机通信及电子设备、电气机械和器材、化学原料和化学制品、汽车等领域占比较高。凸显了近年来四川把制造业和实体经济做大做强做优的导向。这些企业聚焦主业、做精实业，持续性创新投入大、前沿领域自主创新成果多，与产业链上下游配套能力强，是制造强市最具活力的“动力细胞”。

2021 年，四川大力发展先进制造业。开展“强工业”十二大行动和“稳链强链”行动，培育发展制造业优质企业，新增国家级专精特新“小巨人”企业 133 家至 207 家。这 207 家企业分布于四川 15 个市州，成都以 107 家企业独占鳌头，绵阳、德阳、眉山分别有 23 家、17 家、12 家。新增制造业单项冠军企业（产品）5 家至 14 家。预计五大支柱产业营业收入达 4. 6 万亿元，规上工业增加值增长 9. 8%。其中也少不了专精特新“小巨人”及其中小企业的带动。可以断言，专精特新“小巨人”及其中小企业正在成为推进四川新型工业化和提升四川制造业占比的重要生力军。

三、进一步加大对专精特新中小企业的支持力度

目前，四川中小企业正处于由小到大、由大到强、由强变优的关键时期。国家支持政策正持续加码，均为四川专精特新“小巨人”及其中小企业成长提供了难得的发展机遇。四川各市州应该聚精会神，趁势而为，以专精特新“小巨人”及其中小企业的高质量发展，深入推进四川的新型工业化，提升四川制造业的占比。为此，四川各市州应该进一步加大对专精特新“小巨

人”及其中小企业的支持力度，

（一）四川要完善和抓实建圈强链的“链长制”

四川各市州要根据产业链的重要程度、不同规模和特色，分层分级构建和抓实“链长+链主”的双链式“链长制”。产业链是专精特新中小企业成长的源头和土壤，专精特新“小巨人”企业是产业链供应链的坚强柱石，发挥着填空白、补短板、锻长板，提升产业链竞争力，增强四川经济韧性等不可替代的作用。因此，四川各市州要完善和抓实“链长+链主”的双链式“链长制”，以助力四川制造在全球产业链重构中增强主动权与话语权。

四川各市州要重视“以链强点”壮大专精特新中小企业，实施从材料、关键零部件，到整机、系统集成等全过程培育，让专精特新中小企业在产业链上成长壮大，成长成为“小巨人”。通过布局、拉长产业链，不仅有助于减少同质化竞争，实现特色化发展，而且有助于在每条产业链上培育一批单项冠军和专精特新“小巨人”企业，

支持专精特新“小巨人”及其中小企业在建圈强链过程中“串珠成链”，要聚焦问题导向。难进入大企业供应链是专精特新中小企业遇到的主要难题之一。因此，四川各市州要重点推动上下游企业共同强链、延链、补链，促进创新链共享、供应链配套、数据链联动、产业链协同。四川各市州要高度重视构建专精特新中小企业嵌入产业链的支持体系，既给它们和大中型国有企业牵线搭桥，还要重点建设适合中小企业生存发展的产业集群。四川各市州还要完善中小企业政策服务中心机制，发挥政府服务企业“政策计算器”功能，让政府支持扶持企业政策一目了然、让企业及时获益。

在建圈强链的进程中，四川各市州一定要“到位”不“越位”，着力破除要素市场壁垒、引导产业链升级、对接国际国内市场，促进四川制造业融入双循环新发展格局。四川各市州要守住政府与市场的边界。敬畏和尊重市场规律。同时，“链长+链主”的双链式“链长制”要注重“一带一路”、全国、成渝地区双城经济圈等组织产业循环，不要仅局限在四川省域，否则可

能降低产业效率、加大企业投资风险。

（二）四川要抢抓专精特新中小企业进入资本市场的窗口期

目前，全国掀起了专精特新中小企业进入资本市场的热浪。在A股市场，入选专精特新“小巨人”企业的上市公司被投研机构挨个拎出来“体检”，不少专精特新概念个股估值连续拉高。在创投市场，具备专精特新素质的中小企业也颇受欢迎。四川各市州要加强政府引导，支持和鼓励专精特新“小巨人”及其中小企业抢抓这一资本市场的窗口期，跻身公募和私募基金积极布局这一新赛道。四川各市州要强化对专精特新“小巨人”及其中小企业的融资服务，拓宽中小企业融资渠道，做好“专精特新”中小企业等优质企业上市培育。

工信部公布的三批国家级专精特新“小巨人”企业总计4762家，其中有337家已在A股上市，来自四川的上市“小巨人”共有21家。其中，成都有16家，德阳、乐山、绵阳、眉山、内江各有1家。分板块来看，主板上市4家，科创板上市7家，创业板上市8家，北交所上市2家。值得一提的是，仅在2021年这一年，四川便有6家“小巨人”企业成功登陆科创板，展现出四川专精特新“小巨人”及其中小企业的科创实力。

针对四川专精特新中小企业普遍存在的法人治理不完善、主业发展不突出、竞争力发展力不足、企业规范化程度不高等问题，四川各市州要充分借助专家、中介机构的力量，为其提供帮助，真正做到“缺什么补什么”，让专精特新“小巨人”能在资本市场的大海中遨游。

在积极引导专精特新“小巨人”及其中小企业抢抓进入资本市场风口期的过程中，四川各市州必须遵循专精特新中小企业的慢成长特点，以此倒逼投资机构“慢下来”，不急于求成和揠苗助长。要在投资机构和专精特新中小企业之间，当好桥梁和纽带，共同聚精会神，持之以恒，久久为功，帮助专精特新“小巨人”及其中小企业进入资本市场新赛道，把专精特新“小巨人”及其中小企业“扶上马送一程”。

（三）四川要完善专精特新中小企业培育的体制机制

四川各市州要聚焦新技术、新材料、新能源、人工智能等重点产业领域和“卡脖子技术和工程”，挖掘一批好苗子，滚动纳入专精特新中小企业培育库。四川省级专精特新中小企业培育库要形成能进能出、优胜劣汰的体制机制，每年对入选满3年的培育库企业予以复核，对培育期内未达目标或不具备培育条件的企业予以淘汰出局。

培育专精特新中小企业，四川各市州要拿出真金白银的诚意。不仅对纳入高成长培育计划的专精特新中小企业给予必要的资金奖励。还应该推出不分行业领域的实用人才评价体系，给予“工匠型”人才在生活、医疗、安居、服务等方面优厚待遇，让人才政策红利应享尽享。

四川各市州要为专精特新“小巨人”及其中小企业做好三个对接：一是供需对接，企业的需求提到哪里，政府的桥梁就搭到哪里；二是银企对接，四川要支持在地银行成立有“单项冠军事业部”“小巨人事业部”，为相关企业提供资金服务；三是产学对接，让每个专精特新“小巨人”及其中小企业背后，至少有一个研究院予以支撑。

四川各市州要使专精特新“小巨人”及其中小企业和单项冠军企业的高质量发展由单点变多面、由盆景变风景，在四川形成集聚生态，在战略谋划上，要一张蓝图绘到底，城市发展守定力，在制造业发展和布局上坚持“一任接着一任干”，厚积薄发、久久为功；在产业部署上，眼观全局“下大棋”，避免产业同质化：要长线意识、不要追短线；要整体意识、不要“一叶障目”；要大局意识、不要自娱自乐。

（四）四川要以“真金白银”促进专精特新中小企业的生存和发展

对专精特新中小企业，既要锦上添花，更要雪中送炭。四川各市州要落实好国家小微企业的普惠性减税降费政策，着力突出纾困解难的普惠性和实质性，对小微企业应纳税所得额不到100万元的部分，在现行优惠政策基础上，再减半征收所得税；对专精特新中小企业，还可以参照这一政策，对应纳税所得额超过100万元的部分进行适当调减，或将其税收地方留存部分进行适当返还，以“真金白银”进一步优化专精特新中小企业的生存环境，更好地激发企业创新创业活力。

目前，国家通过100亿元是用来引导各地加大对“专精特新”中小企业支持。四川除了省级财政配套安排相应的专项扶持资金外，各市州也要安排投入相应资金，以通过发挥各级财政资金“四两拨千斤”的作用，引导市州中小企业加大研发创新，使“小巨人”快速成长，在特定领域“锻长板”，做好独有的“瓷器活”和“小芯片”，以更好地促进四川产业链的优化升级和供应链的安全稳定。

（五）四川要进一步优化专精特新中小企业人才环境

专精特新“小巨人”及其中小企业的发展，离不开人才。研发、经营、技工等方面的高层次人才“饥渴”，是专精特新“小巨人”及其中小企业的创新堵点和发展痛点。

在当前各地争相抢人和专精特新“小巨人”站立风口的背景下，人才缺口会进一步增大。四川各市州还需更有针对性地完善政策体系、优化人才环境，让人才来得了，安得下，放得开，发展得好。

针对引才用人方面的堵点、痛点，四川各市州专精特新“小巨人”及其中小企业应该不求所有，但求所用。解决四川各市州专精特新“小巨人”及其中小企业高层次人才短缺的问题，由“为我所有”变为“为我所用”是较好的创新路径。

四川各市州应该大力建设特色产业工程师协同创新中心，通过政府引导、市场运作、“专职＋兼职”结合的方式，集聚一批海内外高水平工程师。为创造良好的用人环境，四川各市州要进一步明确兼职工程师享受本地就医、入学等人才政策。这些兼职工程师可以成为四川各市州制造业的“共享工程师”，有助于解决企业“养不起”和人才“吃不饱”的矛盾。

四川各市州应该鼓励专精特新“小巨人”及其中小企业与科研院所对接，鼓励科研院所专家在企业设立工作站，或者以顾问的形式为企业提供支持，企业则根据具体情况支付报酬。这些“外脑”不仅帮忙解决实际问题，还能对企业技术人员传帮带。四川各市州要鼓励专精特新“小巨人”及其中小企业实施优秀人才“合伙人计划”，让优秀人才享受企业分红，拥有更多决策权和分享权。实践证明，“合伙人计划”有助于激发人才创新活力，为专精特新“小巨人”及其中小企业持续高速发展奠定基础。

四川有关部门及各市州、专精特新“小巨人”及其中小企业可以与在地高校联合开展“订单式”人才培养，实现人才与企业需求相一致。相比于研发技术人才主要靠企业、高校培养，政府部门对于经营管理人才定向培训的效果更加明显。要进一步解决专精特新“小巨人”及其中小企业的人才之渴，四川各市州还需构建更有针对性的政策体系，在产业环境、营商环境、人居环境、舆论环境等方面下功夫，优化聚才留人生态，完善人才政策包，让企业在职称评审上更有话语权、自主权，解决技术骨干职称评审难的问题。

同时，四川各市州还应打造优美的生态环境、良好的营商环境、齐全的产业环境、便利的生活环境，提升医疗、教育资源供给水平，让产业高地成为人才集聚的洼地。此外，四川各市州还要讲好“人才故事”，通过挖掘和宣传一批高技术人才和产业工人的典型故事，让专精特新“小巨人”及其中小企业成为就业、创业的热门选择。

（六）四川要加强对专精特新中小企业的创新服务

四川各市州要进一步加强创新服务，实施中小企业数字化和工业设计赋能专项行动，提升专精特新“小巨人”及其中小企业掌握和运用数字化和设计资源的能力。聚焦专精特新“小巨人”及其中小企业需求，给予精准支持；聚焦中小企业发展长期面临的制约阻碍，着力推动制度创新、机制创新，包括“一企一策”定制专属服务包；实施“专精特新万企行”、双向“揭榜”等新举措，探索开辟挂牌绿色通道、申报项目加分等扶持政策。

四川各市州支持专精特新“小巨人”及其中小企业，要有事共患难，没事不争利；有事解决问题，没事不放空炮；有事上门服务，没事不来打扰；把让企业“最多跑一次”变为在手机 App 上“最多按一次”，让数据替代人工跑，政府可以采购专业中介公司的服务，免费为专精特新“小巨人”及其中小企业办理网上政务服务和某些维护知识产权的法律服务，让营商环境看得见、见实效。

（本专题执笔人：杨继瑞，重庆工商大学成渝经济区城市群产业发展协同创新中心主任，西南财经大学成渝经济区发展研究院院长，成都大学商学院名誉院长，经济学博士，教授，博士生导师。）

· 区域协调发展专题 ·

专题一　四川“五期特征”及发展中不平衡不充分的思考与举措

长期以来，“人口多、底子薄、不平衡、欠发达”是四川的基本省情。但是，随着改革开放的步伐，我国社会主要矛盾已经转变为人民日益增长的美好生活需要和不平衡不充分的发展之间的矛盾，伴随四川几十年改革开放所取得的巨大成就，特别是“一带一路”建设、长江经济带发展、成渝地区双城经济圈建设、新时代西部大开发、西部陆海新通道建设、黄河流域生态保护和高质量发展等国家重大区域战略在四川的叠加效应，从四川践行新发展理念的维度，呈现出了“五期特征”及发展中不平衡不充分。“五期特征”及发展中不平衡不充分，应该是当前及今后一个时期四川的基本省情。

四川全省上下要根据“五期特征”及发展中不平衡不充分的基本省情，因势利导，准确把握推动四川“十四五”高质量发展的若干重大问题，奋力开启全面建设社会主义现代化四川的新局面。

一、创新引领：经济大省向经济强省目标转变迈进“加速期”

立足新发展阶段，贯彻新发展理念，构建新发展格局。四川坚持稳中求进工作总基调，以供给侧结构性改革为主线，坚持改革创新和高质量发展，坚定应对挑战，深化改革开放，扎实做好“六稳”工作，推动四川经济社会发展取得了新的重大成就，经济大省向经济强省目标转变迈进“加速期”。

四川创新能力增强。西部（成都）科学城、天府兴隆湖实验室、天府永兴实验室、国家川藏铁路技术创新中心挂牌运行，中国（绵阳）科技城国家科技创新先行示范区、国家实验室四川基地加快建设。《中国区域科技创新评价报告2020》显示，四川省科技创新水平指数达65.8%，科技进步贡献率超过60%。《2021年中国区域创新能力评价》显示，2021年四川区域创新能力首次进入全国前十，名列第9位。

四川发展水平提高。2021年，四川省GDP总量为53850.79亿元，首次突破5万亿元大关，是全国第六个地区生产总值超过5万亿元的省份。四川人均地区生产总值2021年达到64330元，折合为9974美元，比1952年增长了1097倍，正在向中等偏上收入地区迈进。[①] 数据显示，2021年，四川首创的“税电指数”为112.04，其中，预期指数为103.60，生产指数为111.24，销售指数为112.84。各月税电指数均高于荣枯线，且保持在105以上运行。这充分反映出全省发展韧性强、经济社会发展持续向好，发展质量和效益稳步提升，人民生活水平不断提高。

四川产业结构提升。随着工业化进程，四川产业结构逐步优化升级。“5+1”现代工业体系加快培育。2021年，四川全省规模以上工业增加值比上年增长9.8%，两年平均增长7.1%。规模以上工业企业产品销售率为97.6%。特别是规模以上高技术产业增加值比上年增长19.4%，比规模以上工业增加值增速高9.6个百分点，两年平均增长15.5%。“4+6”现代服务业体系初步形成，互联网和相关服务、软件和信息技术服务业等保持快速增长，第三产业增加值28287.55亿元，比上年增长8.9%，两年平均增长6.1%。“10+3”现代农业体系发展势头良好，川粮、川油、川菜、川果、

① 数据来源：四川省统计局（2022）。

川茶等产量稳步提升，第一产业增加值 5661.86 亿元，比上年增长 7.0%，两年平均增长 6.1%。[①]

但是，四川由经济大省向经济强省目标转变迈进“加速期”的同时，其发展中的不平衡不充分依然存在。特别是，四川与位居全国前五的经济大省和强省还存在明显差距，2020 年、2021 年四川地区生产总值与广东分别相差 62162 亿元、70519 亿元；与江苏分别相差 54120 亿元、62514 亿元；与山东分别相差 24530 亿元、29245 亿元；与浙江分别相差 16014 亿元、19666 亿元；与河南分别相差 6398 亿元、5037 亿元。四川与位居全国前四位的地区生产总值差距在拉大，只有与河南（排在第五位）的差距在缩小。同时，四川与湖北（排在第七位）的差距明显缩小。同时，2021 年末四川常住人口城镇化率还不到 60%，四川的城镇化率不仅落后于其他经济大省，而且低于全国 64.72% 的水平。[②]

从创新的研发投入强度看，四川 2021 年研发投入强度在 2.2% 左右，尚低于若干经济大省。根据《中国城市科技创新发展报告 2020》显示，四川各市科技创新发展只有成都和绵阳的科技创新发展指数高于全国平均值。四川科技创新发展的不平衡性还比较明显。

因此，在“十四五”时期，四川要以新发展理念为引领，抢抓成渝地区双城经济圈建设机遇，与“一干多支”四川区域发展战略契合嵌套，突出科技和体制创新，以产业数字化和数字产业化加大制造业强省的力度，确保经济运行保持在积极合理区间，努力让发展质量更高、发展速度更快，在前有“标兵”后有“追兵”的赛道上迈出坚实步伐，为实现经济强省目标夯实根基。

二、协调发力：发展不平衡不充分的突出矛盾进入“缓解期”

在成渝地区双城经济圈建设的激发下，四川以“一干多支”发展战略为

①② 数据来源：四川省统计局（2022）。

重要支撑，极核带动、都市圈发力、干支联动，多群多区协同发力，助推成渝地区轴带中部崛起、南翼跨越、北翼振兴，进一步促进了四川区域空间布局的整体优化、功能体系的整体完善、发展能级的整体提升，发展不平衡不充分的突出矛盾进入“缓解期”。

“主干”引领作用明显。2021 年成都作为新一线城市的领头羊，综合实力仅次于广州，2021 年实现地区生产总值 19916.98 亿元，同比增长 8.6%，位列全国第七。“成德眉资同城化”发展加快推进，成都都市圈经济总量 25012 亿元，占全省比重 46%，对全省的引领带动作用进一步增强。

“多支”发展活力增强。2021 年，成都市以地区生产总值总量 19916.98 亿元排名全省第一，地区生产总值增量 2200.31 亿元；绵阳市以地区生产总值总量 3350.29 亿元，排名全省第二；宜宾市以地区生产总值总量 3148.08 亿元排名全省第三；2000 亿元级别的城市有德阳市、南充市、泸州市、达州市和乐山市，1000 亿元级别的城市有凉山州、内江市、自贡市、眉山市、遂宁市、广安市、攀枝花市和广元市，800 亿元级别的城市有资阳市和雅安市，700 亿元级别的城市为巴中市，400 亿元级别的城市有阿坝州和甘孜州。县域经济活力不断增强。由 1978 年 69 个县（市、区）经济总量过亿元，发展到 2020 年 123 个县（市、区）经济总量过百亿元。[①]

区域差距有所缩小。经设置相应指标及模型计算，2020 年四川区域发展综合指数为 115.39，较 2016 年提高了 15.39 个点，平均每年提高了 3.08 个点。从数据变化趋势来看，2016 年至 2019 年的增幅明显相对较快，平均每年提高了 3.65 个点；2020 年受到新冠疫情冲击，虽然四川区域发展综合指数增长趋势明显放缓，但较 2019 年仍然提高了 0.78 个点。整体上，反映出“一干多支”发展战略实施有效推动了四川区域发展水平。[②]

随着“一干多支”发展战略的深入推进，四川区域差距呈现出了缩小趋势。定量化的研究表明，以“一干多支”区域发展战略，促进四川区域协调

---

① 数据来源：《四川统计年鉴（2021）》。

② 数据来源：四川省统计局（2022）。

发展，缩小四川区域差距、推动共同富裕的区域发展战略已经取得了初步成效。“一干多支”发展战略实施以来，2018～2020年，成都市与甘孜州、宜宾市、绵阳市和凉山州区域差距在缩小。其中，成都市与甘孜州的区域差异系数缩小了1.05，成都市与宜宾市的区域差异系数缩小了0.28，成都市与绵阳市的区域差异系数缩小了0.15，成都市与甘孜州的区域差异系数缩小了0.17。

但是，“十四五”时期，四川发展中不平衡不充分仍然是四川经济发展的主要问题。尤其是，四川民族地区在区域经济基础薄弱、地理位置劣势和新动能不够突出的背景下，地区之间、城乡之间发展不平衡不充分的问题，在短期很难彻底化解。比如，成都和甘孜2021年地区生产总值总量的差距有所缩小，但是仍差了45倍。

因此，四川要在成渝地区双城经济圈建设等国家重大区域发展战略和“一干多支”区域发展战略契合嵌套引领下，统筹谋划全省各地区专项重点领域实现弯道超车，在全省范围内形成以区域经济中心城市为核的城镇群，加强县城的建设，把一部分县城培育成各市域的经济副中心，不断提升“干”与“支”、“支”与“支”间的黏合度，实现巩固拓展脱贫攻坚成果同乡村振兴有效衔接，才能不断化解四川发展不平衡不充分的突出矛盾，推进共同富裕。同时，要有力有序推进农村两项改革“后半篇”文章，不断完善基层治理制度，提升基层治理效能。

三、绿色转型：生态“颜值”处于价值“转化期”

近年来，四川省各地认真贯彻落实习近平总书记来川视察重要讲话精神，始终坚持“绿水青山就是金山银山”的发展理念，切实筑牢长江黄河上游生态屏障促进经济社会发展全面绿色转型，加快建设美丽四川，提升生态“颜值”，增加发展“绿值”，把生态“颜值”转化成经济“价值”，生态“颜值”向生态价值“转化期”特征日渐凸显。

从地表生态来看，四川地处全国第二大林区，又被誉为“千河之省”。不少业内人士估计，当下四川的生态产品价值，应该是全省地区生产总值总量的5倍以上。2017年，中国科学院曾依托国内主流核算体系，测算出阿坝州的生态系统生产总值（GEP）为10376亿元，是当年全州地区生产总值的35倍，超过当年全省地区生产总值的1/4。2021年四川省新型城镇化工作暨城乡融合发展工作领导小组日前印发了《四川成都西部片区国家城乡融合发展试验区实施方案》，提出四川2025年将建成长江经济带生态价值转化先行区。

生态产品价值实现机制，最终目的是建立生态环境保护者受益、使用者付费、破坏者赔偿的利益导向机制。目前，四川生态“颜值”价值“转化”虽然已经起步，但发展还不平衡不充分。自1998年率先启动天保工程以来，四川一直在探索生态产品价值实现机制，但并未脱离财政补贴模式，导致生态产品价值实现渠道单一且不能反映其真实价值。目前，四川省内林业资源补贴主要分为公益林管护补贴和退耕还林补助，均为财政补贴；多地的生态产品价格核算仍然空白，需求对接与金融支撑体系仍待建立健全。以碳交易为例，2021年欧盟内部的期货碳交易量，是现货交易量的近20倍。目前，四川碳期货仍然没有放开，四川省作为最经济、最市场化的减碳手段森林碳汇交易，还有待于常态化，才能最终把四川的生态系统生产总值（GEP）变成地区生产总值，才能突破森林生态“只能拿财政补偿”的境地，破解过去生态产品难交易、难变现等问题。

因此，四川要按照省委十一届十次全会审议通过《关于以实现碳达峰碳中和目标为引领推动绿色低碳优势产业高质量发展的决定》要求，深化电力体制改革、推进能源资源开发和利益共享机制改革，持续巩固生态碳汇能力，健全碳排放统计核算体系，研究制定碳中和指标统计核算和交易体系，实现经济社会绿色高质量发展的“发展排碳、生态吸碳”双轮驱动，探索生态环境保护和修复的市场化运作体制机制，建设好省碳中和技术创新中心，在全国率先试行环评预审制度，加快推动西部碳交易中心建设。

四、开放循环：内陆开放高地能级迈向“提升期”

近年来，四川坚持走全域开放之路，经济总体保持快速增长，结构不断优化。积极参与国际国内分工，商品、服务和资本国际流动速度加快，国际贸易地理范围不断扩大，对外贸易规模和市场主体数量稳步增长，开放型经济初见成效。同西部其他省份相比，双循环新发展格局中的四川内陆开放“高地”地位基本确立。

对外贸易规模增大。2021 年，四川货物贸易进出口总值 9513.6 亿元，创历史新高，规模位列全国第 8，较上年（下同）增长 17.6%，其中，出口 5708.7 亿元，增长 22.7%；进口 3804.9 亿元，增长 10.8%。2021 年，美国、东盟、欧盟，以及中国台湾和香港地区为四川前 5 大贸易伙伴，合计进出口值占同期四川外贸进出口总值（下同）的 69.2%，其中美国进出口 2023.1 亿元，增长 17.5%；东盟进出口 1818.5 亿元，增长 16%；欧盟进出口 1730.6 亿元，增长 13.2%；我国台湾地区进出口 518.7 亿元，增长 2.6%；我国香港地区进出口 493.7 亿元，增长 20.5%。此外，四川对“一带一路”沿线国家进出口 2956.4 亿元，增长 20.4%，占 31.1%。①

开放“桥头堡”地位凸显。改革开放 40 多年以来，长期以“向东是大海”的外向型发展方式为主，内陆地区的发展相对比较迟缓。但在当前，四川虽然地处西部内陆腹地，但通过极好的西向南向合作基础、区位条件和市场广度，更有利于加强中国西部与东南亚、西亚、南亚、中亚，包括与欧洲、非洲、俄罗斯等区域和国家的合作，从不沿边、不靠海的内陆地区，一跃成为中国对外开放的“桥头堡”和前沿阵地。近年来，四川省携手西部其他省份共同推进西部陆海新通道建设，辐射 94 个国家和地区的 240 多个港口，长江黄金水道运输优势凸显；中欧班列（成渝）高质量发展，国际航空枢纽建

① 数据来源：四川省统计局（2022）。

设加速推进。

开放平台跨越式发展。截至2021年底，四川共有国家级外贸转型升级基地20家、省级外贸转型升级基地30家，国家级、省级外贸转型升级基地分布全省16个市（州），覆盖全省“五大片区”。作为四川对外开放重要平台，2021年成都高新综保区内规上工业企业累计实现产值3708亿元，同比增长22%。同年9月，海关总署发布2020年度综合保税区发展绩效评估结果，成都高新综合保税区在全国121个综保区中绩效排名继续位列第一。天府新区获批“首批国家级进口贸易促进创新示范区”，成都高新西园、成都国际铁路港、宜宾、泸州、绵阳综合保税区和南充保税物流中心（B型）等6个对外开放平台通过验收，成都、绵阳、德阳国家加工贸易梯度转移重点承接地作用充分发挥，促进了四川开放平台跨越式发展。

外资直接投资稳坐中西部头把交椅。商务部数据显示，2021年四川省外商直接投资（FDI）33.6亿美元，同比增长32%；外资规模位居全国第十，占西部地区外资规模总量34.8%；吸引外资增速位居全国第七，高出全国平均增速11.8个百分点。[①]

但是，四川地处内陆，受政策、文化等因素的影响，四川省对外开放时间晚，对外开放广度和深度不够，开放质量不平衡和不充分，外贸增速虽然很快，但是总量及在全国的占比，还有待于进一步提升；国际金融的协同还有待进一步跟进。同时，四川外资投资渠道仅限于少数几个重点地区，与其他国家经济合作的空间还有待进一步拓展。尽管四川对外投资发展很快，但总体来看，对“一带一路”沿线国家对外直接投资全国占比较低。

因此，四川要针对对外开放的短板，深度对接落实《区域全面经济伙伴关系协定》（RCEP）和中欧投资协定，加快西部陆海新通道建设，推动建设川渝自贸试验区协同开放示范区，提升畅通国内国际双循环的门户枢纽功能。充分发挥综合保税区和保税物流中心（B型）功能，推进国际合作园区差异

① 数据来源：四川省统计局（2022）。

化发展，大力推进精准招商示范园区建设，提升开放平台能级。深化服务贸易创新发展试点，支持国家文化出口基地建设。鼓励发展跨境电商、市场采购贸易，加快建设国家级进口贸易促进创新示范区和跨境电子商务综合试验区。推进“一带一路”进出口商品集散中心建设，推动成都国际铁路港升级为国家级经开区。学习借鉴北京冬残奥会经验，努力把第31届世界大学生夏季运动会办成一届简约、安全、精彩的国际体育盛会。精心办好和参与泛珠三角区域合作行政首长联席会议，积极筹办西博会、科博会、中外知名企业四川行等活动。

五、共享发展：共同富裕扎实推进步入“攻坚期”

共同富裕是一场深刻的社会变革，其实现将意味着在全面建成小康社会后迈入更高的社会发展阶段。四川在推进共同富裕的道路上已经取得了阶段性成效，进入了“攻坚期”。

脱贫攻坚任务已经完成，所有贫困县全部脱贫摘帽。2020年，全省贫困县享受脱贫攻坚优惠政策减免税费超74亿元，惠及纳税人123.7万户，户均减免近6000元，助力全省88个贫困县脱贫摘帽，11501个贫困村全部脱贫退出，为四川决战决胜脱贫攻坚取得全面胜利作出积极贡献。

居民收入稳步增加。2021年，四川居民人均可支配收入29080元，较上年增加2558元，增长9.6%，扣除价格因素实际增长9.3%，与2019年相比两年平均增长8.5%。城镇居民人均可支配收入41444元，突破4万元大关，较上年增长8.3%，扣除价格因素实际增长8.0%，两年平均增长7.1%。农村居民人均可支配收入17575元，较上年增长10.3%，扣除价格因素实际增长10.0%，两年平均增长9.5%。值得注意的是，2021年四川城乡居民收入比为2.36，较上年降低0.04，较2019年降低0.1，城乡居民收入差距持续缩小。[①]

---

① 数据来源：四川省统计局（2022）。

民生指标进一步优化。2021 年全省居民人均消费支出 21518 元，较上年增长 8.8%，与 2019 年相比两年平均增长 5.5%。其中，城镇居民人均消费支出 26971 元，较上年增长 7.3%，两年平均增长 3.1%；农村居民人均消费支出 16444 元，较上年增长 10.0%，两年平均增长 8.2%。“城乡居民收入比”作为衡量城乡居民收入的差距，2020 年全国是 2.56，四川为 2.40，作为共同富裕示范区的浙江是 1.96，四川城乡居民差距低于全国平均水平。2020 年，城乡居民恩格尔系数分别为 34.8% 和 36.6%，分别较 1978 年下降 24.4 个、37 个百分点。①

但是，四川的人均地区生产总值还处于全国中下水平，发展不充分特征仍然突出。2021 年，全国 31 个省区市中有 3 个人均地区生产总值超过 2 万美元；有 15 个在 1 万～2 万美元之间；全国的平均水平为 12552 美元；四川仅为 9974 美元，排全国 18 位。重庆市为 13477 美元，四川从人均地区生产总值看，还明显低于重庆水平。就四川各市州人均地区生产总值水平看，也呈现明显的不平衡，成都和巴中差了 3.5 倍。四川共同富裕“攻坚期”的任务十分繁重。

共同富裕，首先是要“富裕”，经济发展要达到一个新的水平，居民收入应该有一个大的提高，住房条件大为改善，教育卫生医疗等公共服务得到较好保障；其次是要“共同”，不能贫富悬殊过大、两极分化严重。

开启新的赶考之路，四川要走好在高质量发展中促进共同富裕的道路。第一，要抢抓成渝地区双城经济圈建设等国家重大区域发展战略叠加机遇，与“一干多支”发展战略契合嵌套，促进高质量发展，把四川“蛋糕”进一步做大。第二，注重区域协调发展和城乡一体化发展，着力缩小区域和城乡差距。第三，要深化分配制度改革，构建初次分配、再分配、三次分配协调配套的基础性制度安排，加大兜底性保障，加强对高收入的规范和调节；加大普惠性人力资本投入，保障低收入家庭子女受教育；完善社会

① 数据来源：四川省统计局（2022）。

保障体系，逐步缩小城乡之间、地区之间和不同行业之间的保障待遇差距；加强征收个人所得税，探索开征资本利得税、房产税，加大消费环节税收调节力度，清理规范不合理收入，坚决取缔非法收入，鼓励发展公益慈善事业。

（本专题执笔人：杨继瑞，重庆工商大学成渝经济区城市群产业发展协同创新中心主任，西南财经大学成渝经济区发展研究院院长，成都大学商学院名誉院长，经济学博士，教授，博士生导师。）

专题二　唱好“双城记”促进“五区共兴”：推动治蜀兴川再上新台阶

党的二十大报告中指出，要“深入实施区域协调发展战略、区域重大战略、主体功能区战略、新型城镇化战略，优化重大生产力布局，构建优势互补、高质量发展的区域经济布局和国土空间体系”①，要“推动成渝地区双城经济圈建设”②。成渝地区双城经济圈建设作为国家重大区域发展战略，内涵和叠加了“一带一路”建设、长江经济带发展、新时代西部大开发、西部陆海新通道建设、黄河流域生态保护和高质量发展等其他国家重大区域战略在成渝地区的使命与担当。四川省委十二届二次全会提出以“四化同步、城乡融合、五区共兴”为总抓手，“五区共兴”重在全域协同联动、在缩小地区差距中同步实现现代化，推进“五区协同”。“五区共兴”作为四川区域发展战略，成为四川推动成渝地区双城经济圈建设重要支撑。因此，唱好“双城记”促进“五区共兴”，推动治蜀兴川再上新台阶，“深入实施区域协调发展战略”和“推动成渝地区双城经济圈建设”，既是四川的使命和担当，也是四川高质量发展的重大机遇，更是深入贯彻落实党的二十大精神和习近平新

①② 习近平．高举中国特色社会主义伟大旗帜为全面建设社会主义现代化国家而团结奋斗——在中国共产党第二十次全国代表大会上的报告［M］．北京：人民出版社，2022.

时代区域协调发展重要论述[①][②]的四川生动实践。

一、唱好“双城记”促进“五区共兴”是促进四川高质量发展的“四梁八柱”

成渝地区双城经济圈建设是国家重大区域发展战略，“五区共兴”是四川区域发展战略，前者目标定位更宏伟、规划站位更高、规划内容更广、规划的空间层级更大，比“五区共兴”发展战略任务更为多元，涉及更多不同层级的发展主体，需要探索和创新更加复杂的体制机制。

成渝地区双城经济圈建设与“五区共兴”战略谋划背景相似，其战略指向均是优化区域发展空间格局；这两个战略虽然层级不同，但都遵循了城镇化演进的一般规律，基于增长极理论、要素空间优化配置理论等规律，按照梯度推移和弯道跨越的扩散效应，引领相关层级区域经济的高质量发展；都有助于提升四川在西部地区及至全国的发展水平和能级，共同服务于形成高质量发展重要增长极和新的动力源目标。

成渝地区双城经济圈建设不仅对“五区共兴”战略提出了新要求和宏大格局，而且创造了“五区共兴”战略走深走实的有利环境和国家战略指引。“五区共兴”发展战略能够强化四川各市州与融入成渝地区双城经济圈建设的经济实力，以“双核”引领、“双圈”联动、“多支”协同，形成成渝地区双城经济圈建设在四川“开花结果”的“四梁八柱”。

必须指出的是，四川的甘孜、阿坝、凉山三个州，攀枝花、广元、巴中三个市及绵阳的平武县、北川县、达州的万源市、雅安的天全县、宝兴县，不在成渝地区双城经济圈的“圈内”。“五区共兴”发展战略则是四川省域的“全覆盖”，是四川全省的区域发展战略。

---

①　杨继瑞．推动区域协调发展的先行实践［N］．经济日报，2022－05－24．

②　杨继瑞，杨蓉．习近平新时代区域协调发展重要论述溯源与探讨［J］．中国高校社会科学，2021（6）．

在双循环新发展格局下，要促进四川的高质量发展，就需要唱好“双城记”，促进“五区共兴”。只有唱好“双城记”，才能在融入国家重大区域战略中，促进“五区共兴”；只有实现“五区共兴”，“双城记”的四川竞合能级才能强大，才能更好地与重庆相向而行。这样，在尊重经济规律的基础上形成科学的区域体系、进行正确的政策改革，充分发挥中央的统筹作用，同时将各地比较优势发挥到最大，促进各类生产要素合理高效集聚、充分自由流动，有效提升中心城市和城市群等各类区域承载各类生产要素的能力，充分利用经济发展迅速地区的辐射带动能力，形成新时代下的经济发展的新空间新面貌①。以“双城记”和“五区共兴”的契合与嵌套为引领，深化拓展四川区域发展战略，必将推动四川各区域合理分工和实现优势互补，促进四川高质量发展，推动治蜀兴川再上新台阶。

二、唱好“双城记”促进“五区共兴”：阶段性成效显著

两年多来，四川和重庆两省市积极推动成渝地区双城经济圈建设，配合国家有关部委编制 7 个规划，两省市联合编制 13 个规划（方案），进一步细化、实化了双城经济圈建设的“施工图”和“路线图”。充分发挥重庆都市圈与成都都市圈双核引领作用，万达开川渝统筹发展示范区等 10 个区域合作平台加快建设。两年多来，川渝两省市积极谋划推动一大批重要的基础设施合作项目，成渝中线高铁、成达万高铁等项目加速开工建设。2021 年成渝地区经济总量 7.39 万亿元、在全国占比 6.5%，2022 年上半年达到 3.6 万亿元，发展态势良好。两地产业互补性强，正在联手打造汽车、电子信息两大世界级产业集群。四川和重庆还在科技创新领域深度推动合作，共同建设成渝综合性科学中心，高标准共建西部科学城。开通了川渝之间许多政务和民

① 习近平．推动形成优势互补高质量发展的区域经济布局［J］. 求是，2019（24）：4－9.

生的通办事项。[①]“双城记”的阶段性成果十分显著。

“双城记”的大合唱，激发和带动了“川干支”的做优做强，进一步促进了四川区域空间布局的整体优化、功能体系的整体完善、发展能级的整体提升。经设置相应指标及模型计算，2020 年四川区域发展综合指数为 115.39，较 2016 年提高了 15.39 个点，平均每年提高了 3.08 个点。从数据变化趋势来看，2016～2019 年的增幅明显相对较快，平均每年提高了 3.65 个点；2020 年受到新冠疫情冲击，虽然四川区域发展综合指数增长趋势明显放缓，但较 2019 年仍然提高了 0.78 个点。整体上，反映出“五区共兴”发展战略实施有效推动了四川区域发展水平。

随着“五区共兴”发展战略的深入推进，四川区域差距呈现出了缩小趋势。定量化的研究表明，以“五区共兴”区域发展战略，促进四川区域协调发展，缩小四川区域差距、推动共同富裕的区域发展战略已经取得了初步成效。“五区共兴”发展战略实施以来，2018～2020 年，成都市与甘孜州、宜宾市、绵阳市和凉山州区域差距在缩小。其中，成都市与甘孜州的区域差异系数缩小了 1.05，成都市与宜宾市的区域差异系数缩小了 0.28，成都市与绵阳市的区域差异系数缩小了 0.15，成都市与甘孜州的区域差异系数缩小了 0.17。可以断言，唱好“双城记”，建强“川干支”，与时俱进地深化拓展四川区域发展战略，就一定能谱写全面建设社会主义现代化国家的四川新篇章。

三、唱好“双城记”促进“五区共兴”：尚需进一步走深走实

唱好“双城记”促进“五区共兴”成绩有目共睹，但成渝地区和四川区域协调发展尚存在战略协同性不到位和战略落地性不深入、不扎实

---

① 川渝唱好“双城记”，共建“经济圈”［EB/OL］. https://baijiahao.baidu.com/s?id=1747191855762138852&wfr=spider&for=pc.

的问题[1]。

在唱好“双城记”促进“五区共兴”过程中，产业链跨行政区的协同化、一体化和同城化是“硬骨头”和“深水区”，仍有待突破，战略协同性还不到位。“六重六轻”现象甚为普遍，成渝地区和省内各市州之间还存在合作协同中的泛化和虚化。

一是“重”签合作协议，“轻”抓落地落实；二是“重”浅层次的短期合作项目，“轻”良性竞合长效机制的构建；三是“重”一时之轰轰烈烈，“轻”深度跟进、久久为功；四是“重”互联互通项目，“轻”产业链的嵌入协同；五是“重”向上争取各种政策和资金，“轻”激发内生动力向市场拓展；六是“重”招商引资中的合作，“轻”资源协同配置中利益分享。

“六重六轻”现象的根本成因，在于川渝及省内各市州财政“分灶吃饭”“地方包干”管理体制使地方利益强化，在缺乏有效利益协调机制的情况下，势必会导致区域重复建设、重复引进和产业结构的严重趋同，也会滋生地方保护主义和经济封锁，加剧区域之间的利益矛盾。同时，川渝之间以及省内各市州之间地区生产总值和财税利益共享机制不健全，导致区域规划与合作缺乏制度硬约束。另外，随着数字经济、平台经济不断发展，传统的地区生产总值统计制度、征税理念、征管制度、征收技术、税收管辖和税源分享办法等已不能适应唱好“双城记”、促进“五区共兴”的区域高质量发展的新要求。

四、“一核一圈三心多支”：“五区共兴”区域发展战略的深化与拓展

深化拓展四川区域发展战略，要以深入学习宣传贯彻党的二十大精神为

① 杨继瑞，周莉．基于合作之竞争博弈的成渝双城经济圈良性关系重构［J］．社会科学研究，2021（4）：100－109.

契机，坚持以习近平新时代中国特色社会主义思想为指导，深入贯彻习近平新时代区域协调发展重要论述，立足新发展阶段、贯彻新发展理念、融入新发展格局，以问题导向，对标对表《成渝地区双城经济圈建设规划纲要》和“五区共兴”发展战略实施方案的关键点，与时俱进，促进四川区域协调发展，推动治蜀兴川再上新台阶。

唱好“双城记”促进“五区共兴”，促进四川区域协调发展，要聚焦高端化、数字化、集聚化、绿色化、融合化趋势，持之以恒抓项目、强链条、兴产业，不断提升“一核”（成都超大城市）、“一圈”（成都都市圈）、“三心”（三个省域副中心）、“多支”（各类各层级城镇群、经济区、经济走廊、经济轴带、园区）的发展质量和效益，抢抓成渝地区双城经济圈建设机遇，以“一核一圈三心多支”的高质量协调发展，增强四川的综合竞争实力；以促进“五区共兴”为唱好“双城记”赋能。

唱好“双城记”促进“五区共兴”，深化拓展四川区域发展战略，可以与时俱进地将“一干”衍生为“一核一圈”，“多支”和“五区”裂变为“三心多支”。“一核一圈三心多支”本质上仍然是“五区共兴五区协同”，是成渝地区双城经济圈建设国家重大战略与“五区共兴”四川区域发展战略有机契合嵌套的新表达。

（1）“一核”引领。深化拓展四川区域发展战略，要凸显“双核”中的成都“一核”，把建设践行新发展理念的公园城市示范区作为“一核”之“纲”，纲举目张。由此，可以将作为超大城市的成都，升格为“一干”中的“极核干”。

（2）“一圈”做强。深化拓展四川区域发展战略，要强化成都都市圈和重庆都市圈互动，做强作为“大一干”的成都都市圈。

（3）“三心”做实。支持绵阳加快建成川北省域经济副中心，宜宾－泸州组团建设川南省域经济副中心，南充－达州组团培育川东北省域经济副中心，以做实做强省域经济副中心来带动区域城镇群的高质量发展。

（4）“多支”竞进。深化拓展四川区域发展战略，不仅需要“一核”引领、“一圈”做强、“三心”做实，还需要“多支”裂变出的城镇群竞相发力。

在新时代新型城镇化推进过程中，四川若干经济区已经演进成为城镇集聚区。四川应该因时制宜，与重庆相向而行，分别将成都平原经济区、川南经济区、川东北经济区、攀西经济区改称为“环成都都市圈城镇群”“川南城镇群”“川东北城镇群”“攀西城镇群”等四个比较有规模的城镇群。这四个规模性城镇群中，还分别包括了若干小城镇群。这是四川“多支”在“十四五”时期新型城镇化进程中的“裂变”。诚如党的二十大报告所指出的那样，“以城市群、都市圈为依托构建大中小城市协调发展格局，推进以县城为重要载体的城镇化建设”。①

第一，成都平原经济区正在成为“环成都都市圈城镇群”。“环成都都市圈城镇群”在成都都市圈基础上，延伸拓展至绵阳、雅安、遂宁、乐山。到2025年，“环成都都市圈城镇群”经济保持稳定增长，经济结构持续优化，经济总量力争突破4万亿元，成为四川经济的“航母舰队”。

第二，川南经济区作为成渝地区双城经济圈的四川“南翼”，正在成为“川南城镇群”。在川南城镇群中，除了“宜宾－泸州”省域经济副中心之外，还有“内江－自贡”的一体化发展。到2025年，“川南城镇群”的经济总量将达到1.1万亿元，迈上万亿元台阶。

第三，川东北经济区作为成渝地区双城经济圈及其辐射区的四川“北翼”，正在成为“川东北城镇群”。“川东北城镇群”有拟培育的“南充－达州”省域经济副中心，不仅要建设成为绿色产业示范基地，还要建设成为川渝陕甘接合部区域经济中心、东向北向出川综合交通枢纽和川陕革命老区振兴发展示范区。到2025年，“川东北城镇群”将建设成为成渝地区发展新兴增长极——经济增速高于全省平均水平，经济总量跨上万亿元台阶。

第四，攀西经济区正在成为“攀西城镇群”。“攀西城镇群”以安宁河谷

---

① 习近平．高举中国特色社会主义伟大旗帜为全面建设社会主义现代化国家而团结奋斗——在中国共产党第二十次全国代表大会上的报告［M］．北京：人民出版社，2022.

两市八县一区为轴，形成全国重要的清洁能源基地、现代农业示范基地和国际阳光康养旅游目的地，到2025年地区生产总值要超过3800亿元。

第五，“多支”还包括了四川的各类各层级的其他区域，在四川高质量发展中“一个也不能少”。

川西北生态示范区要建设成为“全域生态产品价值转换示范区”；要高水平建设四川天府新区和成都东部新区；做强成渝发展主轴；加快建设万达开川渝统筹发展示范区，推动川南渝西地区融合发展；推进川渝毗邻地区联动发展；以三带共兴带动“圈外”其他区域发展；推进大中小城市和县城协调发展；推进经济廊道和产业园区建设；谋划好川藏铁路民族经济走廊建设等。

五、构建和完善唱好“双城记”促进“五区共兴”走深走实的体制机制

贯彻落实党的二十大精神，唱好“双城记”促进“五区共兴”，破解成渝地区双城经济圈建设与“五区共兴”发展战略实施中存在的问题，要摒弃形式主义和“花架子”，要重实效、重发展，充分发挥市场在资源配置中的决定性作用。为此，必须构建和完善促进成渝地区和省内区域协调进一步走深走实的体制机制，疏通制度“淤塞”，破除行政“壁垒”，撤除市场“藩篱”，重构成渝地区和四川各市州间的良性竞合关系。

第一，构建和完善税收与地区生产总值的分享机制。要以利益驱使激发相对发达区域主动向合作区域辐射的内生动力。成渝地区和四川各市州可以借鉴深汕合作区的利益分享经验，构建以“飞出地”（相对发达的区域）政府为主的利益分享机制，“飞入地”（发展中区域）让渡较高比例的利益给相对发达区域。

第二，构建和完善招商引资的利益分享机制。“非一干”区域招引的企业，可以主动落地放在“一干”区域，积极拥抱相对发达区域的“新极化”。

但是，招引企业产生的地区生产总值和税收在两地按照比例分享，“非一干”区域也可以由此分享“一干”区域的“新极化”红利。

第三，构建和完善产业建圈强链的体制机制。聚焦《成渝地区双城经济圈建设规划纲要》、成渝地区双城经济圈重大产业链规划、四川工业“5+1”、服务业“4+6”、农业“10+3”现代产业体系，主动对接创新驱动发展战略，加大研发投入，掌握自主知识产权，构建产业“建圈强链”的体制机制，把市场决定资源配置与政府有效引导有机契合。根据产业链的重要程度、不同规模和特色，分层分级构建跨行政区的“双链长+双链主企业+公共平台+产业基金+领军人才+中介机构”产业生态。

第四，构建和完善数字经济运行的赛道机制。要深化改革，积极破除川渝和四川各市州数字经济多向融合的体制机制障碍；要突出数字经济的集成，加快完善促进数字经济发展的政策支持体系；加强数字经济立法保障；注重数字经济在成渝地区和四川各市州间的协同共赢，加强技术创新平台建设和共享。

第五，构建和完善区域经济品牌的共享机制。打造区域经济品牌，形成成渝地区和四川各市州对区域品牌的共享机制，助力成渝地区双城经济圈和四川区域产业、区域产品与区域整体实现共同发展。

第六，构建和完善县域经济群落的集成机制。聚焦战略性新兴产业、绿色产业和比较优势产业，以专精特新“小巨人”企业作为“动力细胞”，突破价值链低端锁定、构筑新竞争优势，围绕县域主导产业品牌的价值链、企业链、供需链和空间链四个维度，建链、聚链、补链、延链、扩链、强链，激发县域主导产业品牌提档升级，形成成渝地区和四川县域主导产业品牌的强大竞争力。

第七，构建和完善会展经济的市场链接机制。发达地区主导产业品牌崛起的经验表明，借助以“节庆、会议、展览、赛事、演艺”等重要大型会展，可以更好地发挥市场在资源配置中的决定性作用，促进民营经济的发展，推动区域特色优势产业做大做强，形成强势的品牌影响力。因此，成渝地区和四川主导产业品牌建设可以借势“产业＋会展”“会展＋产业”“会展＋电商”能量，实现区域特色优势产业的裂变和市场突围。

第八，构建和完善重大项目的AB协同机制。根据区域经济规律指向，区域间关系必定以合作为基础，辅之以必要的错位竞争。如果在此行政区划内主要布局A项目，那么就应该在彼行政区划内主要布局B项目。要用法治化的“AB错位生产力布局”逻辑，形成符合区域生产要素资源的重大项目布局和相对均衡的优势产业布局。

第九，构建和完善多制度有机衔接认证机制。构建唱好“双城记”促进“五区共兴”高质量发展新格局，要合力建设现代基础设施网络，协同建设现代产业体系，共建具有全国影响力的科技创新中心，打造富有巴蜀特色的国际消费目的地，共筑长江上游生态屏障，联手打造内陆改革开放高地，共同推动城乡融合发展，强化“川渝通办”等公共服务的共建共享，构建和完善多制度的有机衔接和相互认证机制。

第十，构建和完善干部交流互派的连心机制。要加大成渝地区和四川各市州人才交流力度，特别是成渝地区和四川各市州各级党政领导干部的交流。这既是从组织制度上对干部权力的约束和监督，也是对干部的激励和爱护，更是促进成渝地区和四川各市州各级领导班子建设、以“人缘相亲”和“人心相通”，夯实唱好“双城记”促进“五区共兴”走深走实的组织基础和人事制度安排。

（本专题执笔人：杨继瑞，重庆工商大学成渝经济区城市群产业发展协同创新中心主任，西南财经大学成渝经济区发展研究院院长，成都大学商学院名誉院长，经济学博士，教授，博士生导师；雷宇杰，西南财经大学中国西部经济研究院硕士生。）

专题三　推动成都引领成渝地区双城经济圈医疗一体化发展

京津冀医疗协同发展、长三角医疗均质化发展已经如火如荼地开展，并取得一定成效。成都在成渝地区双城经济圈，甚至整个西部地区拥有较为丰富的医疗资源，要发挥成都极核引领带动作用，提升区域整体医疗服务能力。成都要明确自身的优势和短板，不断提升自身医疗卫生服务能力，支撑成都建成全面践行新发展理念的公园城市示范区、有重要影响力的国际门户枢纽城市。

一、成渝地区双城经济圈医疗合作开展现状及问题

川渝两地卫健委于2020年4月签订《推动成渝地区双城经济圈建设川渝卫生健康一体化发展合作协议》。目前已经形成了较为健全的合作机制，聚焦重点任务，深化交流合作，但也存在以下问题：

（一）成渝地区双城经济圈医疗服务府际合作的意愿不高

本研究运用社会网络分析法分析描绘成渝地区双城经济圈医疗服务府际合作网络，发现成渝地区双城经济圈医疗卫生服务府际合作网络发展较为薄弱，主体间合作关系相对浮动，合作主要集中在省级层面和核心城市之间，

成渝地区边缘区域合作积极性不高。整体来看，双圈范围内合作理念缺失、合作不健全、合作组织构架不完整等问题需要通过加强培养合作发展意识、完善利益激励机制、构建权威合作机构等方法进行针对性解决。

（二）行政壁垒、行业标准不一致等问题阻碍医疗一体化建设

成渝地区医疗一体化联动治理工作缺乏一致互通的政策与标准指引，治理显得“无章可循”。公共卫生服务与医疗服务未出台统一的准入、项目价格与质量标准，区域间的信息与数据共通互认受阻，联动治理与合作基础相对薄弱。行政级别不同、资源不对等，最终导致后续交流出现障碍，推动落实无进展，一体化成效不显著等问题。

（三）成都在成渝地区双城经济圈医疗一体化中的引领能力不足

成都医疗资源相对丰富，在成渝地区双城经济圈区域范围的床位、医师、护士、卫生技术人员首位集中指数都在 1.5 以内，医疗资源在区域内处于首位，首位集中处在合理范围。但相比于京津冀地区的北京、长三角地区的上海，成都在医疗资源组织能力和产业发展水平方面还有显著差距。需要在引领领域、引领方式和引领策略三大方面行动，提升医疗一体化核心竞争力。

二、成都引领推动成渝地区双城经济圈医疗一体化的对策建议

（一）强化数字经济监管，推动数字经济与传统经济有序竞合

加快完善数字经济顶层设计，构建高质量的新型基础设施和数字化平台，加强数字信息技术的基础性研究，着力推进数字产业化发展；强化数字经济监管，制定数字信息技术发展规划和形成有序竞争的法律体系，严禁数字经济企业以其相对于传统经济的绝对优势，进行垄断定价、价格歧视，损害消费者利益；构建完善数字经济的相关统计监测体系，加强对相关数据的分析

和发展形势研判，合理控制数字经济对经济社会的负面冲击；加快制定出台数字经济与传统经济“竞合型”政策，通过加强对传统经济的技术指导、增加财政补贴、降低税收等方式合理引导传统经济数字化转型升级。

（二）顺应消费需求新趋势，推动消费结构转型升级

在数字经济时代，消费需求逐渐转向享受层次和发展层次，必须主动适应消费需求新趋势，重点推进汽车、住房等耐用消费品以及信息服务、教育、医疗、旅游等领域的供给侧结构性改革，加快研发个性化、多样化的产品和服务，提升产品质量和安全性、品牌度等；加强智能机器、可穿戴设备、虚拟现实等数字化产品的研发和市场化运作，推动数字产品的智能化升级，通过创新产品功能和提升服务品质等不断满足消费者需求；推动互联网、人工智能等数字技术与传统产业深度融合，不断拓展数字消费领域，构建智慧生活、智慧健康、智慧养老、智慧交通和智慧城市等高效便捷的生活方式。

（三）制定差异化的发展政策，释放数字经济服务经济增长的巨大潜力

加快构建以互联网、区块链等数字技术为基础的统一开放、竞争有序的数字化市场，打破区域内市场壁垒，发挥市场优势，激活内需潜力。制定城市间差异化的发展政策，强化区域间的协作和承接能力，缓解区域失衡、失序发展现状，成都、德阳应当充分利用技术和资源禀赋的比较优势鼓励先进数字技术的发明与创新，加快数字经济发展步伐，促进数字经济高质量发展；政府应通过资金补贴、技术指导与教育培训等手段，积极引导眉山和资阳传统产业数字化转型，进一步扩大数字经济发展规模，释放其服务于消费转型、经济增长的巨大潜力。

（本专题执笔人：黄志成都大学商学院讲师，来源于《成都市哲学社会科学研究基地——成渝地区双城经济圈研究中心咨政报告》。）

专题四　安宁河谷经济走廊综合开发的路径抉择

四川省第十二次党代会指出，“支持攀西经济区走特色发展之路，以更大力度促进安宁河流域高质量发展，带动大小凉山彝区巩固拓展脱贫攻坚成果、增强自我发展能力”。安宁河谷经济走廊是四川“一干多支”中的“特色支”，是攀西地区的“带状明珠”，是成渝地区双城经济圈“圈外”的“金边银角”。

推动安宁河谷经济走廊综合开发，是深入贯彻落实新发展理念的具体体现，是建设西部陆海新通道和南向开放新门户枢纽的重要抓手，是促进成渝地区双城经济圈与“一干多支”嵌套协调发展的有效途径，是巩固拓展脱贫攻坚成果同乡村振兴有效衔接的积极举措，是铸牢中华民族共同体意识的先行示范。贯彻落实省第十二次党代会精神，推进安宁河谷经济走廊综合开发，对于加快构建我省重要的经济增长极和新动力源、巩固提升四川战略位势、推动全省区域协调发展、促进民族团结与社会和谐，具有十分重要的意义。

一、安宁河谷经济走廊空间布局：两核、两带、多点

以安宁河谷主要陆路交通干线和攀西“双机场”为依托，以城市节点和优势产业为基础，按照“两核、两带、多点”的空间布局，打造省内乃至西

部地区具有活力和特色突出的重要增长极和新动力源。

“两核”，即以凉山州西昌市、攀枝花市仁和区联动其他主城区为两个核心城市，以成昆铁路及复线提档升级、拟规划建设的宜宾—西昌—攀枝花—大理、瑞丽高速铁路接中老铁路以及未来的中缅铁路、成昆新线成都—西昌（美姑）段高速铁路、成昆新线攀枝花—昆明段高速铁路、攀枝花—昭通货运铁路、攀枝花机场迁建至仁和区平地镇双龙潭，以及相关高速公路为辐射路径，进一步促进“两核”及其辐射区的互联互通，形成“内圈”同城化、“中圈”一体化、“外圈”协同化的经济地理空间新格局。

“两核”优先发展现代制造业、现代服务业，有序推动高载能产业外迁，增强产业集聚效应。重点突出生态、休闲、人居功能，完善城市基础设施，提升综合服务能力，增强人口集聚，发挥对周边地区的辐射带动作用。

“两带”，即以“冕宁—喜德—西昌—德昌—米易—盐边—盐源—仁和”为“纵向发展带”，以“会理—会东—宁南”为“横向发展带”。会东机场及甘洛机场的建设，再加上已经建成的西昌青山机场，凉山州境内支线机场数量将达到3个。特别是攀枝花机场迁建和会东机场建设，将进一步改善“横向发展带”的交通条件。

“多点”，即“纵向发展带”依托G108国道、雅攀高速、成昆铁路及其复线等交通主干线，以冕宁、喜德、德昌、米易、盐边县城为“五大节点”，加快城镇化进程，全面提升城镇服务功能；加强产业园区建设，重点打造钒钛、稀土及其他有色金属加工基地，特色农产品种植与加工基地，建设以资源型工业为主体、以生产型服务业为引导的特色产业带。“横向发展带”依托宜攀高速和昭攀丽铁路等交通干线，以会理、会东、宁南县城为“互联互通节点”，着力扩大城镇规模，做大做强矿冶、特色水果种植、茧丝、烟叶、农产品加工等产业，形成以县城发展带动乡镇发展、乡镇发展促进县城发展的新格局。

安宁河谷经济走廊突出民族和地域特色风貌，加快形成以西昌市和仁和区为区域性中心城市、以县城和特色集镇为重点的城镇群。将西昌市建设成为中国航天城和风景旅游城市、西部水城、攀西地区中心城市，建设成为城乡环境优美、文明和谐的民族地区样板城市；持续深入实施仁和区城市提质工程，以项目为抓手，不断做优做美城市环境，持续增添城市魅力，全力建设绿色活力和谐现代化城区，成为践行新发展理念的山地公园花城。将会理、米易、会东、德昌、盐边、冕宁、宁南、喜德等建设成为富有历史文化、山水园林、产业特色的小城市；依托旅游景区、交通节点和产业发展，重点建设螺髻山、泸沽湖、红格、渔门、普威等一批特色城镇。

二、统筹做好“三篇大文章”，重塑攀西经济地理新格局

安宁河谷经济走廊的综合开发要避免“低水平过度依赖资源型产业”和“资源环境消耗较大”的“资源诅咒”困境，着力以新型工业化推动资源下游产业高质量、规模化的“龙摆尾”；克服“脱贫区域产业同质化严重”“生态产品价值转化不足”等瓶颈，在生态产品的“前向”“旁侧”和“回顾”的产业链上细分、重构和深耕；着力谋划前瞻性、战略性的新兴产业，以信息化赋能的生态型工业为安宁河谷的“绿水青山”增添新彩。

因此，在现代产业体系的构建上，要按照王晓晖书记指示要求，把推动安宁河流域高质量发展作为战略引领，立足资源禀赋和产业特色，统筹做好资源能源、特色农业和文化旅游“三篇大文章”，切实把资源优势转化为发展优势，以南向开放新门户枢纽赋能“三篇大文章”，构建双城经济圈南向开放新高地，重塑攀西经济地理新格局。

（一）以资源能源做好“第一篇大文章”，建设国家级“双碳”示范区

安宁河谷经济走廊要按照规模采矿、定点洗选、集中冶炼、延伸链条、做强产业的原则，加大钒钛、稀土、铅锌、铜镍等资源勘探开发力度，积极开拓产品应用领域，提高产品精深加工和资源综合利用能力，延长矿冶产业链，增加附加值。要着力在安宁河谷经济走廊延伸钒钛下游产业链，引进乌

克兰、南非的钒钛应用世界一流先进技术和设备，在“从0到1”创新基础上，促进钒钛下游产业“从1到N”的“枝繁叶茂”，以产业数字化和数字产业化赋能，衍生出更多钒钛产业应用场景和细分产业，发展精深加工和终端应用产品，增加钒钛产业的附加值，改变钒钛下游产业主要聚集在宝鸡和遵义的窘境，建立国际钒钛科技产业园，国家重要的稀土研发制造基地。

安宁河谷经济走廊要有序发展水电产业，培育发展太阳能、风能、生物质能源、地热、氢能等新型能源产业，将清洁能源产业打造成区域支柱产业，聚力“水风光生氢储”六位一体、多能互补、产储契合、协调发展，推进钒电池及储能装置、氢能制储输用和装备制造全要素全产业链发展，以氢以电代油，开拓清洁能源和绿色载能产业新赛道，在森林碳汇、清洁能源碳汇核算、价值转换与价值实现上先行先试，把安宁河谷经济走廊打造成为国家级“双碳”先行示范区。

（二）以特色农业做好“第二篇大文章”，实现巩固拓展脱贫攻坚成果同乡村振兴的有效衔接

安宁河谷是四川第二大平原，被誉为四川的第二大粮仓，是优质“米袋子”“菜篮子”“果盘子”基地，亚热带特色农产品丰富多彩、优质高产。安宁河谷经济走廊综合开发，首先要贯彻落实习近平总书记2022年6月到四川考察时的重要讲话精神，把粮食生产抓紧抓牢，建设优质高效水稻等粮食生产基地，在新时代打造更高水平的“安宁河谷粮仓”。

安宁河流域具备高质量发展现代农业的资源优势、产业发展基础、区位条件和相应的基础设施等比较优势，有助于实现巩固拓展脱贫攻坚成果同乡村振兴的有效衔接。安宁河谷现代农业要兼顾粮食和经济作物的错季生产，以农地流转实现适度规模化经营、新型农业生产经营组织和政产学研用的深度协同，开展标准化生产和产业化发展，打造一批“叫得响”“销得好”“质量优”的公共特色农业品牌。无公害、绿色、有机特色农产品特别是地理标志产品，要实行产业链的区域（成片）规划，避免同品同质化的恶性竞争，

在流域内形成特色农业生产的科学差异布局、数字赋能、错位竞争的新格局。

要尊重市场规律和产业发展规律，提高产业市场竞争力和抗风险能力。坚持和完善生产组织、投入保障、产销对接、风险防范“四大体系”，按照“产业集群、龙头集中、技术集成、要素集聚、保障集合”的总体要求，坚持“品质至上、特色规模、兴业富民、两轮驱动、政策引导、品牌引领”的基本原则，以优质高效大米、烟叶、水果、蔬菜、药材、畜牧养殖、渔业养殖等优势产业和攀西特色农产品及加工业为主攻方向，全域推进乡村振兴战略，以特色农业的高质量发展巩固拓展脱贫攻坚成果。

要以亚热带特色农业龙头企业带动，与大小凉山脱贫县乡村“结对子”，将产业链延伸至大小凉山，产业扶持政策措施由到村到户为主向到乡到村带户为主转变，扶持重点从生产种养环节逐渐向加工销售、品牌建立、产业融合等环节转移，扶持方式从特惠性政策向普惠性政策转型，规避产业的低端同质化，加快构建“一乡一业”“连乡成片”“跨县成带”“集群成链”的现代农业发展新格局，扎实推进农民专业合作社质量提升整县试点，鼓励扶持家庭农场、种养大户改善生产条件，引导龙头企业、农民合作社、家庭农场等新型经营主体与小农户建立多种类型的利益联结机制，把安宁河谷经济走廊建设成为巩固拓展大小凉山脱贫攻坚成果同乡村振兴有效衔接示范区，为省内欠发达地区、革命老区、民族地区、盆周山区的高质量发展提供示范。

（三）以阳光休闲度假和民族文化旅游做好“第三篇大文章”，建设“后疫情”时代国际消费新走廊

从“卖阳光”转型升级为“阳光蜕变”，把安宁河谷打造成为阳光休闲度假旅游产业经济走廊，以新型城镇化聚集人气与商机，以基础设施的完善和新基建促进城市有机更新，形成得天独厚的康养宜居地。

安宁河谷经济走廊旅游要深度嵌入成渝地区双城经济圈国际消费旅游目的地建设，大力发展彝族文化旅游、节庆旅游、特色旅游，积极发展乡村旅游，加强知名景点互动，实现区域联动，在接待国内外游客人次、实现旅游

综合收入、带动社会就业上，取得历史性突破，建设国内一流、世界知名、集山地高原旅游、高峡平湖观光、阳光温泉康养、彝族风情体验等为一体，“农文旅休康娱”相融的世界级度假旅游目的地，建设“后疫情”时代国际消费新走廊。

（四）以南向开放新通道门户枢纽赋能“三篇大文章”，构建双城经济圈南向开放新高地

安宁河谷经济走廊要抢抓《区域全面经济伙伴关系协定》（RCEP）生效、中老铁路通车、中缅（至皎漂港）铁路规划建设机遇，积极融入“一带一路”建设和长江经济带发展，联动成渝地区双城经济圈建设，借助“宜宾－泸州”组团副中心的辐射，构建“经济圈”南向通道新枢纽，深化与粤港澳大湾区、北部湾经济区合作，参与中国－东盟框架合作、“孟中印缅经济走廊”建设，对接南亚、东南亚23亿人口国际大市场。

安宁河谷经济走廊要加快推进沿金沙江重大交通基础设施建设，打通连接长江中下游地区的开放通道，改善对外开放条件，围绕构建“四向八廊”战略性综合交通走廊和国际经济走廊，加快畅通成都经攀西至东盟国际运输大通道与沿金沙江综合交通运输通道，构建联动云南、面向东盟的国家南向通道枢纽。

安宁河谷经济走廊要创建综合保税区（B型）、跨境电商聚集区等开放平台，聚焦适铁产业适东（盟）产业，以“农旅康养富民、现代绿色工业强区”的新思路，谋划开放型现代产业体系和东盟进出口商品物资集散地、现代物流产业聚集区，为“三篇大文章”和成渝地区双城经济圈圈外增添开放新动能和市场新活力。

三、构建和完善促进安宁河谷经济走廊综合开发的体制机制及政策支持体系

目前，安宁河谷经济走廊综合开发虽然成绩有目共睹，但安宁河谷经济

走廊产业跨行政区的建圈强链，城市群协同化、一体化发展和毗邻城市同城化作为“硬骨头”和“深水区”，仍有待突破，跨行政区的战略协同性还不到位。涉及攀枝花市与凉山州及相关县（市、区）协调发展的战略落地不扎实，还存在合作中的泛化和虚化，“六重六轻”现象较为普遍。一是“重”签合作协议，“轻”抓落地落实；二是“重”浅层次的短期合作项目，“轻”良性竞合长效机制的构建；三是“重”一时之轰轰烈烈，“轻”深度跟进、久久为功；四是“重”互联互通项目，“轻”产业链的嵌入协同；五是“重”向上争取各种政策和资金，“轻”激发内生动力向市场拓展；六是“重”招商引资中的合作，“轻”资源协同配置中利益分享。

为此，必须构建和完善促进安宁河谷经济走廊综合开发进一步走深走实的体制机制，疏通制度“淤塞”，破除行政“壁垒”，撤除市场“藩篱”，重构攀枝花市与凉山州及相关县（市、区）间的良性竞合关系：构建和完善税收与地区生产总值的分享机制、招商引资的利益分享机制、产业“建圈强链”的体制机制、数字经济运行的赛道机制、区域经济品牌的共享机制、县域经济群落的集成机制、会展经济的市场链接机制、重大项目的 AB 协同机制、多制度有机衔接认证机制、构建和完善干部交流互派的连心机制等。同时，还要构建和完善强有力的政策支持体系。

（一）推进重大改革系统集成和改革试点经验共享共用

四川省及各市州全面深化改革举措以及成渝地区双城经济圈实施的改革创新试点示范成果，均可在安宁河谷经济走廊推广分享；发布《安宁河谷经济走廊投资机会清单》，鼓励成渝地区各城市与安宁河谷经济走廊各县（市、区）互设“飞地园区”。

（二）设立安宁河谷经济走廊管委会

赋予管委会省级项目管理权限，统一管理跨市州项目，负责先行启动区内除国家另有规定外的跨市州投资项目的审批、核准和备案管理。赋予管委会联合安宁河谷经济走廊的县（市、区），行使先行启动区控制性详细规划的审批权。

（三）积极争取中央和省财政共同出资设立安宁河谷经济走廊综合开发投资基金

攀枝花市和凉山州按比例共同出资设立安宁河谷经济走廊综合开发先行启动区投资基金，用于先行启动区的建设发展以及相关运行保障。在此基础上，积极争取中央财政专项投资项目资金支持、专项转移支付和地方政府债券等方面的财政支持。

（四）实现发展资源共享创新优化配置

加大金融创新力度，大力发展绿色金融。建立建设用地指标统筹管理机制，落实最严格耕地保护制度，提高土地资源配置效能。加快新一代信息基础设施建设和数字经济发展。打造教育协同发展试验区，推动继续教育资源共享。优化医疗资源配置，探索推进医保目录、医保服务一体化。推动文化旅游体育合作发展。探索科技创新一体化发展和激励机制。统一相关职业资格考试合格标准和职称评审标准，推进职业农民等专业技术任职资格和职业技能等级互认。优化企业自由迁移服务机制，加强组织保障。在水资源配置工程基础设施建设、交通基础设施建设和新基建项目等方面给予倾斜。

（五）加大农业发展倾斜力度

提请国家有关部委将安宁河谷经济走廊农业特色产业发展纳入农业农村规划重点项目大盘子，建设“安宁河谷国家农业高新技术产业示范区”，加大对设施农业、标准化畜圈、防汛抗旱防雹设施等方面的支持力度。在农业基础设施建设项目资金上给予倾斜，重点对特色农产品预冷分拣包装等商品化处理能力建设、配套产地预冷装置、速冻装置及气调保鲜库建设、农产品初精加工能力建设等方面给予支持。支持凉山州安宁河流域创建国家级特色葡萄优势产业集群、优质烟叶生产基地、优质粮食生产基地、国家“南菜北运”输出基地、国家级特色农产品优势区。

（六）加大综合性政策支持力度

提请国家有关部委出台支持建设安宁河谷建设南向开放内陆门户枢纽的相关政策，在开放平台的设立上给予倾斜。出台支持安宁河谷经济走廊建设国家“双碳”先行示范区、国家钒钛和稀土资源创新开发试验区、全国重要的清洁能源基地等方面的相关政策，出台支持安宁河谷经济走廊建设国际阳光康养旅游目的地的相关政策。

（本专题执笔人：杨继瑞，重庆工商大学成渝经济区城市群产业发展协同创新中心主任，西南财经大学成渝经济区发展研究院院长，成都大学商学院名誉院长，经济学博士，教授，博士生导师；袁宇微，西南民族大学中国西部经济研究院硕士生。）

专题一　成都：积极融入 RCEP 的思考与举措

《区域全面经济伙伴关系协定》（RCEP）于 2022 年 1 月 1 日正式生效。成都要抢抓这一战略机遇，深度对接 RCEP 规则，在建设践行新发展理念的公园城市示范区过程中，凸显成都作为"一带一路"建设和长江经济带发展的重要节点时代内涵和战略位置，统筹利用国内国际两个市场，构建"走出去、引进来"桥头堡，打造国内大循环的爆发点和双循环新发展格局的重要承载地。

一、RCEP 生效为成都进一步融入全球产业链供应链提供重大战略机遇

RCEP 是一个现代、全面、高质量、互惠的大型区域自贸协定。协定由序言、20 个章节、4 个市场准入承诺表附件组成，既包括货物贸易、服务贸易、投资等市场准入，也包括贸易便利化、知识产权、电子商务、竞争政策、政府采购等大量规则内容，涵盖了贸易投资自由化和便利化的方方面面。

RCEP是区域内产业链、价值链“整合器”。RCEP是目前全球体量最大的自贸区。参与RCEP的15个国家GDP总和达26万亿美元，出口总额达5.2万亿美元，均占全球总量的约1/3。RCEP囊括了东亚、东南亚主要国家和澳大利亚、新西兰，将为区域和全球经济增长注入强劲动力，将显著提升亚太区域经济一体化水平。RCEP是区域内经贸规则的“整合器”。通过采用区域累积的原产地规则，通过产品价值累积关税减让政策，有效降低了区域交易成本，深化了域内产业链价值链的整合；利用新技术推动海关便利化，促进了新型跨境物流发展；采用负面清单推进投资自由化，提升了投资政策透明度，都将促进区域内经贸规则的优化和整合。此外，RCEP实现了高质量和包容性的统一。货物贸易最终零关税产品数整体上将超过90%，服务贸易和投资总体开放水平显著高于原有“10+1”自贸协定，还纳入了高水平的知识产权、电子商务、竞争政策、政府采购等现代化议题。

RCEP将有效推动区域自贸一体化进程。RCEP对中国而言，除覆盖了已于2010年生效的中国－东盟自由贸易区（CAFTA）外，也是第一个包含了中、日、韩三国的自贸协定。通过签署RCEP，一方面，中日和中韩首次达成了一个相互开放市场、降低关税和非关税壁垒的承诺，这也能够为中日韩自贸协定起到很好的推动作用，有望带动有关磋商加速进行；另一方面，RCEP也有可能不断吸收新的成员尤其是发展中国家成员加入，同时升级完善各项贸易规则，实现扩容增效，加快亚太地区经济融合，推动早日实现构建亚太自贸区。

随着RCEP的生效，亚洲地区会逐步形成一个相对独立运行的供应链，这一独立的供应链在RCEP的支撑下，将会运行得更加稳定，在全球经济不景气的大背景下，无疑会为该地区经济提供稳定发展的动力。此外，在亚太地区内部出现这样一个规模巨大的自贸协定，为在文化较为相似的国家之间建立稳定的贸易关系提供了制度保障，经济关系的发展同时也能推动消除文化之间的隔阂。从这一角度来看，RCEP也为地区文化的融合提供了契机，将会对各国间促进文化共识、扩大文化交流，甚至对地区价值观、秩序的建立都起到积极作用。RCEP 的生效还将进一步推动亚太地区经济、贸易、投资等领域的合作框架和机制的构建，逐步提升成员自身开放水平，促进地区经贸联系向深层次发展。

统计数据显示，2020 年成都对 RCEP 其他缔约方实现进出口 2297.5 亿元，占全市外贸进出口总额的 32.1%；2021 年前 11 月，成都“RCEP 外贸”已超过去年全年规模，达 2329.9 亿元，同比增长 10.6%，占同期成都进出口总值的 31.5%。2021 年 12 月闭幕的成都市委十三届十次全会强调，要持续深入推进改革开放，以国际门户枢纽城市建设为牵引，强化对外门户枢纽功能，加快建设国际消费中心城市，不断提升高端要素集聚能力。开放是公园城市繁荣发展最大的外部变量。“一带一路”建设极大地强化了成都在国家开放全局中的门户地位和枢纽功能，以成都为枢纽的国际通道链接起西部 12 个省（区市）4 亿人口的广袤腹地和泛欧泛亚 44 亿人口的广阔市场，RCEP 的生效为成都深度融入全球产业链和供应链，加速融入高质量的“双循环”新格局，成为国内大循环爆发点、双循环新发展格局的重要承载地提供了战略新机遇。

二、成都要全面加快融入 RCEP 的步伐

成都须全面加快融入 RCEP 的步伐。2021 年，成都实现货物贸易进出口总值 8222 亿元，同比增长 14.8%。其中，成都实现货物贸易进出口总值 8222 亿元，同比增长 14.8%，占四川进出口总值的 86.4%。在全省外贸运行中，成都“极核干”引领作用十分明显。2021 年，成都对“一带一路”沿线国家进出口 2599.6 亿元，同比增长 16.8%，占成都外贸进出口总值的 31.6%，其中进出口值排名前 3 的分别为越南、马来西亚、以色列。统计显示，目前成都主要贸易国家为美国、东盟、欧盟、韩国、日本、澳大利亚和新西兰，实现了对 RCEP 成员的全覆盖。2021 年成都对东盟进出口 1665.3 亿

元，同比增长 13.3%；对日韩进出口超过 740 亿元。贸易数据上，充分体现了 RCEP 成员国对成都对外经贸的显著性和重要性。

深度对接 RCEP 规则，成都要对标学习沿海发达地区的做法，加快融入步伐。从目前 RCEP 生效后的运行情况看，我国沿海发达地区的出口企业正在享受 RCEP 的原产地证书规则带来的实实在在减税“红利”。据海关总署广东分署统计，截至 2022 年 1 月 25 日，广东省内海关共签发 RCEP 原产地证书 2.2 万份。另据广东省贸促会统计，截至 2022 年 1 月 29 日，全省贸促系统共签发 RCEP 项下原产地证 583 份，帮助企业享进口国关税减免约 43 万美元，减免企业办证费逾 2 万元人民币。截至 2022 年 1 月 31 日，上海海关累计受理 273 份进口享惠报关单，货值 2.8 亿元，关税减让 489.5 万元；签发 RCEP 原产地证书 4553 份，货值 17.9 亿元；审核通过 2 家经核准出口商，企业自主签发 1 份原产地声明，货值 1139.4 万美元。截至 2022 年 2 月 1 日，南宁海关签发 RCEP 项下原产地证书 155 份，签证金额 1066.59 万美元。为助力企业抢抓 RCEP 机遇，南宁海关组织开展“RCEP 进千企”活动，成立政策研究小组，以协定降税表为导向，为企业量身制定“享惠商品清单”，指导企业进行产品结构调整和优化升级。同时，结合原产地证书智能审核、自助打印、即发即审等措施提升签证效率，助力进出口企业充分用好用足协定政策红利，持续拓展与协定成员国各领域多层次合作，非常值得成都对标学习和借鉴。

三、成都深度融入 RCEP 的路径与对策

RCEP 的生效，将为成都市外贸及相关企业创造公平、透明、稳定、可预期的政策环境。这意味着在成都企业在对 RCEP 成员国进出口贸易中将享受到更多的零关税。成都应该深度对接 RCEP 规则，采取卓有成效的对策与举措，促进成都进出口贸易再上新台阶。

（一）确保优惠原产地规则发挥实效

第一，成都要鼓励企业用好区域原产地累积规则及经核准出口商制度。指导企业用足用好原产地自主声明便利化措施，及时帮助进出口企业沟通解决享惠受阻问题。目前 RCEP 项下输新加坡、泰国、日本、新西兰、澳大利亚的原产地证书支持自助打印，下一步，海关总署将开放输韩国、马来西亚原产地证书自助打印，同时与 RCEP 各成员国一同推进原产地电子联网，进一步提升企业进出口便利化程度。成都海关及有关部门要根据 RCEP 规则，有针对性地对外贸企业进行指导和培训，帮助企业足不出户自主签发、打印与海关签发具有同等效力的原产地声明。

第二，成都要高标准实施海关程序和贸易便利化规则。按照商务部和海关总署要求，进出口环节监管证件要统一纳入“单一窗口”受理，最大限度实现通关物流环节单证无纸化，并落实口岸收费目录清单制度，做到清单之外无收费。成都要积极参与 RCEP 成员国“经认证的经营者（AEO）”互认合作。成都市有条件的口岸对抵达海关监管作业场所且完整提交相关信息的 RCEP 原产易腐货物和快件，在满足必要条件下，力争实行 6 小时内放行的便利措施。

（二）提升投资自由化便利化水平

一是，成都要履行好协定投资负面清单承诺，确保开放措施落地到位。推动外商投资准入特别管理措施（负面清单），落实好“十四五”规划纲要关于有序推进电信、互联网、教育、文化、医疗等领域开放的部署，在确保国家安全的前提下进一步扩大成都开放。

二是，成都要提高对外投资质量效益，融入区域产业链供应链。推动成都企业参与区域产业链供应链重塑，引导对外投资绿色低碳发展。促进成都企业在 RCEP 域内开展国际研发和技术交流，进一步推动高端产业链优势互补、深度融合，加强绿色产业链合作，推动建立绿色制造国际伙伴关系。按照成都“建圈强链”生态体系及创新发展相关规划，引领成都企业高质量参与建设境内外经贸合作区，如中新、中老、中泰产业园等，提高境外产业合作区与境内产业功能园区协同发展水平，促进高质量要素的在境内外实现循环。同时要加强对外投资保护，维护外资企业合法权益。

三是，成都要高水平履行跨境电子商务规则。推动跨境电子商务高质量发展。推进数字证书、电子签名的国际互认。鼓励电子商务平台企业全球化经营。深化跨境电子商务综合试验区建设，完善仓储、物流、支付等全球电子商务基础设施建设，支持成都综合试验区结合本地实际创新发展。鼓励引导多元主体投入建设海外仓。积极参与融入“丝路电商”，与更多 RCEP 成员国开展电子商务务实合作。

（三）推动标准协调和合格评定结果互认合作

一是，成都要认真贯彻落实《国家标准化发展纲要》，推动市场标准衔接。要围绕大宗贸易、产能合作及企业需求，深入开展成都与 RCEP 成员国重要商品和重点合作领域标准比对分析研究，加强与 RCEP 成员国的标准合作对接，促进产业链上下游标准有效衔接，充分利用 RCEP 协定相关条款推动区域标准协调，并向企业提供高质量的标准化信息服务。

二是，推动成都合格评定结果与 RCEP 成员国互认。当前市场监管总局正在推动合格评定结果相互承认，避免互认范围内产品的重复检测认证，以减轻企业负担、提升贸易便利化水平。成都要在市场监管总局指引下，针对 RCEP 成员国共同关注的工业产品、消费品、农食产品等，认真落实灵活、务实、高效的合格评定互认合作机制，充分展现 RCEP 协定对贸易便利化的积极作用，使成都涉外企业更好融入 RCEP 产业链和供应链，提升发展质量。

（四）充分发挥双机场及多式联运优势

利用成都双机场优势，改变过去成都双流国际机场当前“重客轻货”的生产现状，基于新投运的天府国际机场，以“两场一体”所腾挪的时空，实施“客货并举”的航空战略，构建“腹舱+全货机”协同发展的国内货运高航线网络，充分利用客运腹舱，辅以高效运营的全货机满足航空普货和快件运输需求，服务成都融入 RCEP 的进出口物流。

成都要以国际航空供应链保通保运保供为切入点，围绕重要医疗物资抢运、重要产业国际供应链需求，大力支持航空公司开展全货机业务和客机改“全货机”业务，以及与美联航、全日空航空等开展国际货物联运。全力补齐成都航空货运短板，靶向建设与上海、广州、深圳、北京并驾齐驱的中国航空货运“第五极”，打造内陆 RCEP 的物流枢纽地。

成都要强化“铁水公空”多式联运基础设施衔接。加强成都双机场与中欧班列对接铁路，特别是以专业化的集装箱和半挂车多式联运中转站建设改造为重点，提高不同运输方式间基础设施衔接水平；探索创新多式联运组织模式，推动建立多式联运运营组织一体化解决方案，支持推进“一单制”全程无缝运输服务；鼓励制定企业标准、行业标准和国家标准。加强铁路、公路、水路和民航运输在一体化组织中的制度对接和统一规范；建立区域性交通运输信息系统，提供多式联运公共信息服务；加强基于国际集装箱、厢式半挂车等标准运载单元的多式联运快速转运装备的研发，支持发展专业化装备，实现装卸设备和转运设备的无缝对接，把成都打造成为 RCEP 进出口物资的重要集散地。

（五）探索建设内陆准自贸港

成都要按照“自贸试验区+先行区（创新区）”的思路，在东部新区和天府新区新设自贸试验区协同改革先行区，推动自贸片区、协同改革先行区与联动创新区改革协同、开放协同、创新协同，推进自贸试验区与综保区、国家级经开区、国际合作园区、跨境电商综试区“五区联动”，充分发挥各类国家级和开放平台政策叠加效能，多维度提升国际供应链配置能力。

成都可以利用“双机场＋国际铁港”优势，率先探索川渝自贸试验区协同开放示范区建设，成为中国特色、陆港范式、川渝协同、成都特点的“川渝自贸试验区协同开放示范区联动创新区”，探索建设内陆准自贸港。

成都探索建设川渝自贸试验区协同开放示范区联动创新区，虽然地处内陆，但“境内关外”的“一线放开、二线管住、区内自由”的自贸港基准必须严格遵循。这是“中国（四川）自由贸易试验区”演进质变为“内陆准自由贸易港”的关键性制度突破。

成都探索建设“川渝自贸试验区协同开放示范区联动创新区”，要组织专班，深入海南及境外自贸港调研考察，结合建设践行新发展理念的公园城市示范区，研究制定《中国特色、川渝协同、成都特点的“川渝自贸试验区协同开放示范区联动创新区”建设方案》，积极通过四川省和重庆市，向国家海关等有关部门汇报，在《川渝自贸试验区协同开放示范区建设规划纲要》下，取得先行先试的准入资格。

第一，“一线放开”是“境内关外”的重要机制。中国特色、川渝协同、成都特点的“川渝自贸试验区协同开放示范区联动创新区”，要实行“一线放开”。也就是说，在“川渝自贸试验区协同开放示范区联动创新区”内，除列入负面清单的国家贸易管制类项目（包括禁止类、限制类）之外的货物、物品、技术进出“一线”均不报关、不统计、不验证，只需传输电子舱单，同时实施关税及进出口环节税豁免政策，免除海关惯常监管。

第二，中国特色、川渝协同、成都特点的“川渝自贸试验区协同开放示范区联动创新区”，要实行“二线管住”。也就是说，在“川渝自贸试验区协同开放示范区联动创新区”内，货物、物品进出“二线”实行进出口申报管理，依靠高标准的国际贸易“单一窗口”安全高效管住。

第三，中国特色、川渝协同、成都特点的“川渝自贸试验区协同开放示范区联动创新区”，要实行“区内自由”。也就是说，在“川渝自贸试验区协同开放示范区联动创新区”内企业可以自由地开展仓储、物流、销售、展览、维修、组装、加工、制造、融资租赁、包装、集拼等生产经营活动，区内的业务准入，无须经过审核批准；同时，在“川渝自贸试验区协同开放示范区联动创新区”内，要实施增值税、所得税的特殊优惠。

（本专题执笔人：杨继瑞，重庆工商大学成渝经济区城市群产业发展协同创新中心主任，西南财经大学成渝经济区发展研究院院长，成都大学商学院名誉院长，经济学博士，教授，博士生导师；尹响，经济学博士，四川大学南亚研究所副研究员，硕士生导师。）

专题二　建设泛欧泛亚航空门户枢纽城市的思考及对策

天府国际机场建成投运使成都更好地架起了“覆盖国内、通达全球”的空中丝绸之路，标志着四川向打造内陆开放战略高地迈出了坚实一步，成都需要充分发挥双国际机场优势，通过完善国内国际航线网络、双机场治理网络、综合交通枢纽网络、临空经济产业网络、对外开放网络等，加快泛欧泛亚航空门户枢纽建设。

一、成都建设泛欧泛亚航空门户枢纽取得新进展

（一）航空门户枢纽能级实现新跃升

一是成都在国内航空发展的地位十分重要，2020 年双流国际机场客运吞吐量 4074.15 万人、居全球第 3 位和全国第 2 位，货运吞吐量 61.85 万吨、居全国第 7 位，起降架次 31.17 万次、居全国第 4，2021 年上半年双流国际机场起降架次居全球第 7 位、国内第 1 位，是中国最“繁忙”的机场。二是成都是连通欧亚的中西部首位城市，2021 年 1～10 月成都双国际机场主要连通了亚洲 17 个国家、欧洲 5 个国家、非洲 5 个国家以及美洲 2 个国家，泛欧泛亚国家和地区占比 75.86%，平均每月航线数量达 39.4 条，总航班量达

196.2 班次，国际航线整体连通能力仅次于北上广，居中西部第 1 位。三是成渝双城经济圈的机场群互联互通，2020 年成渝机场群旅客吞吐量为 8383 万人次、货邮吞吐量 105.3 万吨，分别占比四大机场群 20.4%和 9.06%，已成为我国国内机场重要枢纽“第四极”。①

（二）现代交通运输能力迈上新台阶

一是铁路里程稳步增长，四川铁路运营里程达到 5312 公里，进出川通道铁路达 11 条。二是公路里程不断增加，四川公路总里程超过 39.4 万公里、居全国第 1 位，已实现高速公路“市市通”。三是民航引领强枢纽，四川民用运输机场 15 个、居全国第 3 位，成都是我国内地第三座拥有双国际机场的城市。四是水路建设不断加强，航道总里程 10817 公里、居全国第 4 位，建成有泸州、宜宾、乐山、南充、广元、广安等六大港口航运枢纽。

（三）对外开放和交往水平达到新高度

一是对外开放功能区众多，四川自由贸易试验区、中国西部科学城、高新西园和国际铁路港综合保税区、六大国别合作园区、多个国际对外交流平台等经济功能区齐全，具有政策叠加优势。二是涉外领事机构稳步增长，累计涉外领事机构 21 家，居全国第 3 位、中西部第 1 位。三是国际友好城市合作不断加强，相继推动成都与奥地利维也纳、泰国曼谷、俄罗斯莫斯科等“重量级”国际城市结好，友城城市和友好合作关系城市总数达到 104 个。

二、成都建设泛欧泛亚航空门户枢纽仍在路上

（一）具备较强航空通达能力，但国内国际航线结构有待优化

成都双流国际机场客货业务吞吐量长期居西部第 1 位，已建立起面向东

① 数据源于《2020 年民航机场生产统计公报》。

南亚、南亚，直达欧洲、美洲、大洋洲的国际航线网络，国际（地区）航线条数居中西部第1位。但是，成都国际（地区）航线占比22.29%，全国排名第6位，国际航线市场总体规模仅有上海的1/7、北京的1/5，平均每条航线旅客人数不足5万人，经营国际航线的承运人面临较大的压力。预计到2025年国内市场增量是国际市场增量的4.2倍，国内航空市场仍是主体。

（二）拥有广阔腹地经济空间，但航空客货运输市场竞争激烈

成都经济外向程度不断提升，全球化与世界城市（GaWC）研究网络发布的2020年世界城市排名成都跃升至59位、居国内第5位，已与全球235个国家和地区建立经贸关系，落户成都的世界500强企业达305家，稳居西部外贸“第一城”，经济外向度达40.4%。但是，成都地理位置上与西安、重庆距离较近，随着民航与高铁不断融合，成都双国际机场与周边机场竞争将进一步加剧。成都货邮吞吐量仅为广州1/9，上海1/20，近两年来双流机场货邮吞吐量相继被杭州萧山和郑州新郑国际机场赶超，下降至全国第7位，同时被北上广深进一步拉开差距。

（三）搭建“两场一体”运营模式，但双机场运营协调难度大

成都双国际机场将采取“两场一体”的模式运营，并将逐步形成功能互补、协同发展的枢纽机场体系。但是，“两场一体”运营模式在前期会将双流国际机场的生产能力削弱至其设计容量的38%，两场资源利用不平衡不充分的矛盾突出。另外，目前在成都设立分公司并设有基地的航空公司有9家，数量众多的基地航空公司使得成都市场极为分散，原有的主导承运人国航和川航的市场份额逐年下滑。从基地航空公司实力看，国航在成都投放的国际运力偏少，川航网络支撑能力薄弱，其他基地公司更难以作为枢纽建设的主要依靠。

三、成都建设泛欧泛亚航空门户枢纽的对策

（一）优化客运航线的网络结构布局

一是以做大成都国际航空枢纽为核心目标，增强成渝机场群协同发展水平，优化成都国内国际航线结构。遵循“细分市场、错位发展”思路，高质量、高标准编制成渝世界级机场群协同发展意见，逐步形成以成都天府国际机场、重庆江北国际机场为核心，成都双流国际机场等成渝地区其他机场多联动发展的“双核多节点”机场航线网络格局。二是建设覆盖广泛、深度通达的“干支结合”国内航线网络，强化成都双国际机场连接东西、沟通南北的枢纽地位。强化骨干航线建设，巩固提升与京津冀、长三角、粤港澳长江中游等区域中心城市的航空快线。完善支线机场布局，促进航空与四川省旅游资源优势的深度融合。将成都打造为我国西部地区的通航首站、公务机首站、四川机场首站、进藏门户首站、货邮航空首站。三是加大国际航空市场培育力度，以“一带一路”沿线国家和地区为重点，拓展与全球主要客运枢纽航线高效衔接的洲际 10 小时、亚洲 5 小时航程圈。构建“欧洲—成都—东南亚/大洋洲”“南亚—成都—北美”等低绕航率中转航线网络，提升国际与国际、国际与国内航线航班衔接效率。抓紧落实第五航权，全力争取第六航权和第七航权，加快形成“国际多直达、国内满覆盖”的航空客货运网络。

（二）拓展货运航线的网络结构布局

一是改变过去成都双流国际机场当前“重客轻货”的生产现状，基于新投运的天府国际机场实施“客货并举”的航空战略。在全球疫情背景，以国际航空供应链保通保运保供为切入点，围绕重要医疗物资抢运、重要产业国际供应链需求，大力支持航空公司开展全货机业务和客机改“全货机”业务，以及与美联航、全日空航空等开展国际货物联运。二是拓展航空客运航

线骨干通道，全方位实施加密国内航线、深耕欧洲航线、突出东盟航线、择优非美澳航线的整体策略。提高成渝地区双城经济圈与京津冀、长三角、粤港澳大湾区之间的2小时空中物流联系频率，构建连接亚欧美“Y”字形全球客货运骨干航线网络。三是重点培育欧洲与东亚、南亚、东盟、澳新间经成都中转的洲际航线，构建以成都为核心的“612”亚蓉欧洲际航空货运主骨架。着力打造成都辐射泛亚地区的6小时航空货运圈，重点建立与京沪穗、港台，以及日韩、东盟、南亚、大洋洲的战略合作。着力打造成都与泛欧地区的12小时中欧空中货运骨干快线，重点建立与欧洲航空货运枢纽机场的“枢纽－枢纽”战略合作。

（三）创新“一市两场”协同发展模式

一是通过双国际机场的一体化规划、一体化建设、一体化运营和一体化管理，构建功能互补、协同发展的成都国际航空枢纽发展模式。短期内明确“一主一辅、互利互补”的分工格局，在转场初期小幅削减双流机场的运力，将增投以及后期增长重点集中在天府国际机场。远期完善双流国际机场交通枢纽整体功能，逐步调整双流国际机场定位，形成双国际机场“平行发展、相辅相成”的合作模式。二是重点支持主基地航空公司间的战略合作，进一步加强基地航空公司与非基地航空公司的协同，构建紧密的“命运共同体”伙伴关系。加强机场与国航、川航、东航、成都航等基地航空公司的战略协作，推动跨航空公司中转，支持航空公司间通过航空联盟、股权联盟、代码共享、航线联营等方式深度拓展联程航线网络，相互间增加旅客喂给。三是通过对外宣传提升机场国际化水平，做好机场由信息化、智能化向智慧化发展的进阶路径。在国外设置多个代表处，结合成都城市门户形象特色加强天府国际机场的国际推介和宣传。实施智慧安全、智慧管理、智慧运行、智慧服务工程，推动机场管控模式、服务模式的变革，增强数字经济、数据分析在机场建设和预警机制中的应用，全面提升机场管运效率和旅客出行体验。

（四）形成互联互通的综合交通网络

一是打造“天地一体”的综合交通枢纽（GTC），加强双国际机场客货运输建设与现代交通新体系的融合度，提升客货集散效率。按照零距离换乘要求，高标准建设天府国际机场立体交通换乘中心，打造以天府国际机场为核心，高速铁路、城市轨道、高快速公路和航空等多种运输方式一体化衔接的综合客运枢纽。二是沿重要交通干线，增强双国际机场与大城市发展轴带的连通性，提升成都国际航空枢纽对“一轴两翼三带”区域经济布局支撑作用。完善形成以双国际机场为核心、轨道交通和高速公路为骨干的对外运输网络，加快构建带动全省、辐射西部、通达全国的现代化立体综合交通体系，体现成都建设内陆开放高地和西部陆海新通道的担当。三是优化天府国际机场内部交通网络，以强化衔接对外通道和内部道路提档升级为重点，形成广泛覆盖、有机衔接、快速通畅的路网体系。加快建设蓉京高铁、蓉昆高铁、成渝客专资阳至新机场城际联络线等铁路，大力推进成都地铁 13 号线、18 号线、19 号线及延长线、天府新站经新机场至资阳城际等城市轨道交通项目建设。

（五）推动临空经济区域产业大发展

一是积极申请天府机场国家级临空经济示范区，高质量建设双流机场国家级临空经济示范区，构建“一城双空港经济区”大临空经济发展新格局。通过打造高附加值现代产业和特色新兴产业，培育临空高端要素制造产业集群。培育发展航空服务、综合保税、商务服务、电商服务等产业集群，着力推动空港、产业与城市“三位一体”融合发展，营造国际化、便利化、法治化的临空经济区营商环境。二是构建现代航空货运物流体系，提升跨境航空货运物流能力，更好地承担国家赋予成都的内陆开放高地使命。在“成都－重庆－西安”全球性国际寄递枢纽集群顶层设计框架下，强化成都作为全球性邮政快递节点城市地位，建设中西部地区面向亚欧国际邮件快件集散中心。

加快建设四川省“空中+陆上”丝绸之路国际空铁公多式联运示范工程，积极申建空港型国家物流枢纽，统筹规划国际多式联运集疏系统。三是增强天府国际机场航空物流口岸功能平台，提升航空物流便利化服务水平。加快推动成都航空物流口岸扩大开放至天府国际机场，积极申建航空邮件处理中心和铁路口岸国际邮（快）件处理中心等功能性设施，设立天府国际空港综合保税区，积极争取申建天府自由贸易港。

（六）构建高水平对外贸易开放门户

一是全面加强四川对外开放型经济发展高地建设的功能支撑。抢抓《区域全面经济伙伴关系协定》（RCEP），以及中国申请加入《全面与进步跨太平洋伙伴关系协定》（CPTTP）和《数字经济伙伴关系协定》（DEPA）的战略机遇，大力发展以成都为中转枢纽的货物贸易和以成都为承载平台的转口贸易。成渝双城共同争取国家支持创建内陆开放型经济试验区，共建自贸试验区协同改革先行区，借鉴上海自贸试验区、海南自贸港等的先进经验，打造一个具有“内陆准自贸港”特色的创新开放平台。二是全面加强四川通达全球供应链流通体系建设的功能支撑。加快建设西部“一带一路”大宗商品交易中心，完善国际班列境内外服务节点和集装箱共享中心等功能性设施，深化“欧洲通”模式，畅通“欧盟—成渝—日韩”和“成渝—东盟”开放通道，优化国际贸易投资往来环境。三是全面加强成都都市圈企业全球竞争力的功能支撑。以“成德眉资”同城化建设为依托，共建成都都市圈企业“走出去”综合服务基地，以“成都总部+德眉资分中心”的形式布局，构建企业走出去综合服务体系和国际产业协作网络，共建“亚蓉欧”班列基地。

（七）建设高水平对外交往门户

一是充分发挥天府文化国际交往特色的门户支撑。利用都江堰“三遗产”之地和在都江堰的川外成都学院多语种优势，通过打造成都国际友好城市和“一带一路”会客厅，建设国外驻成都领事馆的腹地国事接待客厅，形成国际对外交往的聚集地。依托世界知名智库、驻蓉领事机构、国际友城、跨国企业等资源力量，借助国际非遗节、公园城市论坛、大运会等平台，展示丰富多彩、立体生动的成都形象，构建完善国际形象识别体系。二是充分发挥四川省文旅产业优势的门户支撑。统筹整合优质资源，建设“世遗都江堰—文化古蜀州—千秋西岭雪”大青城黄金旅游廊道，打造具有国际影响力的蓉城旅游品牌和旅游产品体系。三是充分发挥国际学术交流和打造国际科技协同创新平台的门户支撑。依托在蓉世界一流大学和世界一流学科建设，推动形成有国际影响力的学术组织，申办组织国际性科技论坛、会议。加大国际知名研发机构引进力度，联合中国科学院、国内外知名高校，在新一代信息技术、智能制造、生物医药等领域打造有国际竞争力的新型研发机构。

（八）搭建聚集国际交往高端要素平台

一是打造积聚国际高端资源要素、引领国际产能合作的“国别合作馆”样板提供平台支撑。中德园区聚焦打造国际中小企业合作，中法园区以“碳中和+”为重点发展方向，中意园区重点发展文化创意产业，中韩园区围绕共建创新创业中心和创新创业成果产业化基地，新川园区重点探索产业、生态、人文高度融合的“世界交融之城”，川桂国际产能合作产业园持续拓展对东盟合作平台，中日园区探索深层次开放合作模式。二是打造多元化城市形象展示平台，高水平地办好第31届世界大学生夏季运动会提供平台支撑。努力将世界大学生夏季运动会办成一届“让成都走向世界，让世界认识成都”的精彩盛会，为世界赛事名城建设和进一步优化成都国际营商环境筑牢根基。利用这次盛会，争取国外知名大学在成都设立校区，填补四川和成都缺乏国际知名大学校区的短板。三是打造国际化消费场景、汇聚国际消费供给主体提供平台支撑。抢抓成都航空口岸过境144小时免签停留范围扩展至成都、乐山、德阳、遂宁、眉山、雅安、资阳、内江、自贡、泸州、宜宾11

个市的机遇，依托春熙路商圈、交子公园商圈、西部国际博览城商圈、成都蓉北商圈和空港新城商圈建设，聚焦业态创新、品牌集聚以及功能完善，进一步提升消费空间载体能级，打造国际消费最终目的地。

（本专题执笔人：杨继瑞，重庆工商大学成渝经济区城市群产业发展协同创新中心主任，西南财经大学成渝经济区发展研究院院长，成都大学商学院名誉院长，经济学博士，教授，博士生导师；汪瑞，四川师范大学经济学院副教授，经济学博士；杜思远，四川旅游学院科技处副处长，四川旅游学院副教授。）

专题一 加强成渝地区双城经济圈科技协同创新的四点建议

近年来成渝地区双城经济圈自觉担负起落实国家战略部署的重大政治责任，坚持重点突破、统筹协调深入实施创新驱动发展战略，成渝两地先后发布《2021年成渝地区协同创新工作要点》和《成渝地区双城经济圈高新技术产业开发区共建协同创新战略联盟框架协议》等政策文件，于2022年提出“十个共同”推动两地科技协同创新。整体看来，成渝两地科技协同创新工作全面提速、成效显著。面向党的二十大提出的中国式现代化和高质量发展要求，如何持续提升成渝地区双城经济圈科技创新协同能力，奋力打造中国经济“第四增长极”促进区域协调发展显得尤为重要。本专题在调研基础上形成了如下观点。

一、成渝地区双城经济圈科技协同创新存在的问题

（一）协同创新发展机制不健全

成渝地区协同创新机制以对话式协调为主，科技创新协同发展的组织机

制不健全、合作机制不完善。一是科技协同创新组织机制不健全。成渝两地科技创新长期处于固有体制，大多单打独斗，适应新时期要求的科技创新合作较少，涉及有组织性地开展区域内科技创新协同的政策引导不足，企业迫切关心的重点问题未能突破，如创业投资及信贷风险补偿、经营性领域技术入股改革等。二是科技协同创新合作机制有待加强。截至目前，成渝地区双城经济圈内部各城市协同发展主要围绕经济、交通、环境等领域（约占88%）开展战略合作、共建平台等，涉及科技创新层面的合作及工作机制相对较少，目前仅有少数毗邻地区签订了科技创新合作协议。

（二）协同创新资源分布不均衡

成渝地区双城经济圈科技创新资源主要集中在成都、重庆以及绵阳等城市，无论是普通高等学校数量还是研究与试验发展（R&D）人员折合全时人员数，均居于成渝双城经济圈前三，而 R&D 经费投入分别为 551.4 亿元、526.8 亿元和 215 亿元，更是高出经济圈内其他省市近百倍。其他地区科技创新氛围不浓厚，利益壁垒、行政壁垒等加深了各区域创新主体排他性，高校、科研机构和企业良性协同创新格局尚未形成。核心城市科技创新的溢出效应不佳，周边地区辐射带动效应不强，加剧了科技协同创新的马太效应，科技协同创新效果不明显。

（三）协同创新合作平台能级亟待提升

统计数据显示，川渝地区国家重点实验室数量仅相当于长三角城市群的12.5%、京津冀城市群的10%，重庆与成都两大核心城市创新平台定位同质化，对区域科技创新引领作用不明显。国家重点实验室、国家工程研究中心和国家临床医学研究中心等标志性科技基础设施不足。科技合作交流的载体功能不健全，缺乏国际化、品牌化、常态化的科技交流和技术转移平台，例如，“遂宁工作站”科学仪器共享平台尚未形成一套有效、固定的专人管理办法，入网大型科学仪器设施仅有 7588 台，大型仪器设施跨区域服务能力有待提高、实际效果有待提升。

（四）协同创新政策支持不够

一是政策友好性不佳。创新政策信息存在同质化、碎片化等现象，政策办理流程不够明晰、精简，创新主体的体验度、获得感不强。二是政策普惠性不足。政策开放性、包容性、多元性不够，激励政策仍有限制条件，人才、税收、金融等政策覆盖范围有限。例如，相关行动方案的人才政策比较重视高端人才和海外人才，对其他层次人才关注较少。三是政策适用性亟待提升。缺少对政策实施情况的分析评估，部分政策重叠，针对性不足、可操作性不够。例如相关规划较少涉及中小企业，大多中小企业对科技金融政策实施满意度不高。四是政策协同性不强。成渝地区创新政策缺少配套措施，政策联通性不够、衔接性不强。

二、推动成渝地区双城经济圈科技协同创新的建议

（一）构建协同创新机制，健全一体化创新体系

一是加快构建协同创新机制。积极争取在国家层面形成重庆、四川联动协调工作机制，成立成渝全国科技创新中心领导小组，通过分级分层管理实现定期调度和常态化协商，共同制定和推进实施区域协同创新政策。运用市场化机制加快搭建技术信息交易平台、建立成渝地区双城经济圈协同创新利益共享合作模式。二是健全一体化创新体系。着力破除制约创新要素跨区域流动的制度障碍，以产业园区为载体，积极打造产业链创新链深度融合的合作示范带，加强两地高校院所合作，鼓励两地大型企业以“众研、众包、众筹”方式带动中小型企业深度参与创新链配套协作，加快形成优势互补、经验互鉴、发展互促的区域协同创新体系。

（二）促进创新要素循环，构筑政产学研用协同创新机制

发挥政府主导、企业主力、高校助推作用，推动科技创新要素在政产学研间的循环流动。一是打造科技型创新企业集群。成渝地区双城经济圈加快实施高新技术企业倍增计划、科技型中小企业和专精特新“小巨人”企业培育计划，遴选一批高成长性企业，培育创新型领军企业和中小微科技型企业，打造科技型创新企业集群。二是推进政产学研用一体化。建立川渝大学科技园联盟，加快高校专业化技术转移和知识产权管理运营机构建设，推动高校打造环大学创新生态圈。整合行业创新资源，组建龙头企业牵头、高校和科研院所支撑、各创新主体相互协同的创新联合体，建设实习基地和优质生源地，加强院校科技创新资源与企业需求的深度对接，联合开展科技攻关、成果转化和人才培养。

（三）促进创新资源共建共享，协同打造科技创新平台

一是加快建设成渝科技资源共享服务平台。建成成渝科技资源共享服务平台总门户，实现“一站登录、一网通办”。协同开发资源共享、研发服务、实时数据、资源地图等功能板块。二是聚焦装备制造、航空动力等优势领域，积极争创国家实验室，建好国家实验室成渝基地；协同推动国家工程技术研究中心转建国家技术创新中心，共建碳中和等技术创新中心，推进仪器设备、科技成果、科技信息资源共建共享共用。

（四）强化政策支持，提升关键领域协同创新能力

一是加快编制“成渝双城经济圈科技协同创新发展规划纲要”，谋划协同创新示范区建设，加强在资源要素、产业协作、基础设施等方面的衔接，率先探索一体化科技创新。二是联合实施科技创新合作计划，引导成渝地区政府和企业出资成立科创母基金和子基金，重点支持新一代信息技术、人工智能、航空航天、资源环境、量子科技、生物医药、轨道交通、现代农业等

重点领域联合技术攻关。对投资原始创新阶段项目，设计利益让渡政策，政府出资部分以“本金+利息”的方式退出，鼓励社会资本参与早期原始创新投资。三是支持共享平台创新人才合理流动。畅通区域内高层次人才流动渠道，基于“互联网+”的大数据信息服务平台，成渝地区建立户口不迁、关系不转、身份互认的科技人才流动机制，建立外国高端人才互认工作机制。

（本专题执笔人：林泰，重庆工商大学教授，博士，重庆渝策经济技术研究院院长；谭志雄，重庆大学副教授，博士；李晓雪，重庆渝策经济技术研究院实习研究员。）

专题二　绵阳：释放国家科技城磁性思考及举措

推进践行新发展理念的国家科技城建设，绵阳要进一步擦亮“国家科技城”的金字招牌，以“国之大者”使命和“唯一”中国科技城担当，把习近平总书记对绵阳科技城建设的重要指示转化为绵阳高质量发展的生动实践，提升“省第二经济体”占比，成为成渝地区双城经济圈“科创金三角”的“第三增长极”和新动力源。[①]

立足新发展阶段，贯彻新发展理念，构建新发展格局。绵阳不要困守“四川老二”“川 B 保卫战”窘境，要“跳出绵阳看绵阳”，站位“唯一”、提升“第二占比”、做强“第三增长极”而谋，围绕着“一”“二”“三”而进，“撑杆对标”，向高的攀、强的争、优的比，把积极融入“双循环”新发展格局的“普通话”，转换为具有绵阳辨识度、致力于率先领先的“绵阳话”，通过“科技创新”“产业强链”“开放高地”“文化铸魂”“人才夯基”“生态做靓”“I 型大城市”和“现代治理”，励精图治，释放国家科技城磁性，升华国家科技城价值[②]。

---

① 杨继瑞．建好“双城经济圈”打造中国经济新动力源［J］．当代党员，2021（20）：27－28.

② 杨继瑞．共当“动车组”唱好“双城记”［J］．四川省情，2020（9）：52.

一、科技创新：国家科技城的“战略芯片”

当前国际形势日益严峻，国际竞争日趋激烈，科技创新是我国摆脱全球价值链的站位束缚，在开放背景下培育内生发展能力的定海神针与动力源泉。绵阳作为国家科技城的主要建设者、参与者，必然要将科技创新放在经济社会发展的首要位置。在“双循环”新发展格局下，绵阳以新发展理念为引领，把科技创新不仅作为提升“省第二经济体”占比、成为成渝地区双城经济圈“第三增长极”的“撒手锏”，更要作为“唯一”国家科技城的“战略芯片”。

近年来，绵阳市投入研究与试验发展（R&D）经费逐年增长，增长率保持在15%以上，投入强度在全国地级市中稳居前列。这是绵阳科技创新得天独厚的势能。绵阳要深入贯彻习近平总书记对绵阳科技城建设和军民融合发展的重要指示精神，以与时俱进的精神、洗削更革的勇气、坚忍不拔的气质、久久为功的定力，坚持“四个面向”，大力实施创新驱动和军民融合发展战略，聚焦“卡脖子的关键技术”，创造更多“从0到1”原创成果。[①] 在原始创新上实现“从0到1”的突破，才能形成国家科技城的创新表达，才能增强在成渝地区双城经济圈“科创金三角”的话语权，做大做强“高精特新”产业供应链，实现高新技术产业的“从无到有”乃至“从有到多”的历史性跨越，打造全国科技创新城市的标杆。

二、产业强链：国家科技城的“四梁八柱”

产业是城市硬核和支持城市高质量发展的“四梁八柱”。1985年建市之初，绵阳经济总量位居全省第7位，1998年跃居至全省第2位、西部第5位、

---

① 尹勇．绵阳：科技创新成为第一动力［N］．四川日报，2022－04－09（1）．

全国第83位，经济总量爆发式增长的背后是绵阳工业化进程的不断推进，工业产值稳步提升，并在全省占据突出位置。之后，绵阳产业发展相对放缓，经济总量也陆续被身后城市反超，2005～2018年间均未进入全国城市地区生产总值百强榜。近年来，绵阳大力发展产业，奋力追赶，2020年上升至西部同类城市第6位、全国第91位，但进的势头还不稳固。在2021年全国城市地区生产总值百强榜中，绵阳在全国的排名不升反降，由第91位下降至第92位。同时，绵阳市身后的包头、宁德、宜宾等城市发展势头十分强劲，大有超越之势。因此，绵阳要着力提升在全国经济版图中的地位，要使产业与国家科技城的地位相契合。

绵阳要围绕“1到N”的应用创新和开发创新，加强战略协同、规划联动、政策对接，打造集聚各类创新要素的“强磁场”。着力以信息化催化“再工业化”，与产业链头部企业、科研院所等合作，在建设若干产业链关键中间产品、关键技术、关键零部件的实验和中试基地集群。瞄准高端产业和产业高端，聚焦主导产业、特色产业和产业细分领域的主攻方向，铸链、聚链、补链、延链、扩链和强链，打造独具特色的高新技术产业价值链。绵阳要建立和完善重点产业生态链“链长+链主+专员”的制度安排，市领导牵头挂帅成为“链长”，头部企业成为“链主”，组建驻园、驻企服务专员和驻点招商专员两支队伍；大力实施“园区提质”“企业满园”行动；以科创空间引领园区规划建设、运营管理、产业布局、项目招引、设施配套、环境提升、服务优化，构建和优化建圈强链的产业大生态。

三、开放高地：国家科技城的“活力之源”

新发展阶段下，“一带一路”倡议、成渝地区双城经济圈建设等国家战略机遇的多重叠加使得绵阳市获得了得天独厚的发展优势，在政策上得以延续。1986年绵阳市被列为国家对外开放城市、1988年获批部分对外出口经营权、1990年建立高新技术产业开发区、2006年被授予首批国家科技兴贸出口创新基地、2016 年签约引进投资 465 亿元的绵阳京东方项目、2018 年签约引进投资 240 亿元的绵阳惠科项目、2020 年获批中国跨境电商综合试验区和绵阳综合保税区（国家级），涪城区、绵阳高新区成功获评省级外贸转型升级基地。2021 年，自贸区协同改革先行区、全省区域大型商品分拨中心获批，绵阳市被认定为四川省服务外包城市，三台县、游仙高新区成功获评省级外贸转型升级基地，成功创建全省开放发展示范市，开放发展环境进一步优化。

隆起成渝地区“科创金三角”的开放高地，绵阳还要加大力度，谋划举办“科技城国际论坛”，进一步扩大“朋友圈”；加强大通道纵横互联互通，统筹铁、路、空三位一体通道推进，推动开通国际班列、国际货运航班，以提升现代互联互通水平为抓手，建设综合交通枢纽，进一步强化人员往来交流能力，提升货物与服务集散功能，构建联通国内外、多渠道立体开放的口岸体系。①

四、文化铸魂：国家科技城的“文化自信”

绵阳是四川著名的历史文化名城，嫘祖文化、蜀汉文化、红色文化等传统文化源远流长，羌族文化、白马藏族文化等民族文化独具特色。所记载的历史名人也数不胜数，最为代表的当属诗人李白。李白是绵阳市江油青莲镇人，被后人誉为“诗仙”。另一位与李白齐名的现实主义诗人杜甫，祖籍虽未在川内，但其也曾在绵阳驻足停留，绵阳三台县至今有杜甫草堂，富乐山脚下有全国最大的李杜祠。为此，绵阳要强化顶层设计、坚持规划引领、树立文化品牌、注重文化传承，争创国家历史文化名城。

为了更好地彰显绵阳科技城文化特色，构建丰厚的文化底蕴，要把科技文化元素嵌入城市的各个角落，实现城市科技、人文和生态自然有机融合，

---

① 杨继瑞．四川要努力成为国内国际双循环链接的内陆新高地［J］．四川省情，2020（11）：57.

打造出极具本土风情、环境优美的科技文化公园城市，创建“中国科学家博物馆”，进一步彰显国家科技城的文化魅力，使之成为全国人民研学中国科学家精神的“打卡地”。

五、人才夯基：国家科技城的“制胜变量”

人才是科技创新的决定性要素。多维度高层次人才的稀缺，是国家科技城竞争的关键所在。人才聚则绵阳兴；人才有舞台，绵阳才能高质量发展。绵阳要在海外高层次人才引进、猎头服务、代理招聘、外包派遣、职业技能培训、大学生招引等全领域发力，积极引导专家教授担任技术顾问，参与市场决策咨询、生产研发等工作，实现“产学研一条龙”服务，同时以产业升级转型为契机，连接高校与属地企业签订就业意向备忘录，采取人才联合培养模式，实现学生的学习就业无缝衔接，把人力资源服务做到用人单位和人才的心坎上。

绵阳要聚焦对绵阳发展贡献最大最直接、紧缺急需的领域，打造“拎包入住”的院士、高层次人才、专精特新工匠工作室等新型工作场景，通过政策资助、市场化运作，广纳、储备高层次科技工作者。同时，加快解决外地来绵人才的生活必需，完善配套外来人才的社会服务体系，使之来得放心、住得舒心、干得顺心，以各方英才追梦之处、筑梦之地、圆梦之城，构建“天下英才聚绵阳”的新局面。

六、生态做靓：国家科技城的“绿色本底”

绵阳是长江上游重要的生态屏障区，对长江中下游地区生态安全和生存保障起到了举足轻重的作用，对维护国家生态安全至关重要。要牢固树立“绿水青山就是金山银山”的理念，统筹推进“山水林田湖草”系统保护，进一步促进成渝地区生态优先、绿色发展，构建长江流域重要绿色廊道，形成优势区域重点发展、生态功能区重点保护的新格局，让天蓝、地绿、水净、空清、食优的生态环境在绵阳持续展现。

绵阳要聚焦增动能、大力培育绿色低碳产业，聚焦提质效、推动传统产业绿色低碳转型发展；聚焦优结构、提升清洁能源供给能力，聚焦扬优势、强化绿色低碳产业科技支撑；在“绿美生态建设”“绿色产业发展”“绿美城乡建设”“绿色生活方式推广”“绿色发展制度创新”“绿色文化传承与创新”等六个方面走在全省前列，坚持降碳、减污、扩绿、增长、就业协同，积极稳妥推进碳达峰和碳中和，促进绵阳经济社会发展全面绿色转型。

七、Ⅰ型大城市：国家科技城的“人气底蕴”

2021年末，绵阳市城镇常住人口大约262. 万人，已经接近Ⅰ型大城市的城区人口“门槛”。作为国家科技城，绵阳要努力从Ⅱ型大城市跃升为Ⅰ型大城市。绵阳要按照建设践行新发展理念的国家科技城的大手笔，促进城市基础设施的提档升级和城市有机更新，把绵阳建设成为“科技公园城市”特色的高品质生活宜居地，使得自然环境与人文环境和谐相生。

建设Ⅰ型大城市，绵阳要始终将公园城市理念和城市美学价值贯穿“科技公园城市”规划建设治理营造全过程，要按照“科技公园城市”的城市品质，顺应自然生态肌理，依势而建，一改以前低密度、松散型的城镇化扩张模式，构建高密度、紧凑型的集约化用地布局，破碎化的国土资源得到集约化利用，成为凸显集约化用地的新范例和科技智慧功能区的新样板。规划建设一批反映绵阳文化、展现天府韵律、彰显国家科技城形象的精品力作，确保绵阳在发展经济的同时，贯彻绿色开发理念，修复保留自然生态，将绿水青山交还与城镇，实现“山水林田湖”和谐共生的城乡美好图景。重塑城市天际线、湖岸线、河岸线、山脊线和街面视线，以美学视野和“人城境业文”的有机排列组合，凤凰涅槃公园城市的国家科技城表达，从而吸引更多人士到绵阳安居乐业。[①] 要着力做优绵阳教育园区，促进在绵高校扩大招生规模，进一步增进绵阳人口的净流入，形成国家科技城的“人气底蕴”。

八、现代治理：国家科技城的“坚实根基”

建设国家科技城，治理是关键。好的社会环境就是生产力的保障，绵阳要出硬招、实招推动城市现代化治理，打造出具有绵阳特色的政务服务体系。在治理实践过程中，要有切实回应人民群众实际问题的真心，不解决问题不罢休的决心，认真调研无畏困难的耐心，“举一反三”勤于思考，重点聚焦事关百姓福祉的就业、医疗、教育等民生问题，老旧小区改造、违章建筑整治、城市环境美化等热点问题，以人民群众“最多说一次”为目标，努力实现流程便捷、环节简单、办事高效，提升人民群众的体验感、满意度。[②]

推进国家科技城治理的现代化，还要善于利用互联网、大数据以及人工智能等高科技手段，对城市状况实时监测，及时掌握社会需求，让数据流通、让政策下达，不断创新服务举措，以人本之心、严明之法、科技之策，打造国家现代治理的城市标杆，让绵阳科技之城更智能、更温情、更美好。

（本专题执笔人：杨继瑞，重庆工商大学成渝经济区城市群产业发展协同创新中心主任，西南财经大学成渝经济区发展研究院院长，成都大学商学院名誉院长，经济学博士，教授，博士生导师。）

---

① 杨继瑞，周莉．基于合作之竞争博弈的成渝双城经济圈良性关系重构［J］．社会科学研究，2021（4）：100－109.

② 祖明远，尹勇．绵阳科技城新区建设跳出本土“赛道”［N］．四川日报，2022－04－28（6）.

专题一　蒲江：建设成都西南郊生态新城的思考及路径抉择

在公园城市示范区建设过程中，蒲江要践行新发展理念，以川藏铁路运营保障基地建设为牵引，依托中德中小企业合作园、国家现代农业产业园、成都（蒲江）国际铁路物流港，聚焦适铁适港制造、现代物流等现代产业体系建圈强链，完善和夯实县域产业基础，建设公园城市乡村表达中红色旅游与生态旅游共同繁荣的“生态福地、大美小城”，成为成都西南郊生态新城。

一、夯实公园城市示范区西南郊生态新城的基本功能

公园城市示范区西南郊生态新城的交通等公共基础设施，以及教育、医疗、居住、就业等公共服务的便捷高效、优质均衡等基本功能，是其特色功能的土壤，更是其核心功能的根基。

要进一步强化蒲江与中心城区、城市新区以及周边城市的便捷互通，实现城际道路互联成网，打造“半小时”交通圈；大力优化公交接驳，因地制宜构建多种方式相结合的通勤公交体系；全面推进“四好农村路”建设，提高与干线公路的转换效率，切实满足以城带乡、推动乡村振兴的需要。

要以补短板强弱项、优布局强功能、提品质强质量为导向，有效增加优质公共服务供给，大力促进人的全面发展和共同富裕，持续增强市民获得感、幸福感、安全感。加大城镇有机更新力度，植入“大美”场景；提高公共文体服务能力，完成鹤山体育中心和虹桥体育馆、原蒲江中学游泳池改造提升，完成县博物馆、演艺中心、“一场一池一馆两中心”建设，健全公共文化服务设施标准和服务内容标准，构建“5 +4 + N +1”内容体系。

要办好人民群众满意的教育。全面推进“五育”并举和现代化建设，加快推进各级各类教育健康协调发展，更好地满足群众对高质量教育的多元化需求。积极采用多种方式引进中心城区优质教育资源，唱响蒲江现代田园教育品牌，建成川藏铁路沿线教育的示范标杆。打造成都装备制造产教融合示范园。力争实现高校零的突破。

要不断提高人民健康水平。把保障人民健康放在优先发展的战略位置，主动对接中心城区、城市新区优质医疗资源，通过对口联建、区域联盟、委托管理等形式在蒲江扩面延伸，不断缩小公共服务在城乡区域间的差距。深入实施健康蒲江战略，全面推动创建全国健康促进县，增强全方位全周期的健康服务能力，主要健康指标、卫生资源指标、服务能力指标达到全市中等以上水平。

要强化就业、收入和社会保障。统筹推进社会保障、人力资源协同、劳动关系治理，加大就业促进力度，加快完善城乡均等的就业服务和社会保障机制，全县城镇调查失业率低于全国平均水平，城镇职工和城乡居民养老金社会化发放率保持100%。

要建设“全龄”友好包容型社会。顺应不同年龄段市民美好生活差异化需求，提升“一老一小”服务水平，开展四川省中长期青年发展规划试点，提高城乡妇女儿童平等享有就学、就业、医疗等机会，完善残疾人保障和服务体系，推动公共服务由覆盖户籍人口跃升为向城市服务管理人口全覆盖扩展，努力让每个人感受城市温暖、拥有个性尊严、享受美好生活。

要创新优质公共服务供给。以商业化逻辑创新公共服务多元供给方式，着力优化供给结构，精准扩大有效供给，建设便捷可及15分钟的街道（镇）生活服务圈、10分钟的社区生活服务圈和5分钟的小区生活服务圈，打造“幸福邻里中心”，形成覆盖全域、优质高效、充满活力的城乡社区生活服务发展体系。

要围绕保障性安居工程、粮食安全、能源安全等重点，加快推进实施老旧燃气管道更新改造、防洪排涝提升、老旧小区配套基础设施改造等，优化提升市政设施功能。

二、优化公园城市示范区西南郊生态新城的特色功能

公园城市示范区西南郊生态新城的“中德（蒲江）中小企业合作区”“川藏铁路首港门户枢纽”等特色功能，是其基本功能的优势激发，也是对其核心功能的特殊赋能。

擦亮“中德中小企业合作园”的金字招牌，推进招商引资工作向“招新引优”“招大引强”转变，大力发展智能装备制造、适铁产业，包括重点发展切削、研磨、装配、建筑、加工类电动工具，数控系统、加工中心、切削焊接、锻压铸造、包装精密等专用设备，高端农用动力、耕作、种植、施肥、灌溉机械，铁路施工机械、轨道交通装备等其他精密机械加工与制造；大力发展生态食品业，包装饮用水、精制茶及其饮料、优质白酒、膨化食品、干制果蔬食品等；以及生物医药、职业教育等产业，建设“四川高校德语院系研学基地”，使之成为“国别合作园区典范”。

以数字产业化和产业数字化，以中德中小企业合作区为主园区，深入推进蒲江的“再工业化”，提升智能制造业发展能级。以新产品、新技术、新业态、新模式为突破口，推进先进科学技术与产业深度融合，强化科技创新成果转化应用，促进产业转型升级。加强创新创业氛围营造。持续举办世界机器人大赛西南地区选拔赛、中德创新峰会、“天府工匠杯”工业技能和工业设计大赛等创新创业赛事活动，开展“蒲创荟”“双创大赛”“蓉漂英雄

汇”等推广活动，激发全社会创新创造活力。

加快承接成渝地区中德合作项目，推动永川—蒲江中德产业合作示范园区建设；加大与四川天府新区、成都高新区、丹棱县、名山区等地协作力度，共同打造高质量发展的区域联合体、高水平协作的合作示范区；开展好“中德工业 4.0 暨全球采购大会”等重大投资贸易促进活动。

以川藏铁路首港门户枢纽为抓手，建设成都向西向南门户口岸，助力成都增强国际门户枢纽功能。充分发挥门户口岸对全面融入“双循环”的引领支撑作用，不断增强辐射、集散和资源配置功能，加快推进蒲江从郊区小城向国际化门户口岸城市转变。推进实施川藏铁路成都枢纽引入线（天府—朝阳湖）、“西控”区域轨道交通旅游环线、天蒲快速路等项目建设，实现 1 小时中心城区通勤、1 小时通达“两场一站”、2 小时覆盖成都都市圈主要城市及旅游景点，形成“112”交通圈，高效接入成都对外“148”高铁圈。

抢抓 RCEP 生效机遇，建设国际消费中心城市“大美小城”新高地，谋划蒲江跨境电商直播基地，促进蒲江优质农产品出口；引领发展首店、首发、夜间经济等新业态，积极对接自贸区、综保区、海关等开放平台，搭建“买全球、卖全球”消费服务平台；在“生态福地”的绿色景观中嵌入国际化消费新场景。

分阶段打造内陆国际铁路港区，规划建设铁路港国际商务区、站前综合体、商业综合体、国际医院、活力中城漫步街区等；建设货场及综合物流中心，综合维修段、焊轨段，车辆段、机务段、应急救援段、站区生产房及物资储备设施等。加强港口资源整合，积极探索符合蒲江特色的港口发展模式，以建设成都国际铁路港经济开发区南港为目标，差异化定位与组织物流集群内部功能。

超前谋划“川藏铁路首港新区”。川藏铁路首港新区可以形成东区（以寿安为核心）和西区（以成佳为核心），“一港两区”。“东区”将围绕建设川藏铁路蒲江铁路物流港，重点规划发展临港经济，布局保税服务、冷链物流等产业，构建川藏铁路的物流基地、运维保障基地、成果转化基地和适铁产业基地，与青白江区的成都国际铁路港形成协同互补，南北联动，进一步增强成都泛欧泛亚国际门户枢纽功能。川藏铁路首港新区（西区）可与川藏铁路雅安陆港新区协同，构建成雅经济走廊，重点规划发展临港经济，布局保税服务、适铁适港制造、现代物流等产业，以及甘孜、西藏“飞地”产业园区、进藏旅游营地等，使蒲江成为推动主干向成都都市圈西拓展的前进基地，成为双城经济圈联动民族地区经济高质量发展和“进藏入滇”的桥头堡，把蒲江建设成为未来的“川藏铁路首港新区、国际生态魅力新城”。

三、凸显公园城市示范区西南郊生态新城的核心功能

做优做强“3＋1”核心功能，即“生态价值转化、促进乡村全面振兴、公园城市乡村表达、保粮稳菜”等核心功能，是公园城市示范区西南郊生态新城的本质表达，是其基本功能和特色功能的集中体现。

要着力做优做强“生态价值转化”核心功能。深入实施生态环境导向的开发（EOD）模式，把“构筑长秋山森林公园城市之肺”作为申报国家级EOD模式项目和国家储备林项目，创新蒲江生态产品价值实现机制，探索和建立政府主导、企业和社会各界参与、市场化运作、可持续的生态产品价值实现路径。探索将中德（蒲江）中小企业合作区建立成为碳中和示范园区，探索林业碳汇生态补偿机制，大力倡导绿色低碳出行、绿色消费，引导树立绿色循环低碳理念、转变消费模式。积极布局生态型产业，增加生态农副产品供给，开展生态产品质量认证、生态标识、品牌建设，搭建生态产品交易平台和渠道，促进生态产品走向市场，试点开展用水权、排污权等环境权益交易以及区域间生态补偿。加快生态保护修复。统筹“山水林田湖城”系统治理，分批发布“生态福地”建设项目清单，优化提升公园城市西南郊生态新城空间的形态、绿态、文态，塑造“产田相融、城田相融、城乡一体”美丽形态。坚决推进“林长制”管理要求，坚持生态优先、保护为主，加强全县天然林保护，重点保护以马尾松、桢楠、香樟等乡土树种为主的森林资源，

注重长秋山和大小五面山的生态修复和生态储备林建设。全面优化蒲江河、临溪河水系网，加快提升朝阳湖、石象湖等生态功能，建立长滩湖饮用水源保护区水质监控预警系统。以蒲江的“天蓝、地绿、水净、空清、食优”，成为公园城市示范区郊区新城中的高品质生活宜居地，在“绿美生态建设”“绿色产业发展”“绿美城乡建设”“绿色生活方式推广”“绿色发展制度创新”“绿色文化传承与创新”等六个方面走在成都市各县（市、区）的前列。持续加强环境治理。提升城乡环境质量，打好污染防治攻坚战，全面加强水环境、大气环境、土壤污染和固体废弃物治理。大力推进绿色低碳发展，加快推动经济社会发展向高能效、低能耗、低排放方式转型。完善再生资源回收体系，落实垃圾分类管理制度，规范有害垃圾收集转运处置程序，推进生活垃圾分类、资源节约和循环利用。实施蒲江片区水利工程（三江片区），落实最严格水资源管理，加快县域节水型社会达标创建。大力倡导绿色低碳出行、绿色消费，引导树立绿色循环低碳理念、转变消费模式。构建蒲江生态产品总值和川西林盘等特定地域单元生态产品价值评价体系，探索生态系统生产总值核算框架和指标体系，创新县、镇（街道）两级生态价值转化财税分享机制，推动数字化绿色化协同转型发展，拓展绿水青山就是金山银山通道。加快探索建立 GDP 和 GEP“双核算、双运行”的绿色经济考评体系，为全市乃至全省提供 GEP 核算的经验和运作模式。进一步彰显全国首批、全省首个国家生态文明建设示范县比较优势，吸引国家、省内外“双碳”科研院所、“碳汇”交易等机构落户蒲江。

要着力做优做强“促进乡村全面振兴”核心功能。围绕“西部现代农业新高地”建设，以高端化、有机化、机械化、品牌化为导向，以“国家现代农业产业园”主体功能区为抓手，按照“有机绿谷，世界果园”总体定位，坚持生态优先、绿色发展理念，建设以川果为主导产业的生态圈，打造“世界知名、全国领先”的特色水果产业融合发展示范区，加快优质茶叶、猕猴桃、晚熟柑橘三大主导产业优化升级，推进蒲江原产地水果产业园、西南特色水果冷链物流港等项目建设，着力打造高端猕猴桃产业基地，争创国家级农业现代化示范区、省级茶叶现代农业产业园。深入推进乡村振兴战略，发展壮大农村集体经济，建强农业职业经理人队伍，提升农业适度规模化经营水平，加快新农村建设，让蒲江农业更强、农村更美、农民更富。依托蒲江乡村种植业资源，按照“产业生态化、生态产业化”的发展思路，通过完善基础配套，植入数字经济、总部经济等新型产业，延伸“种植业＋田园商务＋商业＋文旅＋生活”产业方向，打造“茶园里的会客厅”“田园中的办公室”，推动农商文旅融合发展，打通“两山”转化通道和实现路径，实现生态产品价值转化，促进乡村全面振兴。依托生态禀赋、现代农业本底及林盘、绿道等资源条件，推动乡村旅游与文创、康养、体育等产业融合，创新多元主体合作开发运营模式，积极发展农业游览观光、农耕文化体验、农业节庆活动、乡村运动赛事等融合发展项目。集聚发展农业物流，打造西南特色水果冷链物流贸易港，完善农产品和农资物流网络，争创国家骨干冷链物流基地和出口基地。培育数字农业新业态新场景。重点发展数字农业、智慧农业、农商文旅体融合、电子商务、现代供应链、智能制造、职业教育、智慧旅游等新经济业态，加速提升数字农业的聚合能力；增强和扩大蒲江抖音电商直播基地的西部辐射力；打造县域数字农业示范区。健全郊区新城的城乡融合发展机制。完善城乡一体的规划建设管理制度，重塑以产业功能区、新市镇、城市街道为主的新型城乡组织形态。深化土地制度改革，盘活农村农用地、集体建设用地、国有建设用地等多种土地资源，落实农村承包地、宅基地“三权分置”制度，创新出让、租赁、入股等流转方式，做实用地保障。深化农村经营体制改革，积极探索新型农村集体经济有效实现形式，完善集体经济组织法人治理结构，培育扶持新型农业经营主体，探索职业农民发展路径，支持农民合作社、家庭农场、专业大户、农业龙头企业、农村新型集体经济组织加快发展。深化财金惠农综合改革，推进“新五权”等农村产权抵押融资，推广气象指数、土地履约、用工意外等农业保险。深化农村人才制度改革，完善资本进村、人才返乡下乡、优秀农民工回引激励促进机制。做好镇（街道）行政区划调整和村（社区）体制机制改革“后半篇”文章，稳妥有序推进后续各项改革，推动镇（街道）扩权赋能。以都市乡村新型社区和农民聚居点为重点，实施传统民居、老旧院落改造提升，争取全省全域农村土地综合整治试点，通过新村建设、农地整理、生态修复等方式全要素提升乡村建设水平。

要着力做优做强“公园城市乡村表达”核心功能。构建全域公园体系。依托蒲江河、临溪河，沿河打造朝阳湖湿地公园、两河湿地公园、铁牛水乡湿地公园、临溪河农业科技公园等滨水带状公园，提升滨水景观的休闲游憩、消费场景功能。以生态保护、农业生产和旅游休闲为主导功能，兼具创意体验、科普教育和文化传播等功能，打造猕猴桃国际公园、成佳绿茶公园、石象湖花海公园、长秋柑橘观光体验公园等郊野农业公园。以生态保育、生态涵养为主导功能，兼具休闲旅游、文化展示、高端服务、体育健身、对外交往等功能，打造云顶水乡休闲体验公园、官帽山生态康养公园、长秋山森林公园、大溪谷运动体育公园等山地森林公园。坚持公园城市建设理念，高标准高品位高质量打造国际生态公园城。聚焦城市东向拓展，以鹤山、寿安一体化发展，重塑县城经济地理空间，推进县城有机更新，实施城市市政基础设施提升改造、高铁新城片区市政基础设施配套等项目建设，围绕园林绿地增量提质、海绵城市建设、现代服务功能完善、城市慢行系统构建等方面着力，促进区域职住平衡，逐步提升人居环境和城市功能。坚持政府主导、市场主体、商业化逻辑，创新“绿道+”“田园+”“林盘+”模式，植入度假休闲、研学实践等功能，建设文创体验、种植业文化展示等载体，为市民营造新消费、新体验空间。推动业态提升，实现产业融合。全域实施农业“两个替代”，高标准推进全域旅游。在坚决保护生态环境和耕地的前提下，精准配套商务庭院、商务邻里、绿肺书屋等设施，营造成有别于大都市、传统产业园区的田园办公生活环境，形成商旅办公、三产融合、创新示范的多功能、复合型“无边界”的新型产业园区和未来社区，逐步建成三产融合发展示范区和低碳零碳示范引领区，形成“公园城市乡村表达”的蒲江样板。加强蒲江历史文化的保护与挖掘。要注重蒲江作为古蜀文化与中原文化、湖广文化及河流文化与山地文化交融地的遗址和文物保护。要加强各级文物保护单位的保护。特别是，要加强国家级文物保护单位飞仙阁二郎滩摩崖造像的保护，使之成为永恒的历史记忆和艺术殿堂。加快建设高水平的蒲江博物馆，保护好蒲江县出土的众多重要文物藏品，增强公园城市乡村表达的蒲江元素。挖掘南宋邑人魏了翁“鹤山学派”思想精髓，适时重建鹤山书院。魏了翁在四川蒲江、湖南靖州创办誉满天下的鹤山书院，其理学思想远播朝野，以鹤山学派儒学思想为核心的人文精神是蒲江区域性特色文化之一。未雨绸缪，在鹤山书院保护遗址基础上，重建鹤山书院，以彰显公园城市乡村表达的蒲江特色。通过非物质文化遗产街区和场景的提档升级，全面展示蒲江的非遗文化。进一步拓展蒲砚制作技艺作为省级非物质文化遗产、蒲江幺妹灯表演艺术和蒲江米花糖制作技艺作为市级非物质文化遗产、明月窑制陶技艺、蒲草编织技艺、蒲江红豆腐制作技艺、蒲江绿茶（雀舌）制作技艺等作为县级非物质文化遗产的知名度和影响力，以增强公园城市乡村表达的蒲江影响力。保护好西崃汉代冶铁遗址、千年古县残城遗址等历史古迹，打造红色美丽村庄、西来古镇、成都战役纪念馆、成都战役烈士陵园等文化资源，推动红色、绿色、古色“三色”融合，形成公园城市乡村表达的蒲江特色；探索推动在公园城市乡村表达中实现红色旅游与生态旅游共同繁荣的创新模式。

（本专题执笔人：杨继瑞，重庆工商大学成渝经济区城市群产业发展协同创新中心主任，西南财经大学成渝经济区发展研究院院长，成都大学商学院名誉院长，经济学博士，教授，博士生导师；杜思远，四川旅游学院科技处副处长，四川旅游学院副教授。）

专题一　彭州打造“共富城乡”五条宝贵经验的总结与思考

彭州打造“共富城乡”，深入推进全域“缩差共富”取得的初步成效，得到了群众的好评、有关领导的关注和社会各界的赞誉。各级各类媒体均给予了肯定性报道。

2021年10月彭州市获评“2021中国西部百强县市”，居全国第11位。2021年11月成都彭州市获评2021年度全国投资潜力百强县市四川省第1名、全国第50名。目前，比肩共同富裕的宝山村，彭州“共富城乡”的各类“缩差共富”典范正以星火燎原之势在彭州的山水园林间熠熠生辉。立足新发展阶段，贯彻新发展理念，融入新发展格局。在“十四五”新征程过程中，彭州将把打造“共富城乡”与社会主义现代化新征程相结合，更好地突出高质量发展的共同富裕价值导向，谱写彭州区域人民共同富裕的新篇章。只要持之以恒，久久为功，2035年彭州的共同富裕一定会走在成都前列。彭州打造“共富城乡”的五条宝贵经验值得总结和推广。

一、大力发展“集体经济+”是“共富城乡”的康庄大道

彭州的“集体经济+”是用各种类型的集体经济，与各种资产、各种业

态、各种经营模式、各种经营规模、各种服务体系、各类电商等实现多维度的“嫁接”。彭州的“集体经济+”把“共富基因”与市场经济体制“效率基因”有机契合，城乡不仅共同做大“蛋糕”，而且把可量化的指标体系植入乡村集体经济发展，让城乡居民共享“集体经济+”的发展红利。

彭州的“集体经济+”优化了农村土地的“三权分置”，鼓励农民依法自愿流转土地经营权，以多种合作模式，城乡互动，推动集体经济组织抱团发展土地适度规模经营。支持农村集体经济组织盘活资产资源，以特色小城镇为聚力，以数字经济为新能量，以“农商文旅体”融合等项目为载体，采取城乡要素互动配置的新机制新模式，发展各种新产业新业态，深入推进乡村振兴战略，做大城乡“蛋糕”，缩小城乡差距，建设“共富城乡”。

彭州的“集体经济+”支持集体经济组织和国有平台公司、社会化服务企业开展合作，量化入股参与农商文旅体融合项目；做实农村金融服务平台，发布特色金融产品，开展“农贷通”基层服务市场化运作，规范实施“点状用地”工作，探索实践农户自愿有偿腾退宅基地的工作机制，城镇要素“上山下乡”，实现了新型城乡交融和“逆城镇化”。

彭州的“集体经济+”在全面完成清产核资和股份量化的基础上，规范建立健全法人治理机制，完善和创新农村集体经济组织，通过登记赋码确立特别法人地位，依法赋予市场主体资格。在集体经济组织的引领下，形成了彭州“整村共富宝山”“区域联动渔江楠”“租赁自营白鹿场”“村企共建皇城”“平台孵化丰碑”等模式。实现全市家庭农场和合作社覆盖率达100%，市级以上示范场（社）增加20个以上。推动农业产业化龙头企业“排头兵”行动实施，新培育成都市级以上农业产业化重点龙头企业2家。加快培育新型职业农民，畅通渠道鼓励各类专业人才进村入组，支持各种形式的创新创业，全年培育新型职业农民200人。在村党组织领导下，村民委员会和农村集体经济组织治理体系更加完善，农村集体经济组织运行能力显著提升，农民财产性收入稳步提高。

彭州的“集体经济+”顺应村建制和城乡社区规划调整，优化综合服务社布局，新建4个农村综合服务社。健全功能完备的为农服务体系。开展农业生产社会化服务提升行动，充分发挥供销社在农业社会化服务中的中坚作用，新增土地托管等社会化服务面积5500亩。开展“供销社+”电商服务提升行动，成立电商服务平台公司，大力发展网上商城、直播带货、社区团购等新业态。整合各镇（街道）现有生产生活资源，构建“连锁化、规模化、品牌化”的连锁网点10个，高效快捷服务城乡居民生产生活。完善联合社主导的行业指导体系。完善联合社理事会监事会机制，继续加强“市、镇、村”三级供销社理事会和监事会组织建设，规范完善理事会、监事会工作制度，强化行业指导和监督作用。完善社有资产管理机制，进一步发挥市供销联社社有资产管理委员会作用，全面清产核资，规范管理社有资产。

彭州的“集体经济+”混成了乡村振兴的“集团军”和“大兵团”，促进了集体经济的壮大和发展，为打造“共富城乡”夯实了根基，构筑了一条通过共同富裕的康庄大道。

二、深化农村合作金融改革是“共富城乡”的“催化剂”

彭州借力“农贷通”平台，打造农村金融彭州模式；推动农村金融服务综合改革试点向普惠金融服务乡村振兴试验区升级，为乡村振兴战略赋能，极大地催化了建设“共富城乡”。

第一，用科技金融手段破解信息不对称难题。彭州“农贷通”线上系统以大数据为基础建模把控小额分散贷款，具备涉农政策发布、数据汇集、报表统计展示、融资对接入口、贷款在线审批等核心功能。资金提供方（金融机构）可自主在该平台上发布推广涉农金融产品，或根据新型农业经营主体发布的项目资金需求信息主动联系资金需求方，完成信息的快速融通对接。资金需求方（新型农业经营主体、农户）注册后，可通过平台网站或手机App填报农业项目情况和资金需求信息，根据金融机构的产品和服务，进行自由选择资金提供方。“农贷通”平台也可以根据资金需求方的需求，把贷款需求有针对性地向金融机构进行推介。以仓单质押担保化解农户资金周转难题，成立成都市首家农产品金融仓储公司，使农产品仓单质押融资成为可推广的标准化金融产品，撬动社会资金上亿元。

第二，以政策引导金融资源走向农村。广大农村地区由于发展不足、信息不对称、抵押物缺乏且处置困难等原因，金融机构普遍认为涉农贷款风险大、成本高、收益低而不愿涉足。成都市政府制定出台了建立“农贷通”平台促进现代农业与现代金融有机融合的试行意见等10余项配套政策措施，加大支农政策性资金整合力度，发挥政策扶持引导和风险缓释保障功能。以成都市打造“农贷通”2.0版本为契机，引导更多金融机构入驻彭州“农贷通”平台，提升平台资金汇集、产融对接、信用建设、保险推广等功能，开展“农贷通”基层服务市场化运作，探索益农信息社融合，全力畅通农村金融“最后一公里”。2021年新增“农贷通”平台贷款8亿元，政策性农业保险超1亿元，累计实现涉农贷款36亿元以上。同时，设立首期规模1.49亿元的“农贷通”风险补偿资金，专项用于与通过“农贷通”平台上受理涉农贷款的金融机构进行风险分担，降低金融机构风险。对利用专项资金在农村地区扩展涉农网点或在农村金融综合服务站设置自助机具的金融机构进行补贴，降低金融机构成本。设立农村产权收储公司，解决了农村产权抵押的处置问题，逐步构建农村金融生态圈。

第三，用线下便民服务推动金融下乡落地生根。成立了成都市首家农村产权评估公司，组建了农村产权交易公司，线下系统按照农村金融、农村产权交易、农村电商“三站合一”模式，成都建成“农贷通”乡镇服务中心282个，村级服务站2679个。农村金融综合服务站设有便民取款设备，行政村聘请金融联络员负责产权交易登记、农产品信息发布及贷款信息和资料的收集，以熟人社会为基础当好金融机构和农户的中介，为线上系统完善征信信息，农户足不出村即可办理信息采集、融资对接、小额支付、跨行转账、便民缴费、农村电商等多项业务。

第四，用金融大数据技术拓展融资渠道。依托“农贷通”网络系统，成都探索建设了涉农融资项目库、涉农企业直接债务融资项目库、金融服务和产品数据库，并以不断完善的信息资源库为基础，搭建政银企对接服务平台，通过加大对项目库内重点农业产业化生产基地项目和涉农企业融资需求信息推送，并提供各类创新性金融产品以及电商、产权交易、收储、担保、评估、仲裁等机构的金融配套服务，促进“政银保企”充分对接，畅通涉农融资渠道。

第五，深化数字人民币试点“乡村惠农助农”场景建设。推动金融普惠发展是数字人民币的初心宗旨，数字金融对彭州乡村振兴发展形成了有力助推，数字人民币在涉农领域支付场景的落地生效，有效弥合了城乡数字鸿沟，以人民币数字化转型的红利普惠有力地促进“共富城乡”建设。

三、高质量建设产业功能区是“共富城乡”的“芯片”

产业园区是经济发展的空间载体和先导力量。彭州坚定实施“3 +2”的“五擎牵引”战略，3 个以现代工业主导、1 个以现代服务业主导、1 个以现代农业主导。这不仅是彭州顺应新一轮科技革命和产业变革的战略选择，更是彭州高质量发展和“共富城乡”动车组的 5 台动力引擎和关键“芯片”。

产业功能区“潜力在一产”。打造特色农业产业功能区是彭州打造“共富城乡”的关键所在。彭州以建设现代农业功能区为抓手，充分发挥彭州“1 +5”特色农业新优势。以菜博会全面展示彭州农业农村发展新成就；以民宿休闲服务业的方兴未艾做优公园城市新表达。2021 年，彭州全年粮食作物生产稳中有增，播种面积达到 55 万亩以上；全年生猪出栏 42 万头，实现重要畜产品产量只增不减；探索推广“食用农产品合格证制度”，实现全市蔬菜等农产品质量全程可追溯。高质量打造中国西部蔬菜种业园起步区、10000 亩高效优质绿色蔬菜保供基地、彭州市智慧农业产业园，突破了蔬菜产业链条不强、农业效益不高、科技含量不足等关键问题；持续发展壮大川芎特色优势产业，建设“中国川芎之都”；打造“中国种蒜、早蒜之都”品牌建设；做优菜博会展会品牌；打造民宿产业集群发展“新引擎”等，增强了“共富城乡”内生动力。

四、构建“共享经济圈”是“共富城乡”的可持续财富源泉

共享发展作为新发展理念的重要内容，与推进共同富裕息息相关。共享经济是伴随数字互联技术变革而发展出的一种新型商业形态，具体指经济社会中的决策主体将包括资产、劳动力在内的闲置资源与其他决策主体进行共享的一系列经济活动。在这一过程中，作为让渡者的决策主体获取回报，其他决策主体通过分享让渡者的闲置资源创造价值。共享经济的本质是通过对闲置的碎片资源进行整合再利用，提高资源配置效率和利用效率，增加资源要素回报进而惠及要素所有者。

聚焦“共富城乡”，彭州构建的“共享经济圈”不仅仅包括共享单车、共享汽车等，还涵盖了通过农地和宅基地的两个“三权分置”实现的资源共享，对老旧院落和特色小镇有机更新的共建共享，“整合流转＋专业托管＋收益分成”的市场化运作模式，整合盘活了闲置、碎片化、分散式的土地、房屋、空间、林盘等资源，形成“共富城乡”可持续的财富源泉，让城乡居民能共享其中的红利。另外，城乡居民社区的共享洗衣房、共享厨房、共享工具房、共享文化大院、共享大型机械、共享食堂，共享各种平台等，各种共享业态林林总总、眼花缭乱，形成“共享经济圈”，节约了资源配置中的交易费用，便捷了城乡居民的生产与生活。

可见，构建多元化、系统化、城乡人民喜闻乐见、踊跃参与的“共享经济圈”，是彭州打造“共富城乡”的一条重要路径。一方面，共享经济可通过盘活闲置资源、提高资源配置效率、创新资源利用方式打造资源节约型经济形态，为经济增长提供新动能，带动可持续高质量发展，夯实“共富城乡”的物质基础；另一方面，“共享经济圈”能够通过提高工资性收入、丰富可持续的财产性收入来源；以资源共享、空间共享、经济共享，促进情感

共享，形成互帮互助的社会风气，提升了“共富城乡”的分配效率。

五、加大基础设施投入是“共富城乡”的“硬核”工程

根据新经济地理学理论，加大公共基础设施投入，对“共富城乡”“缩差共富”具有双向作用。一方面，城乡经济要素资源通过公共基础设施从外围区加速流向中心区，可提升中心区的集聚能力；另一方面，加大公共基础设施投入将极大提升城乡一体化水平，激发中心区向外围区的“溢出效应”。

彭州打造“共富城乡”的一个重要抓手就是深入推进新型城镇化和乡村振兴战略，公共基础设施投入是基础性工程。无论是新型城镇化的城镇产业、实体经济和民生服务的发展，还是乡村振兴战略中的“五大振兴”，都离不开加大公共基础设施投入。

因此，在打造“共富城乡”过程中，彭州加快了城乡间、区域间和农村内部的交通基础设施联通，加快城乡间、区域间和农村内部的电力、电信、互联网、新媒体等能源和通信基础设施互联，与城乡间产业优势、地理特征、旅游资源、文化优势、电商发展等紧密结合起来，推动城乡产业、旅游、文化、电商等融合发展。

在打造“共富城乡”进程中，彭州还加快了天府粮仓核心区建设步伐，推动高标准农田项目和高标准农田建设，扎实推进更高质量的农村人居环境整治。扎实做好“厕所革命”后半篇文章，落实推进行政村垃圾分类试点工作，统筹规划、梯次建设农村生活污水处理设施，启动农村饮水安全提升工程建设等。

聚焦高品质公共服务倍增工程，2021 年彭州市建立了基本公共服务清单管理和动态调整制度，实现基本公共服务供给、高品质生活需求相互促进、联动提升；建设更多家门口的好学校，实现中小学优质学校覆盖率达 70% 以上，围绕“3 +2”产业载体开展全国学前教育普及普惠县、全国义务教育优质均衡发展县的创建和中小学就餐环境改善行动；实施全民医保计划，城乡

居民医疗保险参保率达98%以上，人均预期寿命达82.2岁以上；建成以县级公共文化设施为核心，镇（街道）、村（社区）级公共文化设施为骨架的三级体系，推动牡丹新城图书馆、彭州艺术中心等建设，新增书店和公共文化阅读空间50个，打造基层公共文化示范点10个。高品质公共服务倍增工程的实施，促进了“共富城乡”的打造，各美其美，美美与共的“共富城乡”场景正在彭州大地上逐步呈现。

（本章执笔人：杨继瑞，重庆工商大学成渝经济区城市群产业发展协同创新中心主任，西南财经大学成渝经济区发展研究院院长，成都大学商学院名誉院长，经济学博士，教授，博士生导师。）

专题二　社区经济探索、思考及成都行动

社区虽小，但连着千家万户，小社区大治理。在成渝地区双城经济圈建设背景下，如何探索新冠疫情及后疫情新阶段持续影响下的社区治理创新，打通服务城乡社区群众的“家门口断头”，构建社区经济体系，已成为满足人民美好生活需要、促进城市经济高质量发展、提升社区治理水平的重要抓手。

社区是居民生活、工作、学习、社交和发展的重要场所，是“五位一体”的社会共同体单元和小区域经济单元。社区治理的本质，就是要服务于城乡社区居民的生活、工作、学习、社交和发展。人在哪里，家庭和市场就在哪里，消费就在哪里，社区治理也就应该在哪里。因此，促进社区经济的发展，满足城乡社区居民日益增长的美好生活需要，是社区治理的重要方面。

一、社区经济与商圈经济的区别

长期以来，我们重视的商业形态大都是商圈经济，如超市、大卖场、综合体，甚至街边的便利店、餐饮店都是商圈经济的范畴。

（一）商圈经济的交易逻辑是：卖方为主、流量思维和没有边界

（1）卖方为主是指“我有什么你买什么”，没有太多讨价还价的空间，会有店大欺客的感觉，而且消费者往往被各种促销广告所迷惑、引导，通过

广告刺激用户消费，而卖方也不会去考虑消费者的需求，“多卖货”是唯一目的。

（2）流量思维顾名思义就是依托客流作为经营的条件，客流越大，生意越好，所以商圈经济的企业都非常看重位置，也就是获客的能力会增强。商圈经济更像是坐商，不会有太多用户运营的思维在里面，和用户产生的关系也非常弱，很多都是一锤子买卖。

（3）没有边界也就是没有所谓的固定客户，比如大悦城、万达这种综合体，面向的是一个城市的居民，甚至是来消费的其他城市的消费者，而对于这种综合体而言，当然是来的消费者越多越好，成交额才会越大。社区经济与商圈经济的正好互补，它的交易逻辑如下。

（二）社区经济交易逻辑是：买方为主、会员思维和相对的物理边界

（1）买方为主。在新时代，社会主要矛盾转变为人民日益增长的美好生活需要和不平衡不充分的发展之间的矛盾。以卖方为主，大规模生产、制造、推销、广告、市场垄断的时代早已过去，而以用户的个性化消费和品质服务需求的买方经济时代已经来临。在社区经济场景下，城乡居民在自己的小区、自己的家里购物，几乎没有选择成本，坐地选择千万家，多切换几个 App，可反复比较。以往商场的广告、促销等手段已经无效，甚至会让用户觉得反感。用户需要的是实实在在为他好的服务，而不是强行推荐。比如，对于家庭消费来讲，用户的底层需求就是又好又便宜，这个可能是社区经济企业需要去解决的问题，否则将没有任何的竞争优势。因为对于用户来讲，你只是一个选择而已，备选之一，没有选择成本。

（2）会员思维。商圈经济需要的是人流量，流量越大生意越好。但社区经济场景下需要的是深度运营而不是流量，因为一个小区今天是 2000 户明天还是 2000 户，所以以会员经营思维和用户建立关系，通过深度服务，充分挖掘用户需求，满足用户需求，涉及家庭生活的方方面面，才是社区经济场景的发展方向。

（3）物理边界。城乡不少的小区都是有围栏的，所以经营的人群是固定的，且每个小区的属性都不一样，因此需要不同的经营策略。所以进驻一个小区，前提是通过调研，了解居民的消费水平及消费方向，把用户共性的需求集中起来，才能形成突破口。

可见，商圈经济和社区经济有着本质上的不同，经营的场景发生了变化，所以在社区经济场景下用传统商圈经济甚至是电商的“打法”都不可取，这也是我们看到了很多从电商和传统商业跳到社区来创业的企业大多都失败的原因。

二、社区经济的特征

生活服务领域是一个高度分散的市场，老百姓需要的是专业的服务。如今中国物资充足，要什么有什么，但刚刚开始走向品质生活的中国家庭，面临的问题是不懂，不能识别好与坏的问题。社区经济包含的东西太多，普通老百姓不可能什么都懂。比如，清洗油烟机，清洗到什么程度是干净，清洗空调，要清洗哪些位置，深度保洁和普通保洁的区别在哪里？等等。因此网易推出“严选”能取得成功，给消费者的感觉是帮他做过筛选，都是好货，严选的价值就是帮我把关、帮我挑选。还有小红书这两年非常的火，属于内容电商，原因在于“宝妈”们不知道买什么、怎么选，所以出来个明星同款，有人帮我选了，帮我推荐了，不用想直接买就行了。所以这背后的需求是我们自己很难做决策，我需要人来帮我，消费者不缺产品，也不缺买货的渠道，而是需要帮自己做购买决策的帮手。

城乡社区经济所具有集中度较高、相似性较强、小微企为主、经营灵活等少扎堆、非接触型商业的基本特征，可以甄别需求，精准对接，满足城乡社区居民多样化的消费需求。

（一）社区经济的特征之一：消费者的集中度较高

社区经济的集中度是指在一定物理空间下用户人群的聚集度。从我国社区中的住宅小区来看，消费者的聚集度是非常高的。由于城镇化的快速发展，大量的农村人口迁移到城市，所以小区的人口密集度还是非常高的。集中度的另外一个层面是指区域化的集中度，也就是10小区集中在一个社区区域，要比100个小区散落在各地要“值钱”得多。

（二）社区经济的特征之二：消费者的消费水平相似

社区经济的相似性是指人群的消费水平、消费习惯是否同频，而这个问题在老百姓买房子的时候就已经区分开了，通过价格和地理位置，将不同的人群进行归类，所以一个小区的用户消费水平和消费习惯差异性不大。所以相比商圈经济，社区经济的买方特征越来越明确。因此，有人说：社区场景下，可以用重构的方式将所有的生活项目重新再做一遍。

社区消费场景的相似性，是在做社区经营的策略上需要思考的因素，社区经济是有明确经营用户的领域，所以其实不用去思考用户在哪里的问题。依靠广告促销、“烧钱”的方式吸引用户不可取，而如何通过创造价值来满足用户未被满足的需求、与用户建立长期的关系才是社区消费场景经营的核心。社区生鲜团购的兴起是因为“上班族”下了班不想去超市，而是想要有一个人帮他去打理这些事情，有条件的家庭，父母是首选。

（三）社区经济的特征之三：小微企为主

社区经济的服务半径一般是“1刻钟经济圈”，其服务对象有限，因此大多以小微企业为主体。社区经济之所以充满生机与活力，一个重要的方面，就是围绕为城乡居民服务的终端场景，都是由小微企业来承载的。小微企业的灵活性特征可以针对社区消费者的需要及时跟进供货与服务，不会产生过多的资金积压，甚至可通过代销、分销、团购、共享等方式，满足社区居民的各种消费。毋庸讳言，在社区经济的小微企业后面，有若干的大供货商、服务商及平台做后盾。而且，这些小微企业可以通过连锁、加盟等形式，捆绑集成成为联合舰队式的“小巨人”集团。

（四）社区经济的特征之四：经营灵活

社区经济要服务于各小区、院落的消费者，往往采取各种灵活的经营方式。比如，在时间上，往往是安排在居民最需要服务的时段上，有的甚至是24小时营业；在服务点位上，往往是“一企多点”，一些品牌、连锁企业以多点方式进社区、进小区、进院落，开展特色精品服务项目；在经营场所上，摊位铺设灵活，经物管同意，企业有时可以在小区楼宇架空层、物业管理中心、业主服务中心，甚至小区院落指定的空旷场地摆摊设点。

（五）社区经济特征之五：可构建少扎堆和非接触型场景

新冠疫情让消费者进一步感悟和领略到，消费场景不仅仅是一种购物体验，不仅仅需要便捷，更需要健康和安全。过去有非典疫情、现在有新冠疫情，未来还可能有其他的“人传人”的病毒疫情。因此，城乡社区居民的消费方式一定要能有效地适应消费者健康与安全的需要。城乡社区“少扎堆、非接触型消费新场景”使过去人人面对面在大办公室办公转为在线办公，师生面对面的教学培训转型为线上互动，医患面对面咨询转向在线诊疗、机器人诊疗，人人面对面的服务转为非接触型服务等等。

单个城乡社区、小区、院落消费者虽然集中，但规模人数有限，服务半径短，可追溯，相对安全，有助于构建“少扎堆、非接触型消费新场景”。城乡社区“少扎堆、非接触型消费新场景”以常规消费品和服务的“流动”适应消费者的“不动”“少动”和“少扎堆”，以智能化手段将消费市场由“人－人接触模式”转变为“人－物－人接触模式”。这种“人－物－人接触模式”借助于“互联网＋”，借助于物流配送系统、城乡社区消费场景终端的完善，借助于“人－物－人接触模式”质量、价格等方面的保障，在便捷性、体验性、愉悦性消费场景基础上增加了安全性和健康性的新要素。

三、“家门口社区经济”的重要价值

就政府的视角看，政府及其部门、派出机构的职能是，履行公共职能，提供公共产品，满足人民日益增长的美好生活需要；促进经济繁荣和消费，为经济增长提供生态环境；促进人民群众的创新创业；增加税收等财政收入，而不是直接从打造“家门口社区经济”营收。

因此，“家门口社区经济”重要价值在于方便了城乡社区居民，提升了社区治理的精细化水平，更好地满足了城乡社区居民日益增长的美好生活需要，促进了社会消费和经济的可持续增长，为社区群众创造了安全健康的生活消费环境，促进了社区群众的安居乐业，为社会提供更多的税收。

（一）“家门口社区经济”提升了社区治理的精细化水平

民生无小事，小事办好了，整个社会的幸福获得感就会得到很大提高。很多时候，政府向民众提供公共服务，特别要注重服务送达的方式和路径。现实中，民众因为不便而不满的例子比比皆是，由此也滋生了不少怨气与矛盾。社区“家门口消费新场景”是联系群众最紧密、服务群众最直接、组织群众最有效的基本平台，社区治理在社会治理中起着基础作用，也是难点与重点所在。提高社会治理精细化水平，就应该“化整为零”“权力下沉”，将市场化的商品与服务下沉到“家门口社区经济”，纾解民生困扰，真心实意地满足人民日益增长的美好生活需要。

理论和实践都充分证明，城乡社区“家门口社区经济”有助于实现群众服务的全覆盖，有助于社会治理创新领域的协同推进，有助于城乡高品质生活标准化体系的建立，提升了社区安全健康和便捷的生活消费环境。

（二）“家门口社区经济”是发展潜力很大的社区经济综合业态

社区“家门口消费新场景”作为一种市场需求和关联带动能力很强的

社区经济综合业态，可以促进商业、饮食、文娱、信息等一系列产业的发展，既可提高经济效益、社会效益，又可提高资源综合利用水平，是第三产业中极具发展潜力的综合性行业。根据国家统计局的调查表明，我国大中城市居民对社区服务普遍有较高的要求，需要各项社会服务的家庭数量占到全部城市家庭的70%以上，说明第三产业中涵盖面极广的社区经济服务市场的潜在需求很大，而社区“家门口消费新场景”无疑在其中占据重要份额。

品牌供货商、服务商及平台、国内知名的教育机构、医院、文化创意企业、酒店、饭店、品牌店、专门店、首店、便利店等可以与“家门口社区经济”结盟、与城乡社区居民小区结盟，与小区物管机构结盟，知名电商可以“家门口社区经济”连锁打造线下“少扎堆、非接触型消费新场景”，促进“人-物-人接触模式”的消费新场景入驻城乡社区，形成内涵丰富、外延广袤社区经济多元化的综合业态。

（三）“家门口社区经济”是社区群众创新创业的重要平台

随着工业化步伐的加快和经济高质量的发展，第一产业的劳动力需求将逐步减少，第二、第三产业的劳动力需求将逐步增加，特别是第三产业将日益成为吸纳劳动力就业的主导部门。

据统计，每投资100万元可提供的就业岗位，重工业是400个，轻工业是700个，而第三产业是1000个，其就业空间是巨大的。在第三产业中，对于再就业人员来说，最具吸纳空间和投资花费最少的就是社区经济。据国家统计局对全国7座城市的调查，我国大中城市所需要的各种社区服务，累计可以为社会提供2000万个临时就业机会，尚空缺的就业机会超过1100万个，而星罗棋布的“家门口社区经济”所吸纳的就业人口将更大，这是社区群众创新创业的重要平台。

城乡社区“家门口社区经济”的相关工作，一般劳动强度不大，对劳动力的素质要求相对不高，是下岗职工再就业的新的重要途径。而且，社区经济以其经营分散、规模一般不大、资本有机构成较低等特点，有着广阔的发展空间。

（四）“家门口社区经济”是社区新零售的新平台

一是“家门口社区经济”有助于社区群众消费商品及服务的集中配送，可以有效地节约物流。“家门口社区经济”很多订单都是预售或者大多都是本社区甚至本小区、院落的客户。不少社区消费者上午下单，下午就能送货到“家门口社区经济”，或者就在“家门口社区经济”中购买，非常便利。

二是“家门口社区经济”的集中配送的方式和线上社区模式，还可以节约门店和人工成本。因为，通过 App 社群与“家门口社区经济”对接，库存占地少，也降低了库存的风险。

三是“家门口社区经济”还能与“社群团长”带来的“团购”有效对接。“社群团长”都是小区或院落内的人，是消费者“团购”的“领头人”。社群消费的合伙人都是来自社区，大家的信任度比较高，可以根据小区的特点进行拼团。

四是“家门口社区经济”可以针对社区消费者的特点，进行商品和服务的配置。例如，租客较多的社区，一般对早餐需求较强；如果是以普通业主为主体的社区，就更加适合做生鲜产品来满足家庭就餐需求；若从人群年龄结构划分，儿童较为集中的社区则需要优先发展儿童用户，如果是老年人较为集中的社区，就要有针对性地提供老年人服务。

五是“家门口社区经济”可以非常好地实现线上线下消费活动衔接。“家门口社区经济”可以用 App 轻松举办多种类型的营销活动。针对线下，“家门口社区经济”适当在小区做一些地推活动，让社区消费者现场体验，同时也可以做现场销售，成本低，效果好。

（五）“家门口社区经济”可以助力地方政府税收增长

众所周知，社会消费增速连续多年快于国内生产总值增速，对税收增长的贡献率接近1/4，消费正在崛起成为中国经济增长的主引擎。“家门口社区经济”的点多面广，可以成为社会消费的“助力器”，从而有助于政府税收的增长。

自1993年《消费税暂行条例》发布以来，消费税只在税目和税率上做过一定的调整，变化并不大。随着经济发展和社会进步，国民消费能力大幅提升，民众的消费观念逐步转变，实施消费税改革可谓大势所趋。

2019年10月，国务院印发《实施更大规模减税降费后调整中央与地方收入划分改革推进方案》，正式拉开了消费税改革的序幕。方案中明确了两项与消费税相关的改革措施：一是消费税征收环节后移，即在征管可控的前提下，将部分在生产环节征收的现行消费税品目，逐步后移至批发或零售环节征收；二是消费税收入稳步下划地方，之前完全归中央所有的消费税，今后要部分归属地方。

因此，在社会消费诸方面扩大，包括打造“家门口消费新场景”，增强城乡居民消费的转型升级，可以助力地方税收的增长。

（六）“家门口社区经济”可以有效应对重大疫情防控和突发事件

从供需角度来看，一方面，新生代主力消费人群，“宅文化”逐步盛行，除了传统的线上购物、外卖等之外，其他包括移动直播、短视频、兴趣社交、在线教育等领域；另一方面，相关企业在技术积累、平台商业模式也逐步成熟，为用户提供更加好的服务和体验，特别是移动互联网盛行后，用户数量呈现爆发式增长，“家门口社区经济”模式逐渐走进消费者的日常生活。

实践证明，“家门口社区经济”可以有效应对重大疫情防控和突发事件。居家防疫和居家应对突发事件，“万物皆可网购”到“家门口社区经济”。生鲜类产品、宠物生活、游戏设备和健身训练类等居家消费商品均可通过线上与“家门口社区经济”实现人与人之间的“少扎堆、无接触型”进入千家万户。

手游、直播、网购等以手机为基础，可以通过“家门口社区经济”适应新零售行业的新变化。此外，人工智能、虚拟现实、大数据、云计算、物联网等新一代信息技术有效运用于电子商务，促进网络 3D 购物、实体店自助结算、无人超市 24 小时营业等，均可与“家门口社区经济”实现对接，更好地满足了城乡社区消费者个性化、多元化的消费需求。

四、社区经济的成都行动：在广度和深度上推进

创建国家文明典范城市，成都要建设践行新发展理念的公园城市示范区，成为精神文明建设新标杆，经济高质量发展新典范，市民幸福生活新榜样，城市现代治理新表率，实现城市物质文明和精神文明协调发展、城市文明程度和人民文明素养同步提升，社区经济与社区治理的有机互动须臾不可缺。

在成渝地区双城经济圈建设背景下，成都社区经济正处于方兴未艾之势。锦城公园、锦江公园建设及成都市的一环路“市井生活圈”改造提升工程将成为成都打造“人民城市”幸福样本的重要抓手和生动实践。蜀都味儿、国际范儿的公园城市别样魅力，是幸福城市的特质。人城境业文高度和谐统一，是成都高品质幸福生活的鲜明写照。当前，这座城市以轨道交通引领城市发展，以 TOD 开发重塑城市形态，推进站点与周边区域一体化设计，实现交通圈、商业圈、生活圈“多圈合一”，而这座城市中最常见的“圈”，就是“15 分钟社区级公共服务圈”“10 分钟街区级公共服务圈”和“5 分钟小区级公共服务圈”也就是“家门口社区经济”。

创建国家文明典范城市，建设践行新发展理念的公园城市示范区，成都还要拓展的社区经济广度和深度，特别是将“家门口社区经济”打造，作为疫情常态化和疫情后时代成都融入新发展格局，扩大内需，刺激消费，修复经济的利器，进一步凸显成都作为国家超大城市的社区治理现代化水平和满足居民的美好生活需要方面的时代特征。

在“十四五”时期，成都要聚焦成渝地区双城经济圈建设，集中释放城市社区发展新机遇，吸引社会资本和社会组织更好地参与社区场景营造，同

时展现公园城市生态价值、美学价值、人文价值、经济价值、生活价值、社会价值在社区的充分融合。把企业发展、消费需求、商业机会聚焦到公园社区这个微观单元和基本尺度来策划落地，大力发展便捷的“家门口社区经济”，搭建起新经济企业产品端和居民消费生活体验端的供需精准对接平台。

第一，按照“政府引导，市场运作”的方针，加快成都社区商业配套建设。对商业网点配套设施不足的老旧社区，统筹各种资源，鼓励利用物业用房、居委会部分办公用房、存车棚等设施作为便民服务网点使用，提供购物便利，真正做到还空间于城市、还绿地于人民、还公共配套服务于社会，不断提高群众居住的舒适度、便利度和安全性。

第二，通过招商引资工作促进成都社区商业提升服务质量，加快推进“智慧成都”建设。支持社区电商和社区配送网络建设。支持知名社区电商企业整合线下便利店、社区小店资源，全面扩展线上功能，实现线上下单、线下就近配送与网络购物社区全覆盖，同时加强对社区电商平台企业的监管，规范经营行为。对吸收线下便利店、社区小店多的平台企业，按吸收的店铺数，给予相应的资金奖励和补贴。

第三，成都要进一步引进、培育构建普通居民消费商业综合体，在不断提高商业服务业连锁经营管理水平的基础上，引导和鼓励企业不断丰富和完善便民服务功能，增加便民服务项目，特别是在宅送服务、订购服务、商务服务、刷卡支付、增设“代收代缴服务点”等方面加大推进力度。大力支持生活服务业企业连锁化经营、品牌化发展。进一步完善便民消费设施，推动社区零售、餐饮、家政、美容美发、维修、洗染等生活服务企业连锁化、品牌化发展，提升居民消费品质。

第四，成都要为社区经济开辟审批绿色通道。在经营商户办理营业执照、变更经营地址等方面，审批部门要结合实际，积极开辟绿色通道，简化审批流程，加快办理进度。对于新建便民网点，自然资源和规划部门采取并联审批方式，加快审批进度。要强化精准帮扶。对获得国家、省、市有关部门评选认定，或经各区认可的特色名店、名吃等店铺，由各区政府确定名单，实施“一对一”帮扶等措施，在开店选址、证照办理等方面给予重点指导和帮扶。

第五，成都要进一步加强社区经济的组织领导。把打造“15 分钟社区级公共服务圈”“10 分钟街区级公共服务圈”和“5 分钟小区级公共服务圈”作为社区治理、服务民生、促进就业的重要任务，加强顶层设计，健全工作机制，及时研究破解工作中遇到的重点难点问题，加强统筹协调，形成工作合力。安排专项资金，统筹用于支持社区便民服务网络建设；加强督导考核，强化跟踪问效，促进各项工作任务落到实处；市场监管、城管、自然资源和规划、行政审批等相关部门及市内各区，要在食品安全、市场秩序、牌匾设计、规划调整、配套商业设施供给、简化审批流程等方面，制定具体的扶持措施，做好各项日常监管和服务指导工作；加强与媒体沟通协调，做好政策宣传，密切关注社会需求，强化舆论引导。

（本专题执笔人：杨继瑞，重庆工商大学成渝经济区城市群产业发展协同创新中心主任，西南财经大学成渝经济区发展研究院院长，成都大学商学院名誉院长，经济学博士，教授，博士生导师；杜思远，四川旅游学院科技处副处长，四川旅游学院副教授。）

后　　记

为了持续深入推进成渝地区双城经济圈建设的研究，在四川省社科联、重庆市社科联、成都市社科联的大力支持和指导下，由西南财经大学、重庆工商大学、成都大学三所高校牵头，组成了“成渝地区双城经济圈发展研究报告编委会”（以下简称“编委会”）。在编委会的领导下，组成了《成渝地区双城经济圈发展研究报告（2022）》编写组（以下简称“编写组”），编写组在成渝地区双城经济圈开展了大量深入的调查研究。在此基础上，完成了编撰工作。

《成渝地区双城经济圈发展研究报告（2022）》的第一篇由成都大学付莎执笔，第二篇中“成渝地区双城经济圈协同发展的评价”由成都大学何悦执笔，第二篇中“成渝地区双城经济圈协同发展区域的竞争力评价”由重庆工商大学胡歆韵执笔，第二篇中“成渝地区双城经济圈县域竞争力评价”由重庆工商大学梁甄桥执笔；其他章节的执笔人均在报告相应位置进行了标注，在此不再赘述。全书由杨继瑞、黄潇、马胜、梁甄桥修改、统稿。

《成渝地区双城经济圈发展研究报告（2022）》在编写和出版过程中，得到了中共四川省委党校、四川省社科院、成都市社科院、四川大学、电子科技大学、西南财经大学、西南交通大学、成都大学、成都师范学院、中共重庆市委党校、重庆市社科院、重庆大学、西南大学、西南政法大学、重庆理工大学、重庆工商大学、长江师范学院等“成渝地区双城经济圈智库联盟”主席团成员单位的大力支持，以及重庆渝策经济技术研究院的大力支持。本书的数据采集得到了马克数据网的大力支持。在此，编委会向各单位表示诚挚的谢意！

《成渝地区双城经济圈发展研究报告（2022）》在编写和出版过程中，充分听取和吸收了从事成渝地区双城经济圈研究的成渝地区知名专家学者的真知灼见。他们是（以姓氏笔画为序）：丁任重、王川、王冲、王擎、王崇举、毛中根、文传浩、尹庆双、汤继强、杜伟、李后强、李萍、李敬、杨文举、陈光、陈滔、易小光、周兵、周铭山、徐承红、盛毅、阎星、盖凯程、蒋永穆、黄大勇、曾庆均、廖元和、戴宾等。还有不少专家为本书的编写和出版提出了宝贵的意见和建议。在此，编委会向各位专家学者表示衷心的感谢！

由于编写组水平有限，存在挂一漏万和若干不足之处。还请专家学者以及各位读者批评指正。我们将在此基础上不断改进，持续做好后续年度的《成渝地区双城经济圈发展研究报告》的编撰工作。

《成渝地区双城经济圈发展研究报告》编委会

2023 年 6 月